Voilà!

An Introduction to French

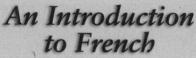

SIXTH EDITION

Cahier d'activités écrites et orales

L. Kathy Heilenman
University of Iowa

Isabelle Kaplan
Bennington College

Claude Toussaint Tournier
Northwestern University

HEINLE
CENGAGE Learning™

Australia • Brazil • Japan • Korea • Mexico • Singapore • Spain • United Kingdom • United States

HEINLE
CENGAGE Learning™

Voilà! Sixth Edition
Cahier d'activités écrites et orales
Heinlenman • Kaplan • Toussaint
Tournier

For product information and technology assistance, contact us at
Cengage Learning Academic Resource Center, 1-800-423-0563

For permission to use material from this text or product,
submit all requests online at **www.cengage.com/permissions**.
Further permissions questions can be e-mailed to
permissionrequest@cengage.com.

ISBN-13: 978-1-4282-6277-5

ISBN-10: 1-4282-6277-6

Heinle
20 Channel Center St.
Boston, MA 02210
USA

For your course and learning solutions, visit **www.cengage.com**.

Purchase any of our products at your local college store
Or at our preferred online store **www.ichapters.com**.

Printed in the United States of America
3 4 5 6 7 8 9 10 15 14 13 12 11

Table des matières

Activités écrites

Activités orales

Preface

The **Cahier d'activités écrites et orales** for *Voilà!* contains exercises and activities coordinated with each lesson of the textbook.

Cahier d'activités écrites

Organization. Each lesson is divided into six parts.

1. *Activités de vocabulaire.* Word associations, definitions, categorization, completion, and other creative activities encourage students to process new words in terms of the French they already know and to learn vocabulary as semantic fields.

2. *Activités de structure.* Activities based on the structure sections for each lesson provide practice in manipulating grammar.

3. *Thème et version.* Students are encouraged to use translation to see that two languages are never exact equivalents.

4. *Et pour finir.* A writing activity based on the writing and structure of each lesson that helps students learn how to write. References to the *Vocabulary, Grammar,* and *Phrases* indexes contained in the writing software package *Système-D* are included in the boxes.

5. *Découvertes linguistiques.* This section provides exploratory, language awareness activities. These are best assigned for preparation outside of class but then used as an in-class activity.

6. *Vocabulaire facultatif.* Additional vocabulary helpful to many students.

Magazines littéraires. This section provides a step-by-step approach to writing. Preparatory activities encourage (1) brainstorming for ideas and organization; (2) identifying relevant vocabulary and expanding with qualitative/quantitative expressions; (3) focusing on actions and descriptions; and (4) finding appropriate verbs and verbal forms. The next step involves assembling these words to form sentences referring to the original ideas. A final step is to develop brief paragraphs. At this point, there is a focus on the introduction and conclusion of this first draft with a final activity involving the determination of criteria that would make this composition good, and a check of the first draft against these criteria.

To the Student: Suggestions for Use

Activités de vocabulaire. Use your imagination and write as much as you can. Try looking back to previous vocabulary lists so that you're continually reviewing what you've already learned. Pay attention to gender and check your spelling.

Activités de structure. Before you start each activity, go back and rapidly review that section in your textbook. Then, try to do as much as you can without looking anything up. After that, look up what you need. As you do each activity, pay attention to meaning. Don't just fill in the blanks without thinking. And, check your spelling!

Thème et version. When you're putting French into English, try to think of how you'd get the same idea across. It's probably not a word-for-word translation. Then when you've finished, read what you've done out loud. Would you really say that? Is it normal, natural English?

If you're having trouble putting English into French, try breaking the task down into steps. Find the verbs that are conjugated and put them in the correct form. Find all the noun-adjective combinations and make all adjectives and articles agree with their nouns. Cross out all the words that you've already accounted for in your translation. Look at what's left. Write down the French words you'll need. Now look for anything that might be tricky (idioms, vocabulary, etc.). Put your sentence together and read it out loud a few times. Does it sound right?

Et pour finir. Don't just start writing. Think about what you're doing first. Follow the steps suggested. Jot down a few notes. Don't worry about complete sentences, spelling, or grammar just yet—just get your ideas down. Try to write in French, but if you can't think of a word, don't worry. Write it down in English but keep in mind that if you write too much English, you'll end up translating it and that is much harder (and less likely to be correct) than if you stick to the French you know. Expect to be frustrated. You'll want to say a lot more that you can, but you can't! After all, if you could say everything you wanted to in French, you wouldn't be using this workbook.

Now, try to put your ideas together. Pay attention to meaning. Think about your reader. Does what you're writing make sense? Could somebody else follow your train of thought? Is there a beginning, a middle, and an end?

Finally, check your work over for spelling and grammar. Are your verbs conjugated correctly? Do your adjectives agree with their nouns? Are your accent marks in the right places? And check your spelling!

Découvertes linguistiques. These are exploratory activities meant to help you think about language in general and French and English in particular. There are no right answers.

Cahier d'activités orales

Organization. Each lesson is divided into five sections.

1. *Les sons du français.* This section deals with the sound system of French. Sound discrimination and production activities help students improve their pronunciation. These activities are not tied to specific vocabulary or structure and can be done independently.

2. *Les sons et les mots.* Listening comprehension activities are integrated with speaking activities dealing with the vocabulary of each lesson.

3. *Les mots et les phrases.* Students are encouraged to work with the structures of each lesson through motivating activities that are within student capabilities.

4. *À l'écoute de...* Global listening comprehension activities based on the vocabulary and structure of each lesson help students learn how to listen to authentic French.

5. *Le français parlé.* This section contains activities that accompany the spoken French dialogue in the **Le français parlé** section of the textbook. One activity focuses on comprehension and the other on the contrasts between spoken and written French. The dialogue is recorded on the Laboratory Manual audio CDs as well as on the individual Text audio CDs.

To the Student: Suggestions for Use

Les sons du français. Read the explanations before listening to the recording. If you are being asked to discriminate between two sounds, listen first to see if you can hear any difference. Then listen a second time.

Try to decide which sound you're hearing. Finally, reread your answers; then listen one more time. If you are being asked to repeat certain sounds, try following the same procedure. Listen first without repeating. Then try repeating after the speaker. Finally, listen a third time, repeating each sound to yourself.

Les sons et les mots. Try to do these in order. You will find that by doing the listening comprehension activities, you will be better able to do the following speaking activity. Again, listen more than once. First, listen to get the gist of what you're going to be doing. Listen to the answers suggested by the speaker but feel free to answer for yourself! Now, listen and try to do what the activity asks for. In many cases, you won't be able to understand every word. That's normal. You should, however, be able to understand enough to do the activity. Don't worry if you can't do every item the first time through. If you're having trouble, listen and try again. Listen one final time to make sure you've understood.

If the recordings seem too fast, don't get frustrated! Listen to activities more than once or twice. Stop the recording and think a minute if you need to before you give an answer. And from time to time, go back and listen to activities from an earlier lesson. You'll see that you really have been making progress!

Les mots et les phrases. Work through the activities in this section as you did in the previous one. Remember that the answers given by the speakers may be longer and more complex than the ones you give. That's fine—they're native speakers and you're just learning. But listen to what they say. Compare your answers to theirs, and try to say more than the bare minimum.

À l'écoute de... Don't try to understand every word! The French you're going to hear in this part is normal, that is, the kind of French you could expect to hear in Montreal or Paris or Dakar. Look at what you have to do. What kinds of things do you think you'll need to listen for to do this? Listen one or two times to get a general impression of what's being said. Don't try to write anything down now. Listen again. What words do you recognize? Can you tell the voices apart? Think again about the information you need. Do you have any ideas about it? Write down what you think you know. Listen another time to try to confirm your hypotheses or fill in more information. If your instructor doesn't object, do these activities with one or two friends.

Combine your information and help each other out!

Le français parlé. This section is meant to help you become familiar with the contrast between French as it is spoken and French as it is written. In the first activity, you will hear a conversation that includes characteristics of spoken French. Listen several times until you feel confident that you have grasped the meaning. After answering the questions to check your comprehension, you may want to listen one more time while reading the conversation in the **Le français parlé** section in your textbook. Do you notice how the French you hear is different from the French you read? In the second activity, **Du français parlé au français écrit**, you will transpose oral French to written French. As you progress in your study of French, activities will progress from simple words and sentences (for example: **j'veux pas = je ne veux pas**) to more elaborate writing (for example, writing an email to a friend telling him/her of a conversation you had or of a story you heard).

Cahier d'activités écrites

Leçon **1**

Qui êtes-vous?

Activités de vocabulaire

A. Trouvez les contraires. Write the opposite of each word or expression.

1. au revoir _____

2. j'aime _____

3. je comprends _____

4. madame _____

5. oui _____

B. Quelle est la date? On what date was each letter postmarked? Remember that the day, and not the month, comes first in French. The first one is done for you.

1. *le 7 mars 2007* _____

2. _____

3. _____

4. _____

C. Complétez. Complete the dialogues appropriately.

1. M. LEGRAND: Bonjour, madame.

   MME MARTIN: _____

   M. LEGRAND: Comment allez-vous?

   MME MARTIN: _____

   M. LEGRAND: Pas mal, merci.

2. MARINE: Salut, Julien!

   JULIEN: _____

   MARINE: Ça va, merci, et toi?

   JULIEN: _____

3. JULIEN: Salut!

   MARINE: _____

   JULIEN: Oui, à demain.

4. PAULINE: Comment tu t'appelles?

   LAURE: _____

   PAULINE: Pauline.

   LAURE: _____

   PAULINE: De Nice, et toi?

   LAURE: _____

Activités de structure

Les phrases et les mots

A. Sujet, verbe ou complément? Put an S under the subject, a V under the verb, and a C under the complement in the following sentences.

1. Vous aimez les chiens?

   _____

2. Je ne sais pas la date.

   _____

3. Ça va.

   _____

4. Tu aimes les vendredis?

   _____

L'article défini

B. Chassez l'intrus. Put the correct form of the definite article (**le, la, l', les**) in front of each noun. Then cross out the word in each list that does not belong because its definite article is different.

Modèle: ___le___ chat, ___le___ cahier, ~~la fleur~~

1. _____ chien, _____ date, _____ chat

2. _____ chat, _____ voiture, _____ semaine

3. _____ poissons, _____ étudiants, _____ week-end

4. _____ étudiant, _____ cahier, _____ stylo

L'usage de l'article défini

C. Mettez l'article. Fill in the correct form of the definite article (**le, la, l', les**).

1. —Tu aimes _____ chiens?

   —Non, je déteste _____ chiens mais j'adore _____ chats.

2. —Et _____ jours de la semaine?

   —Lundi, mardi…

3. —J'adore _____ automne et je déteste _____ hiver. Et toi?

   —Moi? J'aime _____ été et _____ printemps, mais pas _____ hiver!

4. —Quelle est _____ date aujourd'hui?

   —C'est _____ 30 août.

5. —Où est _____ voiture?

   —Je ne sais pas.

D. À votre tour. Use the expressions **j'aime** and **je déteste** to write three sentences telling about your likes and dislikes.

1. ____J'aime chats_____

2. ____J'aime musique._____

3. ____Je désteste chiens._____

Thème et version

A. Version. Put the following into normal, natural English.

C'est le 30 septembre aujourd'hui. C'est lundi et je déteste les lundis. Ça ne va pas bien!

____This is Sep 30th. This is Monday and I hate Monday__
____I don't am/not good!_____

B. Thème. Put the following into French.

I like dogs but I hate cats.

____Je aime chiens mais Je ne désténte chats._____

Et pour finir

If you have access to the *Système-D: Writing Assistant for French* Software Program, you may want to use it to do the following exercise.

PHRASES: Greetings; Introducing; Leaving

Écrire un dialogue. Imagine a possible dialogue between yourself and a French exchange student who is visiting your campus. It is a few minutes before class begins and the exchange student has just sat down next to you.

Self-assessment. List four elements that will contribute to making a good dialogue.

1. _____
2. _____
3. _____
4. _____

Now write your dialogue.

_____
_____
_____
_____
_____
_____

Évaluation. Check the four elements that you listed prior to writing. Are any missing from your dialogue or are they insufficiently implemented? Revise your dialogue to include your corrections. Check your spelling and verb agreement.

Découvertes linguistiques

Learning a second language (L2) certainly involves learning vocabulary, structure, and pronunciation. Learning an L2 also involves learning about how languages work. The *Découvertes linguistiques* sections help you think about issues concerning language and language learning. In these sections, there are no answers to memorize; there are, however, lots of things to think about.

Vocabulaire de base? Fréquence?

1. **En anglais.** Here are the six most frequent words from The Brown Corpus (1,015,945 total words). A corpus is a collection of oral or written language that can be searched and counted using various kinds of software. The Brown Corpus represents edited prose from a wide range of styles and varieties printed in the United States in 1961. What kinds of words are these? Why do you think these words are so frequent?

Word	Frequency	% of total
the	69,970	6.9
of	36,410	3.6
and	28,854	2.8
to	26,154	2.6
a	23,363	2.3
in	21,345	2.1

2. **En français?** How about French? What are the most frequently used words? Here are the six most frequently used words and the six least frequently used words from three corpora of French.

Le Monde, 2000. This reflects the contents of all issues of *Le Monde* (a major French newspaper) for the year 2000. This corpus contains 30,743,512 words.

* What kinds of words are most frequently used? Least frequently used? Which ones do you already know (**moyenne** means *average* and **ouvert** means *open*).

Word	Frequency	% of total
de	147,880	4.8
la	79.862	2.6
le	63,605	2.1
à	50,598	1.6
les	50,121	1.6
et	48,433	1.5
faveur	2,948	.001
présidence	2,947	.001
moyenne	2,939	.001
sociaux	2,938	.001
ouvert	2,933	.001
action	2,930	.001

The French Television Corpus. This is a corpus of transcripts taken from French television documentaries and morning talk shows of the 1980s and 1990s. There are 521,421 words in this corpus.

* What kinds of words are most frequently used? Least frequently used? Do you think there might be a difference between the kind of language found in the *Le Monde* Corpus and this one?

Word	Frequency	% of total
de	19,063	3.7
la	12,346	2.4
et	10,972	2.1
le	10,744	2.1
les	8,745	1.7
à	8,176	1.6
rire	52	.001
semble	52	.001
sent	52	.001
soient	52	.001
télé	52	.001
afin	51	.001

The Situations Corpus. This is a transcribed corpus of service encounter (à l'hôtel, au restaurant, etc.) role plays performed by native and near-native speakers of French in 2001. There are 6,517 words in this corpus.

• Is the distribution of words the same in this corpus as in the other two? What might account for this? What do you think euh might mean?

3. Mes mots à moi. What kinds of words do you think are most important for you to learn in French? Is frequency the most important criterion? How do you learn words in English? In French? Are there special things to do to help you learn words?

Word	Frequency	% of total
je	241	3.7
vous	208	3.2
pas	144	2.2
c'est	140	2.1
euh	125	1.9
la	123	1.9
ressemblent	1	.02
resté	1	.02
resterez	1	.02
restez	1	.02
retrouvons	1	.02
revenez	1	.02

Vocabulaire facultatif

The *Vocabulaire facultatif,* or optional vocabulary, for each lesson contains words and expressions that may be useful or interesting. They are not included in the exercises or activities of the lesson.

Noms
le calendrier *calendar*

la fête *saint's day*

Divers
C'est quelle saison? *What's the season?*
C'est quel mois? *What's the month?*
c'est vrai *it's true*
de rien *you're welcome*
je sais *I know*
oui et non *so-so, kind of, sort of*
pas beaucoup *not much*

Quelle est la date de votre anniversaire?
   When is your birthday? (formal)
Qui? *Who?*
s'il te plaît *please (to a friend)*
s'il vous plaît *please (formal)*
un peu *a little*
voilà *here is/are, there is/are*

Leçon

Comment êtes-vous?

Activités de vocabulaire

A. Comment est… ? Describe each person using **il est** + two appropriate adjectives.

1. _heureux._
   intelligent

2. _malheureux_
   malade

3. _stupide_
   beau

4. _gentille_
   intelligent

5. _Laid_
   bea

6. _malheureux_

B. Comment sont-ils? Describe the following people. Use three adjectives for each and do not repeat yourself. Do not forget words like **et, aussi, très, mais, donc,** and **parce que.**

1. Al Capone
   Al Capone est intelligente, et généreux.

2. Gandhi
   Gandhi est travailleur, gentille, et fastigné

3. Albert Einstein
   Albert Einstein est geninse mais desordre.

4. Winston Churchill
   Winston Churchill est méchant mais grande et

C. Comparez-les. Now, compare these people. Use **plus… (que)**, **moins… (que)**, and **aussi… (que)** at least once each. Do not forget words like **et, aussi, très, mais, donc,** and **parce que.**

1. Al Capone et Gandhi

   Al Capone est moins travailleur que Gandhi

2. Albert Einstein et Winston Churchill

   Albert Einstein est plus gentille que Winston Churchille.

Activités de structure

Le verbe *être*

A. On est comment? Complete each sentence with a form of the verb **être**.

1. Je ____suis____ mince.
2. Vous ____êtes____ paresseux!
3. Les professeurs ____sont____ raisonnables.
4. Nous ____sommes____ malades.
5. Tu ____es____ trop naïf.
6. Sébastien ____est____ sympathique et intelligent.
7. ____Soyez____ généreux!

Le négatif

B. Esprit de contradiction. Answer each question in the negative.

1. Paul et Jean-Pierre sont canadiens?

   Mais non, ils _n'est pas canadiens !_ !

2. Christine aime le jazz?

   Mais non, elle _n'est pas déstante jazz!_ !

3. Vous êtes français?

   Mais non, nous _n'sommes pas français._ !

4. Tu es fatigué(e)?

   Mais non, je _ne ne pas fatigué_ !

5. Tu aimes les lundis?

   Mais non, je _ne pas n déteste l'été aussi_ !

6. Je suis pénible?

   Mais non, tu _n'es pénible_ !

La formation des adjectifs

C. Alexandre et Alexandra. Read the description of Alexandre. Then rewrite it to describe his twin sister Alexandra, who is just like him.

> Alexandre est français. Il est brun et beau. Il n'est pas timide et il est équilibré. Mais il est paresseux et il n'est pas très travailleur. Et il n'est pas sportif.

Alexandra est français. Elle est brun et belle. Elle n'est pas timidee et elle est éq^uilibée. Mais elle est paresseuse et elle n'est pas très travailleuxe. Et elle n'est pas sportive.

D. Décrivez. Describe each picture. Use as many adjectives as you can and do not forget to put them in the feminine when necessary.

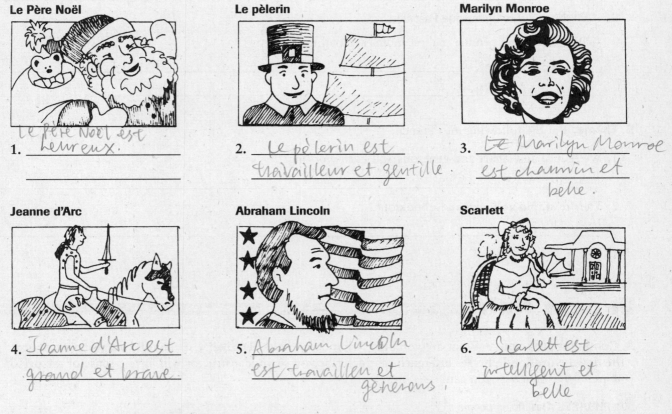

Le Père Noël

1. _Le Père Noël est heureux._

Le pèlerin

2. _Le pèlerin est travailleur et gentille._

Marilyn Monroe

3. _Le Marilyn Monroe est charmin et belle._

Jeanne d'Arc

4. _Jeanne d'Arc est grand et brave._

Abraham Lincoln

5. _Abraham Lincoln est travailleu et généreus._

Scarlett

6. _Scarlett est intelligent et belle_

E. Des femmes… Compare **Jeanne d'Arc, Scarlett,** and **Marilyn Monroe.** Use **plus… (que), moins… (que),** and **aussi… (que)** at least once each. Do not forget to use words like et, **aussi, très, mais, donc,** and **parce que.**

Scarlett est moins belle que Marilyn.
Scarlett est plus intelligente que Marilyn.

Jeanne d'Arc est plus grand que Marilyn.

F. Je suis parfait(e), moi! Of course you are perfect! Finish each sentence to reflect this.

Modèle: Je suis intelligent(e). Donc, je *ne suis pas bête*!

1. Je suis travailleur (travailleuse). Donc, je ___ne suis travailleur___ !
2. Je suis sympathique. Donc, je ___ne suis sympathique___ !
3. Je suis beau (belle). Donc, je ___ne suis belle!___ !

Thème et version

A. Version. Put the following into normal, natural English.

1. Nous ne sommes pas paresseux, mais nous sommes très fatigués.

   ___We are very lazy but we are tired___

2. —Il est aussi intelligent que Pascal?

   —Oui, mais il est pénible et il est moins sympathique!

   ___He's a smart as Pascal?___
   ___Yes, but he is obnoxious and his is less sympathique!___

B. Thème. Put the following into French.

1. We're nice and smart and generous and hard-working.

   ___Nous somos intelligente, gentille e génereux et travailleur.___

2. They're stupid and lazy and obnoxious.

   ___Ils sont stupide, paresseux et pénible.___

Et pour finir

A. Comment êtes-vous? What are you like? What do you like? Dislike? Use the following suggestions to write down words and phrases in French that describe you so your instructor will have a sense of the person you are. Say as much as you can.

PHRASES: Describing people
VOCABULARY: People; Personality
GRAMMAR: Adjective agreement, position, and formation

Self-assessment. Make a list of four elements that will contribute to making a good portrait of yourself.

1. _____
2. _____
3. _____
4. _____

1. Je suis _____

_____

_____

2. Je ne suis pas très _____

_____

_____

3. J'aime _____

_____

_____

4. Je n'aime pas _____

_____

_____

B. Un paragraphe. Now combine the ideas from Exercise A to write a brief paragraph describing yourself, keeping in mind the elements that contribute to a good portrait. Make your paragraph more cohesive by connecting your ideas with words like **et, mais, donc,** and **parce que.**

PHRASES: Describing people; Linking ideas

Je m'appelle _____

_____

_____

_____

_____

_____

_____

_____

_____

_____

_____

_____

_____

Évaluation. Check the four elements you listed prior to writing and read your portrait, keeping them in mind as you read. Which of these elements have you fully used? Which one(s) have you used insufficiently? Which have you omitted? Revise your portrait to include all of these elements until you are satisfied that your portrait represents you and is meaningful to someone reading it.

Découvertes linguistiques

Je-tu-il-elle-nous-vous-ils-elles—les pronoms sujets

1. **Réfléchissons.** What subject pronouns do you already know in French? How do you think they might be distributed? Which ones might be the most or the least frequently used?

2. **Analysons.** Here is a table showing the percent frequency of subject pronouns in the three corpora described in *Leçon 1.* Are subject pronouns equally distributed in each? Are there certain subject pronouns that are more or less frequent? Can you speculate about possible reasons for this?

3. **Des conclusions?** From the data here, it would appear that the pronoun **tu** is not very widely used. Is this a legitimate conclusion? It would also appear that **il** is much more frequent than **elle.** Would this indicate that the French refer to males much more often than females? Is there another possible explanation?

Subject pronoun	% Le Monde (newspaper)	% French documentary / morning television	% Service situations
je (j')	0.13	1.65	5.30
tu	0.0	0.31	0.0
il	0.46	1.01	1.21
elle	0.12	0.26	0.05
nous	0.14	0.47	0.17
vous	0.04	0.75	3.19
ils	0.08	0.26	0.02
elles	0.03	0.06	0.05

Vocabulaire facultatif

Adjectifs
actif, active *active*
africain(e) *African*
algérien, algérienne *Algerian*
anglais(e) *English*
antipathique *not nice*
asiatique *Asian*
belge *Belgian*
blanc, blanche *white*
bouddhiste *Buddhist*
chinois(e) *Chinese*
chrétien, chrétienne *Christian*
compréhensif, compréhensive *understanding*
content(e) *glad*
débrouillard(e) *resourceful*
drôle *funny*
élégant(e) *elegant*
ennuyeux, ennuyeuse *boring*
fâché(e) *mad*
fou, folle, fous, folles *crazy*
furieux, furieuse *furious, really mad*
gentil, gentille *nice, "sweet"*
intellectuel, intellectuelle *intellectual*

joli(e) *pretty*
juif, juive *Jewish*
marocain(e) *Moroccan*
mexicain(e) *Mexican*
mignon, mignonne *cute*
musulman(e) *Muslim*
noir(e) *black*
optimiste *optimistic*
organisé(e) *organized*
pauvre *poor*
pessimiste *pessimistic*
polonais(e) *Polish*
pressé(e) *in a hurry*
québécois(e) *from Quebec*
riche *rich*
roux, rousse *red-haired*
sénégalais(e) *Senegalese*
sévère *strict*
suisse *Swiss*
triste *sad*
vietnamien, vietnamienne *Vietnamese*

Leçon

Comment est votre chambre?

Activités de vocabulaire

A. Une chambre d'étudiant. Label as many things as you can in this drawing of a student's room.

B. Et l'étudiant? Write a brief paragraph describing the person who lives in this room. Give the person a name, tell what he/she is like, and give an indication of what he/she likes and dislikes.

_____

_____

_____

_____

_____

C. Et votre chambre? Make a list of the five most important things in your room. Then make a list of the five least important things.

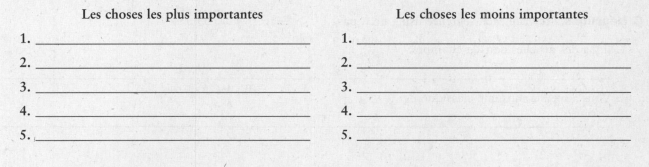

Les choses les plus importantes	Les choses les moins importantes
1. _____	1. _____
2. _____	2. _____
3. _____	3. _____
4. _____	4. _____
5. _____	5. _____

D. Et les couleurs? Give the color of each object that you listed in Exercise C. If you don't know the exact word, come as close as you can.

Modèle: La corbeille à papier est noire.

1. _____   1. _____
2. _____   2. _____
3. _____   3. _____
4. _____   4. _____
5. _____   5. _____

Activités de structure

L'article indéfini

A. Mais qu'est-ce que c'est? Complete each dialogue with the correct form of the indefinite article (**un, une,** or **des**).

1. —Voilà _____ chat!

   —Mais non, c'est _____ chien!

   —Mais non, ce sont _____ chats et _____ chiens!

2. —Qu'est-ce que c'est? _____ télévision… ou _____ chaîne hi-fi ou peut-être _____ radio ou _____ réveil ou…

   —Non, non et non! C'est un réfrigérateur-télévision-chaîne hi-fi avec réveil et radio.

B. Cherchez le singulier. Give the singular for each plural.

Modèle: des tables   une table

1. des rideaux _____

2. des tapis _____

3. des fenêtres _____

4. des couleurs _____

5. des réveils _____

Les articles après *ne… pas*

C. Négations. Rewrite each sentence using **ne… pas.**

1. Il y a des affiches dans la chambre.

   _____

2. Vous aimez la musique classique.

   _____

3. Il y a une guitare dans la salle de classe.

_____

4. Tu aimes les examens.

_____

D. Ajoutez l'article. Complete each sentence with an appropriate article (**un, une, des, de, d', le, la, l', les**).

1. Il y a _un_ réfrigérateur et _____ étagères dans la chambre de Jessica et Susan.

2. Il n'y a pas _un_ fauteuil mais il y a _une_ chaise dans la chambre de Jean-Pierre.

3. J'aime _la_ vacances.

4. Je déteste _les_ devoirs.

5. J'aime _la_ télévision mais il n'y a pas _une_ télévision dans la chambre!

E. Votre chambre. What is there in your room? What is not in your room? Write three sentences.

Modèle: *Il y a une chaise, mais il n'y a pas de fauteuil.*

_____ Il y a un lit, mais il n'y a pas de td compart. _____

_____ Il y a une porte, mais il n'y a pas de une affiche. _____

_____

Le verbe *avoir*

F. Possessions. Complete each sentence with a form of the verb **avoir**.

1. —Tu ____ as ____ un stylo?

  —Oui… Ah non, pardon. Je n' ___ ai ___ pas de stylo.

2. —Vous ___ avez ___ des CD?

  —Oui, et nous ___ avons ___ des DVD aussi.

3. —Alexandre ____ a ____ un camarade de chambre pas du tout sympathique. Il s'appelle Ludovic.

  —Ah oui? Je m'appelle Ludovic et j(e) ___ avons ___ un camarade de chambre pénible—et il s'appelle Alexandre!

G. Comparaisons. Frédéric is comparing his possessions to those of his friends. Ever the optimist, he finds good reasons to be happy. Use the words provided to write sentences. Don't forget to pay attention to the articles.

Modèle: Paul / avoir / armoire / et moi, je / ne pas avoir / armoire / mais je / avoir / placard
       Paul a une armoire et moi, je n'ai pas d'armoire mais j'ai un placard.

1. Olivier / avoir / tapis rouge / et moi, je / ne pas avoir / tapis rouge / mais je / avoir / rideaux rouges

_____

2. Muriel et Émilie / avoir / chaîne hi-fi / et moi, je / ne pas avoir / chaîne hi-hi / mais je / avoir / ordinateur

_____

3. Vous / avoir / affiches / et moi, je / ne pas avoir / affiche / mais je / avoir / photos

_____

4. Tu / avoir / camarade de chambre / et moi, je / ne pas avoir / camarade de chambre / et je / être / très content

_____

Thème et version

A. Version. Put the following into normal, natural English.

—Tu as un stylo?
—Non, je n'ai pas de stylo mais j'ai un crayon. Ça va?
—Oui, ça va. Merci.

_____

_____

_____

B. Thème. Put the following into French. The words in parentheses are not necessary in English, but they are necessary in French.

1. Patrick and Robert have keys but I don't (have a key).

_____

2. —What's that?

—A walkman. You don't have a walkman?

—A walkman? No, no, I have a stereo!

_____

_____

_____

Et pour finir

Imagine you are Ludovic (Alexandre's roommate) and that you are writing your parents telling them about what school is like and telling them what the first few weeks are like.

PHRASES: Writing a letter (informal)
VOCABULARY: Bedroom; People; Personality
GRAMMAR: Adjective agreement, position, and formation

Self-assessment. Make a list of four elements that are necessary to make your letter interesting and appropriate.

1. _____

2. _____

3. _____

4. _____

1. Make a list of three good (**bon**) things and three bad (**mauvais**) things about your room.

    bon   **mauvais**

    _____   _____

    _____   _____

    _____   _____

2. Make a list of three good and three bad things about your roommate, Alexandre.

    bon   **mauvais**

    _____   _____

    _____   _____

    _____   _____

3. Now, put all this information together and write your letter. Think of a good opening sentence, and of the best way to conclude your narrative.

Chers parents,

_____

_____

_____

_____

_____

_____

_____

_____

_____

_____

_____

_____

À bientôt,

_____

Évaluation. Now check the four elements that you listed prior to writing your letter. Are any missing or insufficiently used? Evaluate how you can improve the letter to interest your readers.

Découvertes linguistiques

«Il n'y a pas les bons d'un côté, les méchants de l'autre»

(Bibliothèque électronique, Liaison Rwanda, N° 22–mars 1999)

1. **En anglais?** What would you say if someone asked you to explain when to use the words *some* and *any* in English? Do you know a rule? Can you figure one out?

2. **En français**
   a. Can you explain the "rule" you have learned about the use of the indefinite article (**un, une, des**) in negative sentences in French? Can you give examples?
   b. Here are some samples of French taken from various websites. Does the "rule" you explained in **Part a** seem to apply here? Can you think of any way to account for the various uses of French given here?

«CE NE SONT PAS DES OFFRES, CE SONT DES DEMANDES»	(Titre du *Refus global,* article de Sophie Doucet, *La Presse,* 16 août 2002)
Libre opinion: Il n'y a pas un bon clonage et un mauvais clonage.	(Abby Lippman, *Le Devoir,* 25 février 2003)
IL N'Y A PAS D'HOMMES AU PARADIS	(Roman français de Mireille Best, publié chez Gallimard, 1995)
SURPOPULATION *Il n'y a pas une minute à perdre!*	(Dossier pollution, Marcel Chaput et Tony Le Sauteur, Éditions du jour)
CE N'EST PAS UNE VIE	(Chanson de Charles Aznavour)
Je n'ai pas de vacances cette année!	(Comment ne pas déprimer au boulot? Quelques conseils de Pascale Lemaire, psychologue.)
On n'est pas des anges.	(Marque de tee-shirts, pulls, etc.)
Il n'y a pas d'amour heureux.	(Chanson de Louis Aragon)
Ceci n'est pas une pipe.	(Tableau de Magritte)
Un hacker n'est pas un pirate.	(Site Web)

3. **Qu'est-ce qu'une «règle»?** Are there rules for language use the way there are rules for driving a car (traffic regulations)? Why do you think the "rules" you find in grammar books always seem to have exceptions? As a learner, what kinds of "rules" are most useful to you?

Vocabulaire facultatif

Noms

un agenda électronique *electronic organizer*
une agraffeuse *stapler*
un coussin *pillow, cushion*
un couvre-lit *bedspread*
des lits superposés *(m. pl.)* bunkbeds
un magnétoscope *videocassette recorder, VCR*
une moquette *carpet(ing)*
un mouchoir en papier *tissue, Kleenex*
un oreiller *(bed) pillow*
un plafond *ceiling*

un plancher *floor*
une plante *plant*
un rétroprojecteur *overhead projector*
une souris *mouse*
un store *shade; blind*
un tableau noir *(black)board*
un traversin *bolster pillow*
un trombone *paper clip*
un vase *vase*

Adjectifs

désordonné(e) *untidy; disorderly*
idéal(e), idéaux, idéales *ideal*
moderne *modern*

ordonné(e) *tidy; orderly*
organisé(e) *organized*
traditionnel, traditionnelle *traditional*

Adjectifs de couleur

beige *beige*
bordeaux *(invariable) maroon*
gris(e) *gray*

rose *pink*
violet, violette *purple*

Divers

c'est *it is*

ce n'est pas *it's not*

Leçon **4**

Qu'est-ce que vous aimez?

Activités de vocabulaire

A. Catégories. Divide the words in the following list into the categories given. Some may fit more than one category.

un enfant / chanter / une femme / aimer / un homme / danser / un père / marcher / une fille / un garçon / adorer / détester / travailler / un ami / étudier / une sœur / penser / jouer

Personnes	Activités physiques	Activités mentales
enfant	chanter	adorer
une femme	travailler	détester
un garçon	étudier	danser
une sœur		aimer
une fille		penser

B. Associations. What actions (verbs) do you associate with the following things? Write two different verbs for each.

1. la télévision: _____ agadei _____
2. (le) français: _____ lere _____   apprend
3. des cadeaux: _____ lere _____   aime
4. une orange: _____ aime _____   adorer
5. Paris: _____ marcher _____   voyage
6. la maison: _____ livre _____   habitat

C. Qu'est-ce que c'est? Describe each picture in French.

1. _____ Une fille femme et une enphant est en la chambre _____

2. _____ *Un garçon (garçe) son cadeaux* _____
   _____ *to à une fille* _____
   _____
   _____

3. _____ *?* _____
   _____
   pleny card?
   _____
   _____

D. C'est / il est / elle est. Complete each dialogue with either c'est, il est, or elle est.

1. —_____ *C'est* _____ Marie?
   —Non, _____ *elle est* *C'est* _____ Sophie.

2. —Voilà Florence. _____ *C'est* *Elle est* _____ française.
   —Ah oui? D'où en France?

3. —Qu'est-ce que c'est? _____ *C'est* _____ une affiche pour la chambre?
   —Oui, tu n'aimes pas?
   —Ah… je ne sais pas.

4. —Et le petit Stéphane, comment ça va? _____ *Il est* _____
   —Pas très bien. _____ *elle est* _____ malade.

5. —J'ai 10 chiens et 20 chats.
   —_____ *C'est* _____ vrai?

Activités de structure

Les verbes en *-er*

A. Activités. Complete each sentence with a form of the present tense, the imperative, or the infinitive of the appropriate verb or verbs in parentheses.

1. Ils sont intelligents, mais ils _____ *ne fumen pas parce que je suis* _____ étudier. (ne… pas aimer / fumer)

2. Vous _____ *regarder* _____ la télévision? Ce n'est pas normal. (écouter / regarder / détester)

3. Nous sommes américains. Nous _____ *étudierons* _____ anglais et nous _____ *voyagons* _____ le français. (parler / étudier / voyager)

4. Les oiseaux _____ *manged?* _____ les chats parce que les chats aiment _____ *?* _____ les oiseaux. (travailler / manger / ne… pas aimer)

5. Jean-Marc! _____ *Donner* _____ la chambre! Et ne _____ *ranger* _____ pas la télévision! (ranger / donner / marcher / regarder)

6. Damien _____ *donn* _____ un cadeau à Justine. (détester / donner)

7. Tu _____ *écouter* _____ ou tu _____ *écoutes* _____ la radio? (voyager / travailler / regarder / écouter)

8. Nous _____ ~~avons~~ *mangerons* avec les Dubois samedi. (écouter / manger)

9. Vous _____ *pensez* _____ que les Français sont sympathiques? (penser / parler)

B. Choisissons! From among all the verbs that you have learned, including **être** and **avoir**, choose a verb that fits each sentence. There may be more than one verb possible. Use the correct form.

1. Dans la salle de classe, le professeur _____ ~~est~~ *ont* _____ et les étudiants _____ *ont* _____ .

2. Nous _____ *avez* _____ la télévision.

3. Céline _____ *a* _____ le match de football à la radio.

4. —J(e) _____ *ai* _____ étudier. Et vous?

   —Ah non, j(e) _____ *aime* _____ étudier.

5. Est-ce que tu _____ *es* _____ danser?

6. _____ *?* _____ ! Je parle!

7. Zoé et Sébastien _____ *es* _____ la musique classique. Ils _____ *ont* _____ le rock!

8. Vous deux! _____ *Je t'aime* _____ ! C'est une personne très bizarre!

9. Anne _____ *a* _____ des amies canadiennes. Elles _____ *sont* _____ sympathiques.

10. Nous _____ ~~avez~~ *avons* _____ la cuisine française et nous _____ *avons* _____ beaucoup.

C. Et vous? What are you like? What do you do? Use each verb to say something about yourself. Don't forget to use words such as **beaucoup, un peu, trop.**

Modèle: danser
Je ne danse pas. Je déteste danser. Je danse beaucoup., etc.

1. manger _____ *Je ne manger beaucoup.*
2. chanter _____ *Je aime chanter.*
3. parler _____ *Je ne parler pas. Je*
4. travailler _____ *Je ai travailler*
5. fumer _____ *Je déteste fumer pas. Je déstente fumer.*
6. marcher _____ *Je aime marcher.*

D. Qu'est-ce qu'ils aiment? Qu'est-ce qu'ils ont? According to you, what do each of the following groups like, dislike, have, or not have?

1. les filles _____ *détestent* *les mauvais garçons et les chambres étaient sales, la malbouffe,*
2. les garçons _____ *détestent medkure et pédkure*
3. les étudiants _____ *détestent examens , degré*
4. les professeurs _____ *détestent devoirs en retard, beaucoup de temps*
5. les chiens _____ *détestent les chats*
6. les chats _____ *détestent les rats (souris)*

bon vision = good eyesight

Les adjectifs possessifs

E. Photos de famille. People are showing their photos to each other. Add the missing possessive adjectives.

Modèle: C'est le bureau de Michel, et c'est *sa* chaise et ce sont *ses* livres.

1. C'est ton chien, et c'est **ton chat** chat et **tes oiseaux** oiseaux?

2. C'est votre mère, et c'est **votre** père et ce sont **vos** frères et **vos** sœurs?

3. C'est la chambre de mon frère, et c'est **son** lit, **son** bureau et **sa** chaîne hi-fi.

4. C'est notre maison et dans le jardin *(yard),* ce sont **nos** animaux et **nos** amis.

5. C'est ma chambre, et c'est **mon** amie Stéphanie et c'est **mon** ordinateur.

F. Des étudiants. Use possessive adjectives to complete each description.

1. Anne-Sophie est étudiante à la Sorbonne. **Son** père et **sa** mère sont professeurs à Paris. Elle a un frère et une sœur. **Son** frère est plus jeune mais **sa** sœur est plus âgée. Ils étudient aussi à la Sorbonne. Et **son** oiseau? Il reste à la maison avec **ses** deux chats et **son** chien.

2. Je m'appelle Christophe Larivière, je suis canadien et je suis étudiant à Montréal. J'adore la musique! Dans **ma** chambre, j'ai **ma** chaîne hi-fi et **mes** disques compacts. J'ai aussi **ma** guitare parce que j'aime chanter. Sur le mur, j'ai des affiches et des photos. J'aime beaucoup **mon** affiche de Charlebois et **ma** photo de l'hiver à Québec! Et sur **mon** bureau, j'ai une photo de **mon** amie. **Son** nom? Charlotte! Elle est de Chicoutimi mais elle étudie à Montréal comme moi.

L'interrogation

G. Des questions… Rephrase each question using **est-ce que.**

Modèle: A-t-il un chien?
Est-ce qu'il a un chien?

1. Les étudiants voyagent-ils beaucoup? **Est-ce que les étudiants voyagent beaucoup?**
2. Aimes-tu sortir? **Est-ce que tu aimes sortir?**
3. Sont-elles heureuses? **Est-ce qu'elles sont heureuses?**
4. Est-ce un garçon sérieux? **Est-ce que c'est un garçon sérieux?**
5. Chante-t-il bien? **Est-ce qu'il chante bien?**
6. Êtes-vous de Paris? **Est-ce que vous êtes de Paris?**

H. Quelle est la question? Here are the second lines of several conversations. You have the answers; what were the questions? Use **est-ce que**. There may be more than one correct question.

Modèle: —*Est-ce que tu aimes (vous aimez) l'automne?*
—*Oui, j'aime l'automne.*

1. — <u>Est-ce qu'on parle français à Montréal?</u> ?
—Oui, on parle français à Montréal.

2. — <u>Est-ce que tu aimes étudier?</u> ?
—Non, je déteste étudier.

3. — <u>Est-ce que vous aimez marcher?</u> ?
—Oui, nous marchons beaucoup.

4. — <u>Est-ce que tu voyages?</u> ?
—Non, je ne voyage pas. Je travaille trop!

5. — <u>Est-ce que le professeur fume?</u> ?
—Non, elle déteste les cigarettes.

6. — <u>Est-ce qu'elles aiment sortir?</u> ?
—Oui, elles adorent sortir.

7. — <u>Est-ce que tu aimes écouter la radio?</u> ?
—Non, j'aime mieux regarder la télévision.

Thème et version

A. Version. Put the following into normal, natural English.

—Voilà Jeremy. C'est un copain de Sarah.
—C'est un Français?
—Non, il est américain, mais il étudie le français.
—Il n'est pas très beau, n'est-ce pas?
—C'est vrai, mais il est très sympathique et il adore rire.

<u>— Here's Jeremy. He's a friend of Sarah's.</u>
<u>— Is he French?</u>
<u>— No, he's American, but he studies French.</u>
<u>— He isn't very good looking, is he?</u>
<u>— True, but he's very nice and he loves to laugh.</u>

B. Thème. Put the following into French.

1. We're studying too much.

   Nous étudions trop/Beaucop.

2. Loïc! Jean-Luc! I am speaking! Listen!

   Loïc! Jean-Luc! Je parle! Écoutez!

3. Catherine? Yes, she's nice. She's a nice girl.

   Catherine? Oui, elle est sympathique. C'est une fille sympathique.

4. They hate animals but they have a cat for their children.

   Ils détestent les animaux mais ils ont un chat pour leurs enfants.

5. Here is Jean-Marc with his father, his mother, and his sister.

   Voilà Jean-Marc avec son père, sa mère et sa sœur.

Et pour finir

Un article pour le journal. You are writing a brief article on a local celebrity to be included in a packet of material being sent to a school in France.

PHRASES: Describing people
VOCABULARY: People; Personality
GRAMMAR: Adjective agreement, position, and formation

Self-assessment. Find four elements that will make this article informative and interesting to your readership and that your article should contain or reflect.

1. _____
2. _____
3. _____
4. _____

1. **Qui est-ce?** Choose someone you think the French students would be interested in. Write down the name of the person you have chosen.

   _____

2. **Comment est-il/elle?** What is this person like? Make a list of adjectives that describe him/her.

   _____

   _____

3. **Il/Elle aime… Il/Elle déteste…** Now, make a list of what your celebrity likes and dislikes.

   _____

   _____

4. **Et maintenant, l'article.** Now, write a short article describing the celebrity you chose. You might start out with **Voilà** (+ name of celebrity). Try to make your paragraph interesting, but keep in mind that it has to make sense to your audience.

_____

_____

_____

_____

_____

_____

_____

_____

Évaluation. When you are finished, read your paragraph considering the four elements that you previously identified. See what needs to be changed to better reflect these elements if they are insufficiently addressed in your writing.

Découvertes linguistiques

Mon Amérique à moi c'est une route sans feux rouges
Depuis l'Hudson River jusqu'en Californie

Extrait d'une chanson de Johnny Hallyday, 1982

1. **En anglais.** Languages have various ways of indicating who owns what (possession). Take a few minutes to think of the various ways you can express possession in English.

2. **En français?** How does French indicate possession? Give some examples.

3. **Mes idées à moi!** Below are examples taken from various websites of yet another way French uses to express possession. Can you describe how this construction works?

Quel est votre Everest à vous?
Bonne Fête à notre Reine à nous: Grand-Mère Odile Thibodeau de Brantville qui aura 90 ans le 4 décembre 2001 !!!!!!!!!!!!!!
Il était simple et bon et il était mon père, mon père, mon père, mon père, mon père, mon père à moi. (*Mon Père à moi,* chanson de Gilbert Bécaud)
Je serai ta femme à toi pour la vie sans être mariée… (*Ta femme à toi sans être mariée!,* poème de Gin Val)
Sa vie à elle Film français (1995). Comédie dramatique. Durée: 1h30 mn. Réalisé par Romain Goupil

4. **Récapitulation.** Here is a chart of possessive adjectives and stress pronouns (**moi, toi, vous, nous**) used to indicate possession in French. Use the examples in Activity 3 as well as what you already know to fill in the missing words and phrases.

Adjectif possessif Masculin singulier	Adjectif possessif Féminin singulier	Adjectif possessif Pluriel	Pronom tonique
mon	_____	mes	à _____
ton	ta	_____	à _____
_____	sa	ses	à lui/à elle
notre	notre	nos	à _____
votre	votre	_____	à _____
_____	leur	leurs	à eux/à elles

Vocabulaire facultatif

Noms

un bon vivant *person who knows how to live*
le camping *camping*
un cheval, des chevaux *horse*
la danse *dance; dancing; ballet*
une dissertation *paper (written for class)*
un lapin *rabbit*

un musée *museum*
une pièce *play*
un poisson rouge *goldfish*
le shopping *shopping*
un voyage *trip*

Verbes

habiter (à) *to live (in)*

téléphoner *to telephone*

Divers

danser le rock *to "fast dance"*

danser le slow *to "slow dance"*

Le français familier

bouffer *(vulgar)* = manger

Leçon 5

Les âges de la vie

Activités de vocabulaire

A. Les contraires. Find an antonym (opposite) for each word.

1. difficile _____ facile _____
2. jeune _____ ~~garçon~~ vieux/âgé _____
3. généreux _____ egoïste _____
4. près de _____ loin de _____
5. triste _____ content/heureux _____
6. parfois _____ souvent / toujours _____
7. devant _____ derrière _____
8. laid _____ beau _____
9. ennuyeux _____ drôle/amusant _____

B. Des problèmes de calcul. Solve each arithmetic problem. Write your answers in numbers.

1. Dans les cours de l'Alliance Française en hiver, il y a soixante-seize jeunes filles et cinquante-trois garçons. Combien d'étudiants est-ce qu'il y a en tout?

   66   53

   _____ 119 _____

2. Chez les Verrier, il y a trois adultes, cinq enfants, deux chiens, quatre chats, six oiseaux et trente-deux poissons.

   3   5   2   4   6   32

   Combien de personnes habitent chez les Verrier? _____ 52 _____

   Combien d'animaux est-ce qu'il y a? _____ 44 _____

3. Dans l'Hôtel Mozart le soir du 14 novembre, il y a cinquante-six femmes, quatre-vingt-dix-huit hommes et soixante-seize enfants. Combien de personnes est-ce qu'il y a en tout?

   56   98

   66+154

   _____ 220 _____

4. Dans le Parc de la Tête d'Or (un zoo) à Lyon, il y a beaucoup d'animaux. Il y a deux cent dix mammifères, trois cent cinquante oiseaux, cinquante reptiles et deux cent trente poissons. Combien d'animaux est-ce qu'il y a en tout?

   200+=210   350   50   230

   _____ 840 _____

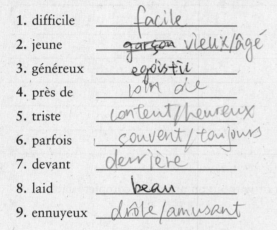

```
  80
+350
 630
 210
```

C. Ils ont quel âge? Complete each sentence to say how old you think the characters in the picture are.

1. Le jeune homme avec le chien ___a trois ans~~ veint-cinq~~___ .

2. Le chien ___a trois ans___ .

3. La jeune fille qui aime le jogging ___a seize ans___ .

4. Le petit garçon ___a sept ans___ .

5. Les jeunes qui dansent ___a veint-trois ans___ .

6. Le vieil homme sur le banc ___a ~~dix~~ soixantdeux ans___ .

D. Paulette et Jacques. Use a form of the preposition **de** with or without an article to complete each sentence.

1. Jacques Dubois est ___de Nice___ Nice. Il habite près ___de l'___ université. Quand il est triste, il joue ___de la guitare___ guitare. Il adore les chiens et il a un chien. Le nom ___du chien___ chien? Ulysse.

2. Paulette Gilmard habite près ___de___ Nice. Sa maison est loin ___de la___ maison de Jacques, mais elle aime marcher! Elle est optimiste et elle aime la vie. Elle a un chien aussi. Le chien ___de___ Paulette s'appelle Maggy. Maggy aime Ulysse et la vie ___des___ deux chiens est agréable.

Activités de structure

Les verbes comme *sortir*

A. Verbes. Complete each sentence with a form of one of the verbs in parentheses.

1. Pierre et Jacqueline ___habitent / habiteons___ (sortir / habiter) avec les Dubois demain.

2. J(e) ___suis___ (avoir / être) fatiguée parce que je ne ___dormir___ (détester / dormir) pas assez.

3. Au printemps, nous ___sommes___ (aimer / être) au régime *(on a diet)* parce que nous ___mangeons___ (manger / partir) trop en hiver.

4. Tu n'aimes pas ___sortirs___ (sortir / ranger) avec des amis le samedi soir?

5. Vous ___partirs a___ (aimer / partir) à Montréal? Pour toujours?

6. Anne et Michèle ne ___dormiont?___ pas (dormir / avoir) chez nous, elles aiment mieux ___dormi___ (dormir / partir).

7. Jean-Luc ___partir___ (partir / sortir) à Paris pour travailler et il ___sont___ (avoir / être) très malheureux parce qu'il ___détester___ (détester / aimer) Paris.

8. Julie? Tu étudies? Un samedi? Mais tu es trop sérieuse! ___sortir___ (sortir / dormir) avec tes amis! Ne travaille pas tout le temps!

La place des adjectifs

B. Adjectifs. Use the adjectives in parentheses to answer the questions.

Modèle: C'est une femme laide? (joli)
Non, non, c'est une jolie femme.

1. C'est une chambre laide? (beau)
Non, c'est une belle chambre

2. C'est un jeune homme? (vieux)
Non, non, c'est un vieil homme.

3. C'est un petit chien? (gros)
Non, non, c'est un gros chien.

4. Ce sont des étudiantes françaises? (canadien)
Non, non, c'est ce sont des étudiantes canadiennes,

5. C'est une fille brune? (blond)
Non, non, c'est un fille blonde

6. C'est un homme triste? (heureux)
Non, c'est un homme heureux.

7. Ce sont des petites filles difficiles? (gentil)
Non, non, ce sont des petites filles gentilles.

8. C'est une femme sévère? (compréhensif)
Non, non, c'est une femme compréhensive

Les formes toniques des pronoms

C. Chez qui? Everybody's at his or her own house. Say this in French.

Modèle: Patrick
Patrick est chez lui.

1. Christophe et Jean-Philippe _____.

2. Chantal _____.

3. Tu _____.

4. Nous _____ .

5. Vous _____ .

6. Je _____ .

D. Paulette et Jacques. Here's how Paulette and Jacques first met. Rewrite the paragraph, replacing the nouns in italics with pronouns.

Aujourd'hui, Paulette Gilmard marche sur la Promenade des Anglais à Nice. Devant *Paulette,* il y a Jacques Dubois, assis *(seated)* sur un banc. Paulette est fatiguée et s'assied *(sits down)* à côté de *Jacques. Paulette* parle avec *Jacques, Jacques* parle avec *Paulette.* Maintenant, Jacques est heureux. Et *Paulette? Paulette* est heureuse aussi. Pour *Jacques et Paulette,* la vie est belle aujourd'hui.

_____

_____

_____

_____

_____

_____

_____

Thème et version

A. Version. Put the following into normal, natural English.

—Comment est Cédric Rasquin?
—Oh, lui? Il a des problèmes. Il a seize ans et il n'est pas très équilibré. Il n'a pas beaucoup d'amis et il est timide. Il joue de la guitare, mais pas très bien. Il n'a pas de petite amie et il ne sort pas souvent.

_____

_____

_____

_____

_____

B. Thème. Put the following into French.

1. (speaking to a friend)
   —How old are you?
   —I'm 21.
   —So am I!

_____

_____

_____

2. —Where's Fabien?
—Next to the girl by the window.

_____
_____

3. —Is Jean-Pascal at home?
—No, he's at David's house.

_____
_____

4. —You're going out with her?!
—Why not?
—She's selfish and hard to get along with.
—No! She's a nice person and she's smart too.

_____
_____
_____
_____

Et pour finir

Une lettre de Cédric. You met Cédric Rasquin and some of his family at the beginning of this lesson. Cédric's parents are divorced, and he's living with his mother (Béatrice) and her new husband (Paul Pinel) in Toulouse. His younger sister, Christine, is adjusting to Toulouse and the new living arrangements, but Cédric is miserable. He's going to write to his father, Jean Rasquin, in Paris.

Self-assessment. Identify four elements that both make a good letter and that Cédric's father will be interested in reading.

1. _____
2. _____
3. _____
4. _____

PHRASES: Describing objects, people, weather; Requesting something
VOCABULARY: Bedroom; City; Family members

1. La vie à Toulouse. Imagine what life is like for Cédric in Toulouse. Does he have a room? Friends? What does he do? Are there any things he enjoys?

Il est triste, _____
_____
_____
_____

2. J'ai des problèmes. Now, make a list of the problems that are probably bothering Cédric.

Son professeur est... _____

_____

_____

_____

3. La lettre. Use your ideas from Parts 1 and 2 to write Cédric's letter. Mix up his problems and his reactions. Use **parce que, et, mais,** etc.

Toulouse, le 22 novembre

Cher Papa,

_____

_____

_____

_____

_____

_____

_____

Je t'embrasse,
Cédric

Évaluation. When you are finished, read the letter as if you were Cédric's father. What is missing? What is not right? Check the four elements that you identified earlier and revise your letter to insert any corrections or changes you may want to make to obtain a better letter.

Découvertes linguistiques

Moi je chante, toi tu chantes, nous nous chantons…

Titre d'un article sur le chant en Bretagne (19 novembre 2003)

1. *Moi* et *je*. The lines below were taken from a corpus, or collection, of French as spoken in French television documentaries and on morning talk television. This is not a continuous text and it is **not** meant to be read for meaning. Each line comes from a different place in the corpus and each line is not necessarily one sentence (the corpus contains a total of 521,421 words).

1.	Reste calme! Astérix! JE suis calme! Obélix…
2.	Et moi, je m'appelle Claire.
3.	… habiter encore maintenant. Ça je sais pas, mais aller comme ça…
4.	… et encore maintenant… euh, je continue à pas aimer ça.
5.	Oui ben, moi, je travaille pas tout l'été hein…
6.	Non, moi non. Moi, je n'ai pas de réminiscences…
7.	… a été très très difficile pour moi. Je ne sais pas comment il a été pour…
8.	Hein, Barbara. Moi, je trouve que c'est très joli.
9.	Ben, moi, je suis d'accord avec Natalie.
10.	Et que moi, bon, je reste là. Qu'est-ce que…

   a. Look at the following table. What kinds of information do you need to complete the table based on the corpus lines?

   b. Choose any six additional lines to complete the table. What kinds of words is the personal pronoun **je** found with? What patterns do you find?

Line #	2nd word to the left of *je*	1st word to the left of *je*	JE	1st word to the right of *je*	2nd word to the right of *je*
9	ben	moi	je	suis	d'accord
			je		
			je		-
			je		
			je		
			je		
			je		

2. **Analysons.** Look at the table you just completed. Can you pick out any patterns in the use of **moi** and **je**? Are there some combinations that don't occur? What title would you give this table?

3. **Pour apprendre le français.** Do the patterns you've just worked with make sense to you? Do they "sound right?" Do the patterns that don't occur in the data sound "right" or "wrong" to you? Where do you think these feelings are coming from? Can you extend this distribution to other pronouns (**tu/toi**, for example)?

Vocabulaire facultatif

Noms

un(e) avocat(e) *(court) lawyer*
la batterie *drums*
la biologie *biology*
la chimie *chemistry*
la flûte *flute*
la gestion (des affaires) *(f. pl.) (business) management*
un jeune homme *young man*
des jeunes gens *(m. pl.) young people*
un médecin *physician*
la philosophie *philosophy*

la physique *physics*
le piano *piano*
la psychologie *psychology*
les sciences économiques *(f. pl.) economics*
les sciences politiques *(f. pl.) political sciences*
la sociologie *sociology*
la trompette *trumpet*
les vêtements *(m. pl.) clothes*
le violon *violin*

Verbes

pleurnicher *to whine*

rouspéter *to gripe*

Adjectifs

agressif, agressive *aggressive*
bien habillé(e) *well dressed*
décidé(e) *determined*

insupportable *unbearable*
maladroit(e) *clumsy*
mal habillé(e) *badly dressed*

Divers

avoir le cafard *to feel "down/low"*
être d'âge mûr *to be middle-aged*

être en bonne santé *to be healthy*
piquer une colère *to throw a tantrum*

Le français familier

une grande personne *grown-up*
la philo = la philosophie

la psycho = la psychologie
les sciences po = les sciences politiques

Nom _____ Cours _____ Date _____

Conversation (poème)

COMPOSITION. Write a similar dialogue, but change either the characters or the objects they refer to and give it a meaning of your own, be it serious, tragic, comic, or absurd.

1. Préparation

a. Identify the meaning you want to convey in your dialogue (serious, tragic, comic, or absurd).

_____

b. Identify the protagonists and define the identities and roles they will have in the dialogue.

_____

c. Identify the topics of conversation between the two characters and make a list of words that each one might use in the dialogue for this topic. Limit yourself to words you know. Remember that the dialogue may not always entirely make sense.

Character 1 _____

_____

_____

Character 2 _____

_____

_____

d. Write 4–6 questions that would suit the topic and might be asked by one of the characters.

_____

_____

_____

_____

e. Prepare an answer for each question. (Number these to match the questions in Part d.)

_____

_____

_____

_____

f. Write a concluding comment that functions like Tardieu's closing on salad and spring.

_____

2. Composez. Assemble your dialogue, alternating questions and answers, and paying close attention to spelling and structure. Have a classmate read your dialogue. If he or she asks you questions about your meaning, make changes to insert these suggestions into your dialogue. Use a separate sheet of paper.

«Première rencontre»

COMPOSITION. Using the French you know, imagine a dialogue that might take place between the two characters after this first encounter.

1. Préparation

a. What greetings do you know in French? Make a list and select the ones that would be appropriate for this dialogue.

_____

_____

b. What topics do people discuss when meeting for the first time? Make a list.

_____

_____

c. For each topic you have identified write a short sentence in French.

_____

_____

_____

_____

d. What else might each character ask, other than the questions posed in the text? Prepare 4 questions.

_____

_____

_____

_____

2. Composez. Assemble the material gathered previously and in a logical order, filling in the text to make it coherent. Make sure the questions have answers, and the topics have at least a question and an answer. Use a separate sheet of paper.

Exchange the dialogue you have written with a classmate and compare. What are the differences? Does your classmate write a more convincing conversation? Edit your own dialogue to make sure it reflects the mood you intend to convey.

Visite au roi

COMPOSITION. Later in the story, the **petit prince** visits a king. Write a short dialogue that might take place between them, using what you know about the **petit prince** and what you imagine about a king.

1. Préparation

a. Write a few adjectives that will help you define the king as you want to represent him.

_____

b. List 5 verbs that would be typical of a king's actions.

_____   _____

_____   _____

_____

c. Write 5 statements, as if you were the king, using the verbs you chose above. Elaborate with adverbs and/or objects.

Modèle: *Je parle avec force.*

_____

_____

_____

_____

_____

d. Identify some words the king might use that the **petit prince** would need explained.

_____

e. Prepare 5 questions that the **petit prince** might ask the king.

_____

_____

_____

_____

_____

2. Composez.
Assemble the questions and statements above to create a meaningful dialogue between the **petit prince** and the king. Use the adjectives you have identified to insert a point of view either about the king or about the **petit prince.** Use a separate sheet of paper.

Exchange your dialogue with two classmates and read theirs to identify if they have expressed a point of view and if so, what this point of view might be. Discuss with them the differences between yours and theirs.

Brigitte Bardot

COMPOSITION. Imagine that Momo rushes down to the street to meet Brigitte Bardot. Write a short dialogue of their encounter.

1. Préparation

   a. Review greetings. How could Momo greet her? How might Brigitte Bardot answer?

   _____
   _____
   _____
   _____

   b. Imagine two topics of conversation Momo might use to talk to Brigitte Bardot. For each topic, write a sentence that he might say to her.

   _____
   _____
   _____

   c. Momo will certainly pay her a compliment. Write two possible sentences.

   _____
   _____
   _____

   d. What might Momo say, as he and Brigitte Bardot part? Write one sentence.

   _____

2. Composez. Use the vocabulary you know, expressions for introductions and greetings, and adjectives for compliments, or expressions from *Le français parlé* that you have learned. Assemble the sentences from your preparation in the appropriate order and reread to catch misspellings.

   _____
   _____
   _____
   _____
   _____
   _____
   _____
   _____

Leçon 6

L'espace et le temps

Activités de vocabulaire

A. Les vols d'Air France. You are in the Charles de Gaulle Airport in Paris. Write down when each flight is leaving.

Modèle: L'avion pour Nice part à *huit heures et quart du soir.*

Vol	Destination	Départ	Vol	Destination	Départ
AF 417	Genève	9.15	AF 039	Port-au-Prince	17.35
AF 642	Bruxelles	10.30	AF 253	Montréal	17.50
AF 307	Pointe-à-Pitre	12.25	AF 255	Saint-Martin	19.45
AF 662	Dakar	14.30	AF 237	Nice	20.15

1. L'avion pour Genève part à ___ *neuf heures et quart du matin* ___.
2. L'avion pour Saint-Martin part à *huit heures moins le quart du soir* .
3. L'avion pour Dakar part à *deux heures et demie de l'après-midi* .
4. L'avion pour Pointe-à-Pitre part à *midi vingt-cinq* .
5. L'avion pour Montréal part à *~~Aton~~ six heures moins dix du soir.*

B. Les verbes

1. Associations. Write down two words that you associate with each verb.

Modèle: commencer
         l'université, la classe de français, etc.

préférer *amour, aime*
terminer *(finish) fin, triste*
trouver *voyager, heureux*
chercher *~~trava~~ travaille, regarder*
téléphoner *parler, écouter*

2. Phrases. Use some of the words you have listed above and use them in a sentence with each verb.

Modèle: commencer
         Nous commençons la classe de français à neuf heures trente.

préférer *Je préfère dimanche et j'adore dim.*
terminer *Je suis triste à terminer*

trouver ___*Je trouve que je suis heureux.*___

chercher ___*Je cherche et je regarder films.*___

téléphoner ___*Je parler beaucoup àsur le téléphone*___

C. Assembler. Find the correct completion for each sentence and use the appropriate verb in the correct form (**commencer, préférer, terminer, trouver, chercher,** or **téléphoner**). Use each verb only once.

___c___ 1. Le lundi, nous ___*commençons*___

___a___ 2. Qu'est-ce que tu ___*préfères*___ ,

___b___ 3. Bon, pas dans mon sac, pas sur la table…

Mais où sont-elles? Michel! Je ___*cherche*___

___e___ 4. Marie-Claire ~~*A*~~ *trouve*

___f___ 5. Tu ___*téléphones*___

___d___ 6. Je ___*termine*___ toujours

a. le rouge ou le bleu?

b. mes clés!

c. les cours à 8 heures.

d. mes devoirs le matin.

e. le cours de philosophie difficile.

f. à ta mère tous les jours!

D. Quel. Complete each sentence with a form of **quel.**

1. À ___*quelle*___ heure partez-vous?

2. ___*Quels*___ enfants!

3. ___*Quelles*___ couleurs aimez-vous?

4. ___*Quels*___ sont vos cours préférés?

E. Question ou surprise? Create a sentence to either ask a question or express surprise using **quel.**

Modèle: L'avion pour Montréal?

À quelle heure est l'avion pour Montréal?

1. Des vacances agréables!

___*Quelles vacances agréables!*___

2. La classe de français ou la classe de philosophie?

___*Quelle class préfères-tu, la class de français ou la class de philosophie?*___

3. Vos restaurants préférés?

___*Quels sont vos restaurants préférés?*___

4. Une belle journée!

___*Quelle belle journée!*___

5. Le train de Paris?

___*À quelle heure part le train de paris?*___

F. Une petite histoire de vacances. Complete this story with the appropriate preposition (**dans, en,** or **à**).

Nous partons ___*en*___ vacances ___*à*___ la plage ___*en*___ août. Au mois de juin, je téléphone ___*à*___ l'hôtel pour réserver des chambres. Nous aimons les petits hôtels ___*en*___ ville, c'est plus sympathique. Cette année, l'hôtel

est agréable, mais nous avons toujours trop chaud ~~dans~~ les chambres. Le soir, nous mangeons toujours ~~trop~~ *dans*
un petit restaurant *en* ville. Mes amis n'aiment pas cet hôtel parce qu'ils ont trouvé des puces *(fleas)* *dans*
les lits! Quelle histoire! Mais moi, je trouve que l'hôtel est *dans* un quartier *(neighborhood)* vivant *(lively)* et
jeune et mes vacances sont formidables!   *nó "en un"!!*

G. Les couleurs et la nature. What can you find in nature for each color? Write one item for each color and
do not repeat yourself.

on est ou?
gare - train station

1. le bleu: _____*la mer,*_____
2. le vert: _____*un champ*_____
3. le blanc: _____*une chat*_____
4. le jaune: _____*les fleurs*_____
5. le rouge: _____*les fleurs*_____

H. Chez moi! Where do you live? What is it like? What can be found there? What cannot be found there?
Complete the following paragraph to describe where you live.

J'habite à ___*morningside drive*___. C'est (une ville? un village? à la montagne? à la mer? à la campagne?)
___*à près de university*___. À ___*ma chambre*___, il y a, ___*une armoire, un lid, un*___
___*fauteuil, une lampe, ~~un~~ des tableaux,*___
_____,
mais il n'y a pas ___*un ordinateur.*___ .

Activités de structure

Le verbe *aller*

A. Phrases. Find the correct completion for each sentence.

_*d*_ 1. Le soir, je   a. vont au restaurant avec des amis.

_*a*_ 2. Mes parents   b. allons avoir un examen de français.

_*f*_ 3. Est-ce que tu   c. va en France tous les étés.

_*e*_ 4. Où est-ce que vous   d. vais toujours travailler à la bibliothèque.

_*c*_ 5. Mon professeur   e. allez en vacances cette année?

_*b*_ 6. Demain, nous   f. vas chez toi ou à la bibliothèque?

B. Où vont-ils? Complete each sentence with a form of the verb **aller**.

1. Nous ___*allons*___ à la plage l'après-midi.
2. Pierre-Yves et Patrick ___*vont*___ au cinéma samedi.
3. Tu ne ___*vas pas*___ pas chez Marie?
4. Je ___*vais*___ à Nice le week-end.

5. Est-ce que vous ____allez____ manger au restaurant?

6. Anne ____va____ à l'université.

7. Stéphane et Guillaume! ____Allez____ chercher votre voiture!

C. Ce n'est pas le Jour de l'An, mais… Even though it's not New Year's Day, everyone has decided to turn over a new leaf. What are these people going to do or not do in the future?

Modèle: Olivier fume.
Olivier ne va pas fumer.

1. Charlotte téléphone tout le temps.
Charlotte ne va pas téléphoner tout le temps.

2. Nous sortons pendant la semaine.
Nous n'allons pas sortire pendant la semaine.

3. Vous mangez à la bibliothèque.
Vous n'allez pas manger à la bibliothèque.

4. Nicole et Odile ne sont pas gentilles.
Nicole et Odile vont être gentilles

5. Je ne suis pas sérieux (sérieuse).
Je vais être sérieux (sérieuse.)

6. Patrick et Julien dorment en classe.
Patrick et Julien ne vont pas dormir en classe

Les prépositions *à* et *de* et l'article défini

D. Complétez. Complete each sentence with the appropriate preposition and/or article: **à, à la, à l', au, aux.**

1. Nous allons _à la_ campagne le week-end.

2. Demain, je vais téléphoner _au_ professeur.

3. J'aime aller en vacances _à la_ mer.

4. Tu ne vas pas _à la_ poste?

5. J'adore manger _au_ restaurant, pas vous?

6. Cédric est trop timide pour parler _aux_ filles.

7. Vous allez dormir _à l'_ hôtel _à_ Marseille?

8. Alceste n'aime pas la campagne _au_ printemps.

9. Le professeur parle français _aux_ étudiants.

E. De, du, des, de la, de l' ou d'? Complete each sentence using **de** alone or **de** plus the definite article.

1. Michel est _de_ Cannes.

2. La bibliothèque _de l'_ université est très grande.

3. Est-ce que vous aimez le chien _d'_ Anne?

4. Où sont les chambres *des* étudiants?

5. Je cherche les clés *du* professeur.

6. Vous détestez les rideaux *de la* chambre?

7. C'est le premier jour *des* vacances.

8. Mais où sont les chaises *de l'* église?

F. Et vous? Answer the questions about you and your life. Use the preposition **à**, **de**, **en**, **dans**, or **chez**.

1. D'où êtes-vous? (Dallas, Madison, Ottawa, ?)

   Je viens de Chine.

2. Où habitez-vous à l'université? (cité universitaire, appartement, vos parents, ?)

   Je habite en moi apartement.

3. Où allez-vous manger? (restaurant, chambre, ?)

   Je mange à restaurant près de l'University.

4. Où allez-vous travailler? (bibliothèque, chambre, ?)

   Je travaille en moi chambre.

5. Où allez-vous en vacances? (mer, montagne, campagne, ?)

   Je voyage en Puerto Rico.

6. Où avez-vous des examens? (classe, laboratoire, université, ?)

   Je exame en classe.

7. Où allez-vous pour parler avec vos amis? (café, chambre, restaurant universitaire, ?)

   Je parle avec moi amis à café.

G. La semaine de Marie. Marie is a student of English and Spanish in a translation school in Brussels, Belgium. Read her schedule and imagine where she goes and why. Do not repeat yourself.

	lundi	mardi	mercredi	jeudi	vendredi
8–9			linguistique		
9–10			linguistique		
10–11		psychologie	anglais	économie	
11–12		psychologie	espagnol	économie	
12–13			anglais		anglais
13–14	anglais	droit		espagnol	espagnol
14–15	esthétique	droit	français		anglais
15–16	français	espagnol	anglais	espagnol	espagnol
16–17		espagnol	anglais	espagnol	
17–18	anglais			français	français
18–19				français	français

Le lundi matin, elle va ___*travaille à école*___ parce qu(e) ___*elle paye les factures*___; le lundi

après-midi, elle va ___*mange à café*___ parce qu(e) ___*elle est occupée*___.

Le mardi à 17 heures, elle va ___mange à restaurante___ parce qu(e) ___elle est fatiguée___.

Le mercredi à 13 heures, elle va ___mange à restaurante___ parce qu(e) ___elle est fatiguée___;

le mercredi soir, elle va ___estudier anglais___ parce qu(e) ___il y a une exame___.

Le jeudi à 14 heures, elle va ___jogging___ parce qu(e) ___elle aime être belle___; le jeudi soir,

elle va ___sort avec amis sa___ parce qu(e) ___elle a amis beaucoup___

Le vendredi matin, elle va ___estudier espagnol___ parce qu(e) ___il y a une exame___; le vendredi

soir, elle va ___dormir___ parce qu(e) ___elle est fastiguée___.

Questions pour demander des renseignements

H. Mais quelle est la question? You have the answer. Ask the question! (The underlined words will be the answer to your question.)

Modèle: Nous allons à la plage <u>demain matin</u>.
Quand est-ce que vous allez à la plage? Or *Quand allez-vous à la plage?*

1. Madame Dassin a <u>trois</u> chats.   *A la comblen de chats?*
___Comblen de chats a Madame Dassin?___

2. Je mange <u>parce qu'il est midi</u>!   *Pourquo est-ce que tu mange?*
___Pourquo avez-vous manger?___

3. Ils vont <u>à Bruxelles</u> le week-end.   *Où vont vous t'l week-end?*
___Où est-ce que ils vont le weekend?___

4. Nous partons <u>le soir</u>. *est-ce que*   *Quand partons vous?*
___Quand allez nous partons?___

5. Cédric joue <u>très bien</u> de la guitare.   *Comment joue cedric de la guitare?*
___Comment est-ce que cedric joue de la guitare?___

6. Il y a <u>deux</u> fenêtres dans la chambre.   *? En til / est-ce qu'il*
___Comblen de fenêtres il y a dans la chambre?___

7. Je vais <u>à la banque</u>. *vous*   *d'où es-tu? where are you from?*
___Où est-ce que tu allez? Où allez vous?___

8. Claudine est malheureuse <u>parce que Pierre sort avec Hélène</u>.
___Pourquoi est Claudine malheureuse.___

I. On fait connaissance. Write 5 questions to ask a new student you've just met.

1. ___Comment tu appelez?___
2. ___Quel âge avez-vous?   Quel âge a tu?___
3. ___Comment allez-vous?___
4. ___Comblen ou avez-vous? les classes___
5. ___Est-ce que aimez-vous l'ecole? vous aimes___

Thème et version

A. Version. Put the following into normal, natural English.

1. Le lundi matin, les Dumont vont <u>nager</u> à la piscine.
   swim

   _____

2. Il est trois heures du matin. J'ai sommeil et je vais dormir!

   He and you It's 3 o'clock in morning. I'm sleepy and
   I'm going to sleep!

B. Thème. Put the following into French.

1. I'm cold and I'm very unhappy!

   J'ai froid et je suis très malheureux!

2. Let's go downtown at two!

   Sortons à centre-ville à deux heures

Et pour finir

A. Où va Claudine? Look at Claudine's schedule for Monday. Then answer the questions. You don't have to write full sentences here. Use your imagination when appropriate.

8h30	cours de maths
9h30	biblio
12h	manger avec Hélène et Marie-Thérèse (restau)
2h–5h	étudier
5h30	tél. Marseille (Marc)
8h	Pierre

1. À quelle heure est le cours de mathématiques de Claudine?

   _____

2. Où va-t-elle à neuf heures et demie?

   _____

3. Où est-ce qu'elle mange? À quelle heure? Avec qui?

   _____

4. Où est Claudine l'après-midi?

   _____

5. Pourquoi est-ce qu'elle téléphone à Marc?

   _____

6. Où est-ce qu'elle va à huit heures du soir?

   _____

B. La journée de Claudine. Write a paragraph about Claudine as if it were the beginning of a short story. Include what else you think she might have been doing in between the hours where she has something marked. Note that Pierre's schedule for that same week is in your textbook, page 130.

PHRASES: Linking ideas; Sequencing events
VOCABULARY: Calendar; Leisure; Studies; Courses
GRAMMAR: Present tense

Self-assessment. What would make this description interesting to readers of that story? Identify four elements that determine the quality of a good descriptive paragraph in a story.

1. _____

2. _____

3. _____

4. _____

Now write your paragraph.

_____

_____

_____

_____

_____

_____

_____

_____

_____

_____

_____

_____

_____

_____

_____

Évaluation. Read your paragraph and evaluate it in terms of the criteria you identified prior to writing. Where did you fall short of implementing these criteria? Where can you improve? How can you improve? Revise your paragraph before submitting it to your instructor.

Découvertes linguistiques

> Questions de français
>
> **questions (formulation des)**
> L'inversion verbe-sujet est souhaitable, du moins par écrit. Tout dépend du niveau de langue.

1. **Quand la réponse n'est pas facile.** Sometimes you will have questions about how French works that don't have easy answers. The use of the various question forms (intonation, **est-ce que**, inversion) is one of these. Although most people and books will agree that intonation questions are more frequent in conversation than in formal writing, that **est-ce que** questions are seldom found in formal written French, and that inversion is most commonly found in written French (particularly in textbooks), beyond that, there is little that is certain. It does seem reasonable that there are semantic (meaning) and pragmatic (how people do things with language) constraints on the use of various question forms but no one knows for sure what these might be or how they might work.

   The table below shows the distribution of these three question forms in the Situations Corpus (a small [6,519 word] corpus of French spoken in situations such as at a restaurant or in a hotel. Can you formulate any tentative hypotheses about the use of these three forms in this context? Do you think the numbers in the table are representative of French in general?

	Frequency	**Percent of total**
Intonation	71	75%
Est-ce que	21	22%
Inversion	3	3%
TOTALS	95	100%

   The three inverted forms in the Situations Corpus are: **Que se passe-t-il?** *(What's going on?)*; **Que puis-je faire pour vous?** *(What can I do for you / May I help you?)*; and **Comment vous appelez-vous, monsieur?**

2. **Un exemple.** Here is an excerpt from the Situations corpus. A person who is sick is talking to a pharmacist (in France, pharmacists give health advice). What kind of question forms can you find? Can you find any reasons why the speaker might have chosen one form over another?

PHARMACIENNE:	Donc, hum, mal à la gorge, à l'estomac…
CLIENT:	Et… Oui, à l'estomac, oui, c'est ça.
PHARMACIENNE:	Vous avez des maux de tête?
CLIENT:	Euh, par contre, non, pas de maux de tête, non.
PHARMACIENNE:	Non? Est-ce que vous avez de la fièvre?
CLIENT:	Oui, un peu, oui j'ai de la fièvre, oui.

3. **Quand il n'y a pas de règle?** Do you think that there are "rules" for everything about French (or any language)? Are there things that people know about a language that they can't explain? Can you, for example, explain how to form tag questions (questions at the end of sentences such as, *It's nice out, isn't it?*)? Is the only or the best way to learn a language to memorize all the rules?

Vocabulaire facultatif

Noms

une activité (culturelle, sportive...) *(cultural, sport . . .) activity*

une adresse *address*

une avenue *avenue*

le calme *calm, peace and quiet*

un centre commercial *shopping mall*

le centre-ville *downtown*

un chemin *path, way*

une colline *hill*

la culture *culture*

un emploi du temps *schedule*

la faculté *university, college, department*

un fleuve *river*

un horaire *schedule, timetable*

un jardin *garden, yard*

un monument (historique) *(historical) monument*

un musée *museum*

la nature *nature*

un paysage *landscape, scenery*

la pollution *pollution*

un pont *bridge*

un quartier *neighborhood*

une route *road*

une rue *street*

une usine *factory*

Verbes

camper *to camp*

traverser *to cross*

Expressions avec *aller*

Allez les filles (les garçons, les enfants...)! *You go girls (boys, kids . . .)!*

Allez les Bleus *Go Blue!*

Fêtes principales (en France)

la fête des mères *Mother's Day*

la fête des pères *Father's Day*

la fête du travail (1er mai) *Labor Day*

la fête nationale (14 juillet) *national holiday*

le Jour de l'An *New Year's Day*

Noël *Christmas*

Pâques *Easter*

la Toussaint (1er novembre) *All Saints' Day*

Leçon **7**

Famille, familles...

Activités de vocabulaire

A. Les contraires. Give the opposites.

il fait gris, etc.

1. il pleut __il y a du soleil, il fait beau__
2. il fait chaud __il fait froid__
3. célibataire __marié__
4. il fait beau __il fait mauvais, il pleut,__
5. ici __là__
6. être en vie __être morte)__

B. Par deux. Write the missing member of each "family pair."

Modèle: un cousin et _une cousine_

1. un père et __une mère__
2. une grand-mère et __un grand-père__
3. un frère et __un soeur__
4. une petite-fille et __un petit-fils__
5. une fille et __un garçon/un fils__
6. un mari et __une femme__
7. une tante et __un oncle__
8. une nièce et __un neveu__

C. Quel temps fait-il? Write two sentences for each picture and don't repeat yourself.

1. __Il pleut, il fait mauvais, il ne fait pas chaud.__

2. __Il neige, il fait très froid, il ne fait pas beau.__

3. __Il fait beau, il fait chaud__

4. __Il y a du vent, il fait mauvais, il fait frais__

D. Septembre dans la région de Montréal. September is a great time to visit Quebec! The leaves are changing and it's beautiful. But, what about the weather?

Note: Temperatures are in centigrade (Celsius): 5° C = 41° F, 10° C = 50° F, 15° C = 59° F, 20° C = 68° F.

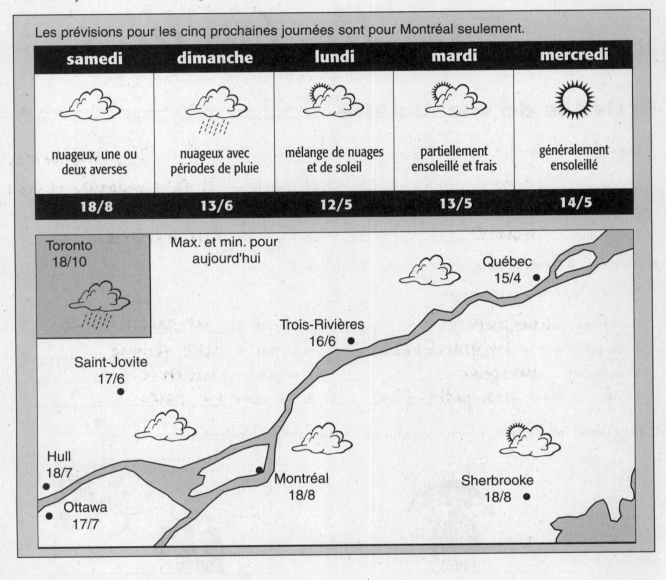

1. Le temps aujourd'hui dans la région

Quel temps fait-il à Québec et à Montréal? *Il n'y a pas de soleil*

Quel temps fait-il à Sherbrooke? *Il y a du soleil et des nuages*

Quel temps fait-il à Toronto (Ontario)? *Il pleut*

Est-ce qu'il fait chaud aujourd'hui dans la région? *Non, il ne fait pas chaud*

2. Le temps de la semaine à Montréal

Quand est-ce qu'il va faire beau? *mercredi*

Quand est-ce qu'il va faire très mauvais? *dimanche*

Quand est-ce qu'il va faire frais? *dimanche, lundi, mardi, mercredi*

Quand est-ce qu'il va faire bon? *samedi*

E. Une famille. Look at the family tree. Then answer the questions that follow.

Modèle: Qui est Simone Perrin pour François Martin?
C'est sa grand-mère.

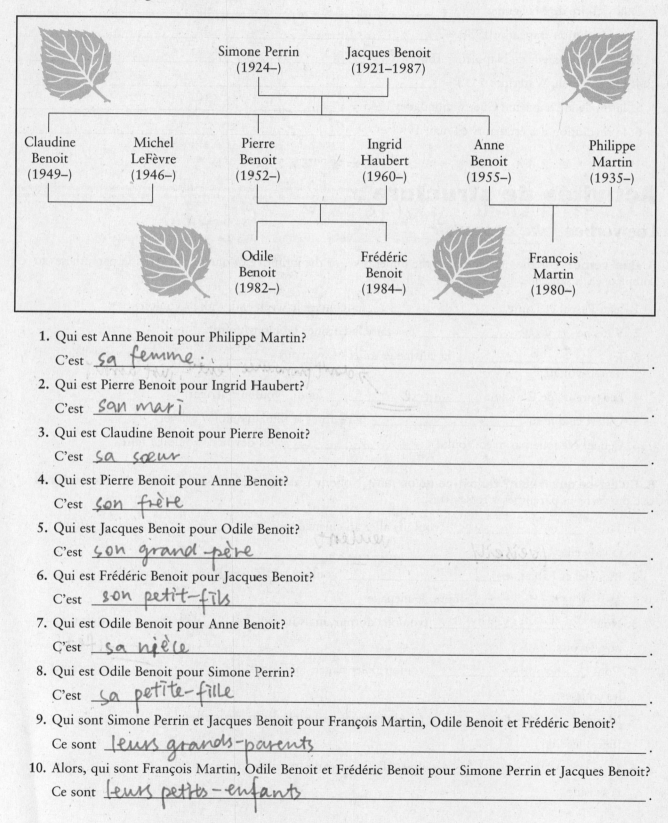

1. Qui est Anne Benoit pour Philippe Martin?

   C'est _sa femme._

2. Qui est Pierre Benoit pour Ingrid Haubert?

   C'est _son mari_

3. Qui est Claudine Benoit pour Pierre Benoit?

   C'est _sa soeur_

4. Qui est Pierre Benoit pour Anne Benoit?

   C'est _son frère_

5. Qui est Jacques Benoit pour Odile Benoit?

   C'est _son grand-père_

6. Qui est Frédéric Benoit pour Jacques Benoit?

   C'est _son petit-fils_

7. Qui est Odile Benoit pour Anne Benoit?

   C'est _sa nièce_

8. Qui est Odile Benoit pour Simone Perrin?

   C'est _sa petite-fille_

9. Qui sont Simone Perrin et Jacques Benoit pour François Martin, Odile Benoit et Frédéric Benoit?

   Ce sont _leurs grands-parents_

10. Alors, qui sont François Martin, Odile Benoit et Frédéric Benoit pour Simone Perrin et Jacques Benoit?

    Ce sont _leurs petits-enfants_

F. Les dates de l'histoire. Here are the dates of a few important historic events in France. Write the dates.

Modèle: la défaite de l'invasion arabe en France: 700 = *sept cents*

1. la victoire de Marignan: 1515 = _____
2. la révolution française: 1789 = _____
3. le couronnement de Napoléon: 1800 = _____
4. la bataille de Waterloo: 1815 = _____
5. la fin de la Deuxième Guerre mondiale: 1945 = _____
6. la révolution des étudiants en mai: 1968 = _____

Activités de structure

Les verbes *faire* et *vouloir*

A. Quel verbe? Use the present tense, the imperative, or the infinitive of one of the verbs in parentheses to complete each sentence.

1. Jean-Pascal et Laure ____font / veu____ *veulent étudier* les courses le week-end. (faire / vouloir)
2. Vous ne ____voulez____ pas faire la cuisine? (vouloir / faire)
3. Je ____fais____ la cuisine et toi et Marc, vous ____faites____ la vaisselle. *dishes* (faire / vouloir)
4. Les parents de Claudine ____arrivent____ *don't pronounce "ent", just "arriv"* lundi. (vouloir / arriver)
5. Qu'est-ce que tu ____veux____ faire après le film? (vouloir / arriver)
6. Céline! Ne joue pas avec Youki! ____fais____ tes devoirs! (vouloir / faire)

B. Qu'est-ce qu'on veut? Qu'est-ce qu'on fait? Nobody is doing what he/she wants to do this weekend! Use the verbs in parentheses to say this.

1. Tu ____veux____ (vouloir) aller au cinéma, mais tu ____fais____ (faire) la vaisselle. *[veiseiy]*
2. Raphaël et Fabienne ____voulez *veulent / voulent*____ (vouloir) sortir avec leurs amis, mais ils ____font____ (faire) le ménage.
3. Nous ____voulons____ (vouloir) dormir, mais nous ____faisons____ (faire) nos devoirs.
4. Vous ____voulez____ (vouloir) aller nager, mais vous ____faisons faites [fɛt]____ (faire) les courses.
5. Marie ____veut____ (vouloir) regarder la télévision, mais elle ____fait____ (faire) les lits.
6. Je ____veux____ (vouloir) aller au restaurant, mais je ____fais____ (faire) la cuisine.

C. Mon week-end. List what you want to do or don't want to do this weekend. Then list what you are going to do or not going to do.

Je veux

Je veux manger beaucoup et dormir beaucoup le weekend.

Je ne veux pas

Je ne veux pas travaille le weekend.

Je vais

Je vais faire devoir le weekend.

Je ne vais pas

Je ne vais pas jouer le weekend.

Les pronoms d'objet direct

D. Trouvez les pronoms. Replace the words in italics with a direct object pronoun.

1. J'adore *mon chien*! _J'adore la._
2. Tu ne veux pas faire *ton lit*? _Tu ne veux pas faire le?_
3. Vous voulez *mes clés*? _Vous voulez les?_
4. Nous ne regardons jamais *la télévision*! _Nous ne la regardons jamais!_
5. Voilà *ma petite sœur*! _La voilà!_
6. Tu vas lire *ton livre*? _Tu te vas le lire?_
7. Vous cherchez *votre chat*? _Vous la cherchez?_

E. Qu'est-ce qu'on fait avec? Use direct object pronouns to say one thing you do and one thing you don't do with each of the following.

Modèle: le livre de français
Je l'étudie. Je ne le donne pas à mon petit frère.

1. mon chien _Je l'aime._
   Je ne le ~~joue~~ vais pas le jouer avec.
2. la télévision _Je la ~~deteste~~ lire_
   Je ne la donne pas à ma ami.
3. mes devoirs _Je les fais._
   Je ne les donne pas à ma ami.

F. Encore des pronoms. Replace the words in italics with a subject pronoun, a stress pronoun, or a direct object pronoun.

1. Voilà *mon camarade de chambre*! _Voilà il!_
2. *Ma voiture* est chez *les Martin*. _Ma voiture est chez_

3. Je fais *la vaisselle* avec *Thomas*. _Je la fais avec Thomas._

4. Nous n'allons pas lire *leurs lettres*! _Nous n'allons ne les allons pas lire._

5. Nous ne voulons pas sortir avec *Virginie et Caroline*. _Nous ne voulons les pas sortir avec._

6. C'est *ta sœur*? _C'est la?_

G. Et vous? Answer the questions using a direct object pronoun.

1. Est-ce que vos parents vous aiment?

   Je les aime!

2. Est-ce que vos amis vous détestent?

   Je ne les détestent. ma amis

3. Est-ce qu'on vous écoute quand vous parlez?

   Je Et écoute quand je parle.
   Il vous

Thème et version

A. Version. Put the following into normal, natural English.

1. Ma sœur Jacqueline et son mari Paul arrivent de Nice aujourd'hui. Je vais les chercher à la gare à 10 heures.

   My sister Jacqueline and her husband Paul arrive in Nice today.

2. Il fait trop chaud pour faire la cuisine. Allons manger au restaurant!

   He does a lot of heat for working. Let's go to restaurant to eat.
   creates

B. Thème. Put the following into French.

1. —He doesn't have any brothers?
   —Yes, he has one brother, but he's married and he lives in Bordeaux with his wife.

   — Il n'a pas un frère?
   — Oui, Il 'a un frère, mais il es mari et il habite en
   Bordeaux avec sa mari?

2. —What's the weather like?
   —It's raining!

3. Rémi, I love you, but you don't love me! That's why I don't want to go out with you and that's why I'm leaving. Cécile

   Rémi, Je t'aime, mais tu ne m'aime pas! Il es pourquoi Je
   ne veut pas sort avec toi et   Je suis part!   Cécile.

Et pour finir

Écrivez une lettre. Imagine that an exchange student (Olivier Bur) is coming to live with your family for the summer. Write him a letter describing your real family or one that you invent.

Self-assessment. Identify what will make your letter informative for Olivier so that he will be excited about coming to stay in your country and with your family. Find four elements that will help you achieve this goal.

1. _____
2. _____
3. _____
4. _____

VOCABULARY: Family members; House; Leisure; Sports
PHRASES: Writing a letter (informal)

1. **Quelles sont les questions?** First, decide what questions the student might have about your family. Make a list.

   Combien de personnes? Leur âge? _____
   _____
   _____
   _____
   _____
   _____

2. **Répondez.** Now, answer each of the questions you listed in part 1. If more information occurs to you as you are writing, add it.

   _____
   _____
   _____
   _____
   _____
   _____
   _____
   _____

3. Organisez et écrivez. Finally use all the information you have gathered about your family into paragraphs to write a real letter. Link your sentences, introduce each paragraph, use **Cher Olivier** to start your letter and close with **Amicalement.** Try to make your letter as complete as possible.

_____ ,

_____

_____

_____

_____

_____

_____

_____

_____

_____

_____

_____

_____

_____

_____

_____

_____

                             _____ ,

                             _____

Évaluation. When your letter is finished, read it and keep in mind the four criteria you identified to make this letter informative for Olivier so that he will be excited about coming to your country. Adjust it if you want to emphasize some of these elements and judge whether or not you have used them fully.

Découvertes linguistiques

Most French very common verbs, as well as some obsolescent verbs, are irregular [...]

(Rebecca Posner, 1997. Linguistic Change in French)

1. **En anglais.** What verbs do you think are likely to be the most frequent in English? Make a list of ten verbs you would expect to be very frequently used in English. Why do you think they are so frequent?

2. **Et en français?** Here are the ten most common verbs overall in French:

> être, avoir, faire, dire, pouvoir, aller, voir, savoir, vouloir, venir

How many of these verbs have you already studied? How many of them are irregular? (Look at the verb tables in the back of *Voilà!* for the verbs you haven't already studied.) How could you explain this?

3. **Significations.** Dictionary entries for verbs vary widely in their length. Look at the table below. Why do you think this range exists?

Verb	Number of lines in a French dictionary
avoir	45
aimer	16
faire	71
fumer	7
vouloir	23
visiter	8

4. **C'est pratique?** To what extent should the vocabulary you learn reflect frequency counts? What verbs are most important to learn?

Vocabulaire facultatif

Noms

un beau-frère *brother-in-law*
un beau-père *father-in-law; stepfather*
des beaux-parents *(m. pl.) in-laws; stepparents*
une belle-fille *daughter-in-law; stepdaughter*
une belle-mère *mother-in-law; stepmother*
une belle-sœur *sister-in-law*
un degré *degree (temperature)*
un demi-frère *half brother*
une demi-sœur *half sister*
un(e) enfant unique *only child*
une famille monoparentale *single-parent family*

une famille recomposée *remarried family*
un gendre *son-in-law*
des jumeaux, des jumelles *twins*
un orage *thunderstorm*
un ouragan *hurricane*
un quasi-frère *stepbrother*
une quasi-sœur *stepsister*
la température *temperature*
une tempête *storm (wind, sea)*
une tornade *tornado*

Adjectifs

affectueux, affectueuse *affectionate*
infernal(e) *impossible, pesky*

maternel, maternelle *motherly*
nuageux *cloudy*

Verbes

casser *to break*

laver *to wash*

Divers

à l'intérieur *inside*
Au travail! *(Let's) get to work!*
Ça alors! *No kidding!*
dehors *outside*

il fait... degrés *it's . . . degrees*
il gèle *it's freezing*
il y a du brouillard *it's foggy*
il y a du verglas *the roads are icy*

Leçon 8

Vous êtes artiste ou sportif?

Activités de vocabulaire

A. Ils sont artistes ou sportifs? Decide whether each of the following people are **artistes** or **sportifs** based on their activities.

1. Jacques et Paulette font de la musique. _____

2. Sylvie fait du ski. _____

3. Marie-Laure fait de la photo. _____

4. Jean-Pierre fait de la peinture. _____

5. Les Dumont font de la planche à voile. _____

6. Anne fait du dessin. _____

7. Les Sankovitch aiment faire les musées. _____

8. Les Vanderheyden aiment faire de la plongée sous-marine. _____

B. Jeux et loisirs. Use **faire** or **jouer** to say what people are doing.

1. François et Jean-Marc _____ au football.

2. Céline _____ de l'exercice.

3. Jacques _____ du violon.

4. Paulette _____ du piano.

5. Thérèse et les chiens _____ une promenade.

6. Béatrice _____ du jogging.

C. Alceste et Candide font du sport. Make complete sentences.

1. Candide / jouer / tennis

_____

2. Alceste / faire / parfois / marche / mais il / préférer / rester / maison / pour / regarder la télévision

_____

3. Candide / faire / jogging, / natation / et / vélo

_____

4. Pour Alceste, / faire / sport, / c'est / jouer / cartes

_____

D. Une photo de vacances. Jacques Dubois is showing his family a vacation picture he took while on a group tour in Italy. Complete his description of the photo, using a form of **ce**.

_____ hôtel est très confortable, mais _____ plage n'est pas agréable parce qu'il y a trop de soleil.

J'aime beaucoup _____ homme et _____ femme, mais je déteste _____ garçon. Il n'est jamais

content! _____ petite fille est gentille, mais _____ enfants sont très difficiles.

E. Le désir et la réalité. These people all feel like doing something other than what they're actually doing. Imagine what they feel like doing.

> Modèle: Suzanne fait la cuisine, mais...
> Suzanne fait la cuisine, mais *elle a envie de jouer au tennis.*

1. Jacques et Paulette font la vaisselle, mais...

_____

2. Jean-Marc joue au football à l'école, mais...

_____

3. Sylvie étudie dans sa chambre, mais...

_____

4. Vincent et Thérèse rangent la maison, mais...

_____

5. Je fais mes devoirs de français, mais...

_____

Activités de structure

Les verbes *pouvoir* et *devoir*

A. Trouvez la suite. Choose the response that logically follows the comment or question. More than one may fit.

Non, je dois aller à la banque.
Tu dois parler au professeur.
Tu peux rester au lit si tu veux, d'accord?
Tu dois manger moins.
Il doit étudier ce soir.
Tu ne peux pas sortir maintenant!
Madame Durand doit bien parler anglais.

1. —Je suis trop gros.

_____

2. —Mon frère a un examen demain.

_____

3. —J'ai des problèmes avec mes devoirs.

   —_____

4. —Il pleut.

   —_____

5. —Tu as des dollars canadiens?

   —_____

6. —Je suis malade.

   —_____

7. —Elle habite Londres.

   —_____

B. *Pouvoir, vouloir* ou *devoir*? Complete each sentence with a form of **pouvoir, devoir,** or **vouloir** in the present tense.

1. Ils _____ (vouloir) aller chez Marc ce soir parce qu'il y a une fête.

2. Je ne _____ (pouvoir) pas sortir le soir parce que papa est très sévère.

3. Je _____ (devoir) partir!

4. Vous _____ (pouvoir) partir maintenant.

5. Nous _____ (devoir) parler français en classe.

6. Nous partons à huit heures. Est-ce que tu _____ (pouvoir) arriver à huit heures

   moins le quart?

7. Julie _____ (vouloir) partir en vacances, mais elle ne _____

   (pouvoir) pas parce qu'elle _____ (devoir) travailler.

8. Gilles et Claire _____ (devoir) toujours travailler le week-end parce qu'ils ont un

   restaurant.

Les pronoms interrogatifs

C. Questions. Complete each question using either **qui, qui est-ce que, qu'est-ce que, quoi, est-ce que,** or a form of **quel.**

1. —_____ vous regardez?

   —Un film à la télévision.

2. —_____ Sylvain aime?

   —Gaëlle.

3. —_____ veut sortir avec moi ce soir?

   —Moi!

4. —_____ couleur préférez-vous?

   —Le bleu, et vous?

5. —Chez _____ vous allez?

—Chez les Melot.

6. —De _____ ils parlent?

—De l'examen.

7. —_____ aime fumer?

—Vincent!

8. —_____ tu fais?

—Mes devoirs.

D. Mais quelle est la question? You have the answer. Now, write the question. The underlined words will be the answer to the question.

Modèle: —*Qui part maintenant?*
—<u>Nous</u> partons maintenant.

1. —_____

—Je mange <u>une orange</u>.

2. —_____

—<u>Xavier et Laurence</u> vont souvent à Paris.

3. —_____

—Les Dubois n'aiment pas <u>Jean Rasquin</u>.

4. —_____

—Je parle à <u>mon professeur d'anglais</u>.

E. Un soir chez Patrick et Sabine. Use interrogative pronouns and adjectives to complete the conversation between Patrick and Sabine.

—_____ on fait? Il est huit heures, et moi je voudrais manger!

—Comment? Mais nous allons chez les Melot ce soir.

—Chez _____ ?

—Les Melot. À huit heures et demie.

—Oh non! Pas chez eux! Lui, il parle tout le temps de sa voiture et elle, elle parle de ses enfants. Et on ne mange pas bien!

—Oui, oui…, mais…, ah, c'est le téléphone… Tu réponds? *(Are you getting it?)*

—Oui. (Patrick au téléphone). Oui, oui, une minute. C'est pour toi.

—Pour moi? C'est _____ ?

—Marie-Laure Melot.

—(Sabine au téléphone). Allô. Oui, bonjour, Marie-Laure. Oh, il est malade?! _____ il a? Non, non, pas de problème. Oui, c'est ça, au revoir, Marie-Laure, à bientôt.

—(À Patrick) Écoute, André est malade.

—Et nous n'allons pas chez eux!

—Non. Tu as envie d'aller au restaurant?

—D'accord, mais _____ restaurant?

—Je ne sais pas… Les Quatre Saisons?

—Avec _____? On n'est pas riche!

—Bon, d'accord. On reste à la maison!

—Mais non. Je veux sortir…

—_____ tu veux faire?!

Les expressions négatives

F. Non, non et non! Claudine never agrees with anybody. Say this using the expressions in parentheses.

Modèle: Damien joue au basket? (ne plus)
Mais non, il *ne joue plus au basket.*

1. Arnaud part à Bruxelles? (ne pas)

   Mais non, il _____ .

2. Vous parlez anglais au professeur? (ne jamais)

   Mais non, nous _____ !

3. Patrick et Sabine vont chez les Melot? (ne plus)

   Mais non, ils _____ .

4. Tu vas à la bibliothèque? (ne jamais)

   Mais non, je _____ !

5. Tes amis te détestent? (ne pas)

   Mais non, ils _____ !

G. Mais non! Answer each question with a negative expression (**ne pas, ne jamais, ne plus**). Use each at least once.

1. Vos professeurs sont bêtes?

   _____

2. Vous jouez à cache-cache *(hide and seek)*?

   _____

3. Vous avez dix ans?

   _____

4. Vous allez dormir à sept heures du soir?

   _____

5. Vous pouvez parler anglais en classe?

   _____

H. Jamais de la vie! React to each question using **jamais, jamais de la vie, personne, rien, pas moi,** or **pas question.** Do not use the same expression more than once.

1. Qui aime faire la vaisselle?

_____

2. Vous voulez sortir avec un homme / une femme beaucoup plus âgé(e) que vous?

_____

3. Vous étudiez le français le samedi soir, n'est-ce pas?

_____

4. Qui aime les examens?

_____

5. Vous voulez jouer aux cartes avec les amis de vos parents?

_____

6. Mais qu'est-ce que vous avez?!

_____

Thème et version

A. Version. Put the following into normal, natural English.

1. Allons à la bibliothèque à pied!

_____

2. Je n'ai pas envie de rester… Il n'y a plus de soleil et j'ai froid.

_____

B. Thème. Put the following into French.

1. Jean-Marc plays the piano and his sister plays soccer.

_____

2. —Catherine, what are you doing?
   —Nothing. Why?
   —I feel like eating. You want to go to the restaurant?
   —I can't! I have to study!

_____

_____

_____

_____

Et pour finir

Vos vacances. It's time to start thinking about your vacation. Make your plans, then write to your rich French uncle about them in the hope of receiving some financial help.

Self-assessment. What will make this letter interesting? How are you going to present what you want to do, your problems, and your requests? Make a list of four elements that will contribute to making this a good letter that your uncle will enjoy receiving and reading so that he decides to help you.

1. _____
2. _____
3. _____
4. _____

VOCABULARY: Leisure; Sports
GRAMMAR: Persuading; Writing a letter (informal)

1. **Vos goûts.** Make a list of what you'd like to do on your next vacation.

   faire du ski, etc. _____
   _____
   _____

2. **Où?** Where will you go or not go on your next vacation? Why?

   Dans le Colorado parce que... _____
   _____
   _____
   _____
   _____

3. **Une lettre à mon riche oncle français.** Now write a short letter to your rich uncle telling him what you want to do on your vacation (hoping for some financial help and definite approval). Don't be too abrupt and give good reasons for your plans. Start with a few general sentences about your life, ask what's going on in France, and tell your uncle about your plans.

Cher Oncle Philippe,

_____
_____
_____
_____
_____

_____

_____

_____

_____

_____

_____

_____

_____

_____

_____

_____

_____

_____

_____

Je t'embrasse bien fort!

_____

Évaluation. Read your letter and return to the criteria you established. How do you need to revise your letter to improve on their implementation? Spend some time revising and checking your spelling, as French people are often quite fussy about spelling.

Découvertes linguistiques

Mon amour jamais plus rien jamais ne nous séparera

(Chanson de Claude François)

1. **En anglais? En français?** In standard English, there is only one negative word per sentence. Although "double negatives" are found in informal English, they are usually considered an error in standard and especially written English. In French, however, the use of more than one negative expression in a sentence is part of the standard language.

   You already know about the use of **ne + pas / jamais / rien / plus.** But what happens when **ne** + more than one negative word is used? Can you propose English equivalents for the following sentences? How many negative words are needed in English?

   Personne n'habite plus à côté des Martin.
   Il ne fait jamais rien!

2. **En français?** Grammar books tell us that **pas** cannot be combined with negative expressions such as **jamais** or **rien.** Other negative expressions (**jamais, rien, personne, plus**), however, can be combined in any order. Is this true? Look at the table below. It summarizes searches of the Television Corpus and the *Le Monde 2000* Corpus. What tentative conclusions regarding the use of multiple negative expressions in French can you propose?

	Television Corpus	*Le Monde 2000* Corpus	Totals
pas jamais / jamais pas	0 (0%)	0 (0%)	0 (0%)
pas rien / rien pas	0 (0%)	0 (0%)	0 (0%)
pas jamais	0 (0%)	0 (0%)	0 (0%)
jamais rien	4 (80%)	88 (87%)	92 (87%)
rien jamais	0 (0%)	3 (3%)	3 (3%)
jamais personne	1 (20%)	7 (7%)	8 (7%)
personne jamais	0 (0%)	3 (3%)	3 (3%)
Totals	5 (100%)	101 (100%)	**106 (101%)**

3. **À vous!** What do you do when you need to find out something about a language? Make a list of resources. Which of these resources are most easily available? Most helpful? Most authoritative? Which ones do you use? Explain.

Vocabulaire facultatif

Noms

un champion, une championne *champion*
un club sportif *sports club*
une course *race*
un court de tennis *tennis court*
un entraîneur *coach*

un jeu (des jeux) *game(s)*
un marathon *marathon*
un match de (tennis, football) *a (tennis, soccer) game*
un stade *stadium*
un terrain de sport *playing field*

Adjectifs

ankylosé(e) *stiff, sore*
cher, chère *expensive*

épuisant(e) *exhausting*
intéressant(e) *interesting*

Activités

faire de l'aérobic *to do aerobics*
faire de l'alpinisme *to go mountain climbing*
faire de l'athlétisme *to do track and field*
faire de l'aviron *to crew, go rowing*
faire de la course à pied *to go out for track*
faire de l'escalade *to go rock climbing*
faire de la gymnastique *to do exercises, gymnastics*
faire de la luge *to go tobogganing*
faire de la méditation *to meditate*
faire de la moto *to ride a motorcycle*
faire de la musculation *to do bodybuilding*
faire de la planche (à roulettes) *to go skateboarding*
faire des arts martiaux *to do martial arts*
faire du camping *to go camping*
faire du cheval / de l'équitation *to ride a horse, go horseback riding*
faire du deltaplane *to go hang gliding*
faire du judo *to do judo*
faire du karaté *to do karate*
faire du parapente *to go paragliding*

faire du patinage artistique *to figure skate*
faire du ski acrobatique *to go free style skiing*
faire du ski alpin *to go skiing (downhill)*
faire du ski de fond *to go cross-country skiing*
faire du ski nautique *to water-ski*
faire du surf *to go surfing*
faire du surf des neiges *to go snowboarding*
faire du yoga *to do yoga*
faire un bonhomme de neige *to build a snowman*
jouer à la pétanque *to play pétanque*
jouer au base-ball *to play baseball*
jouer au hockey (sur glace, sur gazon) *to play (ice, field) hockey*
jouer au volley-ball *to play volleyball*
jouer aux dames *to play checkers*
jouer aux échecs *to play chess*
jouer de la batterie *to play drums*
jouer de la flûte *to play the flute*
jouer de la trompette *to play the trumpet*
jouer du violoncelle *to play the cello*

Le français familier

faire du skate *to go skateboarding*
faire du snowboard *to go snowboarding*
la gym = la gymnastique

Leçon 9

Qu'est-ce qu'on mange?

Activités de vocabulaire

A. Classons! Classify the following food items by categories.

une banane / le mouton / une pomme de terre / le thon / un gâteau / le lait / une fraise / le chocolat chaud / l'eau / une glace à la vanille / un steak / le thé / les crevettes / des petits pois / le jambon / une tomate / un poulet / la bière / le saumon / une carotte / le café / des haricots verts / le jus de fruit / le chocolat / un bonbon / des épinards / un oignon / le porc / du raisin / un pamplemousse / le bœuf / une laitue / un rôti / des crudités / la charcuterie

les boissons _____

_____

_____

les viandes _____

_____

_____

les poissons _____

_____

les légumes _____

_____

_____

les fruits _____

_____

_____

les desserts _____

_____

B. Quel repas? Which foods and beverages from the following list go best with each meal?

des frites / une pizza / un sandwich au fromage / des petits pois / un œuf / le café au lait / la bière /
une glace au chocolat / le yaourt / le pain / le vin / le riz / le jus de fruit / le thé / le poulet / le lait /
une tarte aux pommes / un croissant / la confiture / le champagne / une salade / un fruit / une omelette /
l'apéritif / un bonbon / le Coca-Cola / un steak haché / des restes / une soupe / des pâtes / le café /
une pomme de terre / des haricots verts / les céréales / des crackers

au petit déjeuner _____

_____

_____

au déjeuner _____

_____

_____

au goûter _____

_____

_____

au dîner _____

_____

_____

le soir après 9h _____

_____

_____

C. Ça va bien avec… Write one food that goes well with each of the following items. Do not repeat yourself.

1. le sucre: _____   6. la vinaigrette: _____

2. le sel: _____   7. les frites: _____

3. la moutarde: _____   8. le riz: _____

4. la mayonnaise: _____   9. le vin: _____

5. l'huile d'olive: _____   10. la bière: _____

D. C'est bon ou c'est mauvais pour la santé? Write three food items that fall into each category.

1. C'est bon pour la santé: _____

2. C'est mauvais pour la santé: _____

E. Quand? When do you do the following—*between*, *after*, *before*, *with*, or *during*—various meals?

Modèle: Je sors en ville.
après le dîner

1. J'étudie. _____

2. Je mange une glace. _____

3. Je fais de l'exercice. _____

4. Je regarde la télévision. _____

Activités de structure

Les verbes *boire* et *prendre*

A. Qu'est-ce qu'on boit? Complete the sentences with a form of **boire** in the present tense, the imperative or the infinitive.

1. Qu'est-ce qu'on _____?

2. Vous _____ trop!

3. Marie et Marc ne _____ jamais avec les repas.

4. Qu'est-ce que vous allez _____?

5. _____ notre café! Il faut partir!

6. Je ne _____ jamais entre les repas.

7. Tu as soif? Mais _____ donc ton eau!

B. Qu'est-ce qu'on prend au petit déjeuner? Use **prendre** to say what everyone has for breakfast.

1. Pierre et Delphine / un yaourt _____

2. Tu / une pomme et une banane _____

3. Vous / un café au lait _____

4. Nous / des œufs _____

5. Je / une pizza _____

6. Jacques / un thé _____

C. La vie n'est pas facile! Parents are always telling their children what to do and not do. Use **prendre** or **boire** in the imperative to say this.

1. Sylvie! _____ ton lait! (boire)

2. Jean-Marc et Céline! _____ un fruit comme dessert! (prendre)

3. François! _____ de bonbons maintenant! (ne pas prendre)

4. Cédric et Christine! _____ le chocolat de François! (ne pas boire)

5. Suzanne! _____ de vin quand nous ne sommes pas à la maison! (ne pas boire)

L'article partitif

D. La liste de Candide. Candide is going to the supermarket. Here is his shopping list, but without articles. Complete the list with the correct articles (**un, une, des, du, de la,** or **de l'**).

_____ eau, _____ vin, _____ tarte, _____ haricots verts, _____ rôti de porc, _____ mouton, _____ pain, _____ fraises, _____ pommes de terre, _____ gâteau au chocolat, _____ œufs, _____ sel, _____ moutarde, _____ yaourts, _____ riz, _____ huile d'olive, _____ vinaigre

E. Le régime de Xavier. Xavier is on a diet. Complete the text.

Au petit déjeuner, Xavier prend _____ jus d'orange, _____ yaourt et _____ thé. À midi, il mange _____ légumes, _____ viande ou _____ poisson, _____ salade et _____ fromage. Il boit _____ eau. Après le repas, il prend _____ café avec ses copains. À quatre heures, il prend _____ fruit. Le soir, il mange _____ sandwich au fromage ou _____ œuf avec _____ pain.

F. Le régime de M. Lemaigre. M. Lemaigre has got to gain weight! Suggest five things for him to do.

Modèle: *Il faut manger des gâteaux à quatre heures.*

1. Il faut _____ .
2. Il faut _____ .
3. Il faut _____ .
4. Il faut _____ .
5. Il faut _____ .

L'article partitif et l'article indéfini après une expression négative

G. Les repas d'Alceste et de Candide. What are Candide and Alceste's eating habits?

1. Au petit déjeuner, Alceste prend / pain et / café

_____

2. Au petit déjeuner, Candide prend / jus d'orange, / lait, / céréales, / croissants, / œufs, / pain, / beurre, / confiture et / café avec / sucre

_____

3. Alceste ne mange jamais / glace, / gâteau ou / tarte parce qu'il n'aime pas / sucre

_____

4. Candide ne prend jamais / épinards, / carottes ou / petits pois et il déteste / fruits

_____

H. Une lettre froissée. You've found part of a wrinkled letter on the ground. Rain has made it partly illegible. Fill in the missing words.

> Chers Papa et Maman,
>
> J'aime bien l'Amérique et _____ Américains, mais je n'aime pas beaucoup la nourriture. Au petit déjeuner, on mange toujours _____ céréales avec _____ lait, et moi je déteste _____ lait! Avant, on boit _____ jus d'orange. Avec _____ repas, on ne boit pas _____ vin, mais on boit _____ café! Moi, j'aime mieux _____ café après _____ repas! À midi, on ne mange pas beaucoup: _____ sandwich ou _____ salade, et c'est tout *(that's all)*. Moi, j'ai toujours faim. Heureusement *(Happily)*, on mange souvent _____ glace, et _____ glaces sont très bonnes! ...

I. Et vous? What do you eat and drink? What don't you eat and drink?

1. Au petit déjeuner, je mange _____,

   mais je ne mange pas _____.

   Je bois _____,

   mais je ne bois pas _____.

2. Au déjeuner, je prends _____

   ou _____,

   mais je ne prends jamais _____

   parce que _____.

3. Au dîner, je prends parfois _____

   ou _____,

   mais je ne prends jamais _____.

4. Quand je vais à une fête chez des amis, je mange _____

   et je bois _____,

   mais je ne prends pas _____

   parce que _____.

Thème et version

A. Version. Put the following into normal, natural English.

1. J'ai faim! Je vais prendre un petit quelque chose.

   _____

2. On invite les Dubois à prendre un verre ce soir?

   _____

3. Il faut bien manger pour être en bonne santé!

_____

B. Thème. Put the following into French.

1. Vincent likes wine, but when he's thirsty, he drinks beer.

_____

2. I never eat meat, but sometimes I eat fish.

_____

3. Let's buy something and let's go eat at the beach!

_____

Et pour finir

Les Américains / les Canadiens, les Français et la nourriture: un essai comparatif

Self-assessment. Think about this topic. What will make this essay objective and valuable? Identify four criteria that will ensure the interest and quality of your essay.

1. _____

2. _____

3. _____

4. _____

VOCABULARY: Bread; Cheeses; Delicatessen; Drinks; Food; Fruits; Meals; Pastry; Seafood
GRAMMAR: Partitive
PHRASES: Comparing and contrasting

1. Les Américains / les Canadiens et la nourriture

Au petit déjeuner, les Américains / les Canadiens prennent _____

_____

_____

_____.

Au déjeuner, les Américains / les Canadiens prennent _____

_____

_____

_____.

Au dîner, les Américains / les Canadiens prennent _____

_____

_____

_____.

2. Les Français et la nourriture

Au petit déjeuner, les Français prennent _____

_____

_____

_____ .

Au déjeuner, les Français prennent _____

_____

_____

_____ .

Au dîner, les Français prennent _____

_____

_____

_____ .

3. Essai comparatif. Choose either Americans or Canadians, depending on whom you know best. Write a brief essay comparing American / Canadian and French eating habits using what you know of your people and what you have learned about French habits. Use an introductory sentence to present your topic. Conclude by giving your personal report on your own tastes and dislikes.

_____

_____

_____

_____

_____

_____

_____

_____

_____

_____

_____

_____

_____

_____

_____

_____

_____

Évalulation. Read your essay and check the criteria you identified. What do you need to do in a revision to improve and adhere to these criteria better? Go back to your draft and see what changes you need to make.

Découvertes linguistiques

Il faut qu'une porte soit ouverte ou fermée

(Pièce d'Alfred de Musset, 1845 et film de Benoît Jacquot, 1994)

1. **Il faut.** You already know that the expression **il faut** can be followed by a noun or by an infinitive in order to express obligation.

   Pour faire une pizza, il faut du fromage.   *To make a pizza, we need (have to have) cheese.*
   Pour être en bonne santé, il faut manger   *To be in good health, you have to*
       des légumes.   *(need to) eat vegetables.*

   What else can you figure out about the expression **il faut**? Look at the table of words that precede and follow the word **faut** in the Television Corpus (total number of occurrences of **faut** is 910). This table is read as follows: In the entire corpus there are 910 instances of **faut. Il** appears in front of **faut** 687 times. Ne appears in front of **faut** 19 times and so forth.

two words to the left	one word to the left	*faut*	one word to the right	two words to the right
22 et	687 il	(faut)	100 que	147 articles (le, la, les, de, une, un)
19 mais	19 ne	(faut)	87 pas	54 que

   - In what way is the verbal form **faut** different from other verbs you have studied?
   - Can you think of a reason why there are more examples of **faut** than there are of **il**?
   - What is the **que** following **faut**?

2. **Des exemples.** Here are some examples of uses of the verbal form **faut** in the Television Corpus. (Remember that here, these sentences are taken from different places in the corpus and do not make a coherent text!) What observations can you make? (Note: **fasse** is a form of the verb **faire. Soit** is a form of the verb **être**.)

   1. Ben mangez, hein. Il faut manger tout ça.
   2. Dis, t'as eu Paris, faut que je fasse le point avec eux.
   3. À ce tableau de la France gelée, il faut ajouter la neige qui tombe sur...
   4. ... il faut qu'il soit motivé...
   5. Il faut trouver cet homme.
   6. ... Il n'y a pas d'autre solution; il faut qu'elle soit enfermée...
   7. ... il faut qu'on fasse des films, disons, de qualité...
   8. ... et vous savez qu'il faut être excessivement prudent.
   9. Une seule condition: il faut que ce soit de l'argent du pays...
   10. ... parce qu'il faut savoir jouer.

Vocabulaire facultatif

Noms

un abricot *apricot*
l'agneau *(m.) lamb*
l'ail *(m.) garlic*
un aliment *food*
un ananas *pineapple*
un artichaut *artichoke*
une aubergine *eggplant*
un avocat *avocado*
une betterave *beet*
le beurre de cacahuète *peanut butter*
le boudin *blood sausage*
le brocoli *broccoli*
une cerise *cherry*
la cervelle *brains*
la choucroute *sauerkraut*
un chou-fleur *cauliflower*
une courgette *squash, zucchini*
le crabe *crab*
une crêpe *crepe*
des cuisses de grenouille *(f. pl.) frog's legs*
un escargot *snail*
le foie *liver*
une fondue *fondue*
des fruits de mer *(m. pl.) shellfish*
un gâteau sec *cookie*
un gigot *leg of lamb*
un homard *lobster*
un(e) invité(e) *guest*
le jambon fumé *smoked ham*

la langue (de bœuf) *(beef) tongue*
le lapin *rabbit*
une limonade *a citrus soft drink*
le maïs *corn*
des moules *(f. pl.) mussels*
la mousse au chocolat *chocolate mousse*
des nouilles *(f. pl.) noodles*
un œuf dur *hard-boiled egg*
une olive *olive*
le pain grillé *toast*
une pâtisserie *pastry*
des pieds de porc *(m. pl.) pig's feet*
un poivron (vert) *green pepper*
un produit allégé *low fat food*
la purée (de pommes de terre) *mashed potatoes*
une quiche *quiche*
un radis *radish*
des ravioli *(m. pl.) ravioli*
un rognon *kidney*
une saucisse *sausage*
une sole *sole*
les spaghetti *(m. pl.) spaghetti*
un steak tartare *steak tartare*
une tartine *slice of bread*
la tête de veau *calf's head*
une tisane *herb tea*
des tripes *(f. pl.) tripes (intestines)*
le veau *veal*

Adjectifs

cru(e) *raw*
cuit(e) *cooked*
farci(e) *stuffed (as in stuffed turkey or stuffed tomatoes)*

frit(e) *fried*
grillé(e) *grilled*

Divers

au four *baked*
une viande:
   à point *medium*
   bien cuit(e) *well-done*

bleu(e) *very rare*
saignant(e) *rare*

Le français familier

être bourré(e) *to be drunk*
faire un gueuleton = bien manger
le pinard = le vin (ordinaire)

Leçon **10**

Qu'est-ce que vous portez?

Activités de vocabulaire

A. Ça va bien ensemble? What goes well with each item?

1. un costume gris et _____

2. une jupe rouge et _____

3. des lunettes de soleil et _____

4. des chaussures et _____

5. un parapluie et _____

6. un débardeur rose et _____

7. un bonnet et _____

B. Les bagages. Use the vocabulary you know to make a list of what you brought to the university at the beginning of the year. Include clothes (how many of each and what color) along with other objects.

J'ai apporté _____

_____

_____

_____ .

C. Qu'est-ce que je vais porter? Describe what you would wear in each of the following situations. Be specific (color, style, etc.).

1. Vous allez à l'opéra.

Je vais porter _____

_____ .

2. Vous allez à un concert de rock.

Je vais porter _____

_____ .

3. Vous allez à un pique-nique en juillet.

Je vais porter _____

_____ .

4. Vous allez danser le 31 décembre dans un hôtel très chic.

Je vais porter _____

_____ .

5. Vous allez faire une promenade dans la neige.

Je vais porter _____

_____ .

D. Budgets. Plan a shopping list for each situation. Decide what you'll need to buy and about how much you are willing to spend for each item. Stay within your budget!

1. Vous avez 200 dollars. Achetez des vêtements pour un voyage en Martinique.

Vêtements	Prix
_____	_____ dollars
_____	_____ dollars
_____	_____ dollars
_____	_____ dollars
_____	_____ dollars
Total:	_____ dollars

2. Vous avez 250 dollars. Achetez des vêtements pour aller à Paris au printemps.

Vêtements	Prix
_____	_____ dollars
_____	_____ dollars
_____	_____ dollars
_____	_____ dollars
_____	_____ dollars
Total:	_____ dollars

E. Apparences. First say where the following people are and then use **avoir l'air + 2** adjectives to describe them.

Modèle: Madame de la Boursodière
Elle est à une réception.
Elle a l'air riche et élégante.

1. Les étudiants

_____

_____

2. Louis

_____

_____

3. Madame Legrand

4. Laurent

_____

_____

_____

_____

F. Fois? Temps? Heure? Complete each sentence with **fois**, **temps**, or **heure**.

1. J'achète une nouvelle robe, je la porte une ou deux _____ et après, elle reste dans le placard!

2. Quel _____ fait-il à Paris au printemps?

3. Combien de _____ par semaine est-ce que tu vas faire les courses?

4. À quelle _____ est-ce que nous partons?

5. Est-ce que nous avons le _____ de manger quelque chose? J'ai faim!

Activités de structure

Les verbes comme *finir*

A. Quel verbe choisir? Complete each sentence using a form of one of the verbs in parentheses.

1. Vous _____ à quelle heure? (grossir / finir)

2. Tu manges trop! Tu vas _____. (maigrir / grossir)

3. Tu es si mince! Et tu _____? Tu vas être malade! (réfléchir / maigrir)

4. Arnaud ne _____ jamais en classe! (maigrir / réfléchir)

5. Delphine et Laure ne _____ jamais les exercices! (finir / grossir)

6. Laetitia! _____ tes devoirs! (grossir / finir)

B. Encore des verbes! Complete each sentence with the correct form of each verb.

1. Vous _____ (réfléchir) ou vous _____ (dormir)?

2. Est-ce que Sébastien _____ (sortir) avec Élodie ou avec Julie?

3. Tu _____ (partir)? Tu ne _____ (finir) pas aujourd'hui?

4. Je _____ (dormir) trop et je _____ (grossir) toujours pendant les vacances!

5. Benoit! _____ (finir) ta soupe ou tu _____ (ne pas sortir)!

Le verbe *mettre*

C. On met. Complete each sentence using a form of **mettre**.

1. Aujourd'hui, je vais _____ ma nouvelle robe rouge.

2. Qu'est-ce que tu _____ dans ton sac?

3. Nous _____ un jean pour aller skier.

4. Magali _____ souvent son pull orange et son pantalon vert!

5. On _____ un costume quand on travaille dans une banque, non?

6. Yannick et Damien, ne _____ pas vos euros sur le bureau!

7. Je ne _____ jamais de bijoux!

8. Marie! _____ un manteau, il fait froid!

9. _____ nos maillots de bain et allons nager!

D. Quel verbe? Complete each sentence with a form of **mettre** or **prendre**.

1. Les Dumont _____ une pizza, mais moi, je veux _____ des pâtes.

2. Frédéric! _____ ton parapluie! Il pleut.

3. Je _____ une robe et des chaussures, je _____ mon sac et j'arrive!

4. Qu'est-ce que vous _____? Une robe ou un pantalon?

5. Nous _____ le chien avec nous?

Le passé composé avec *avoir*

E. Qu'est-ce qu'on a fait? Choose a verb from the list to explain what everyone did. You can use the same verb more than once.

> **trouver / dormir / donner / gagner / jouer / boire / danser / faire / acheter / prendre / mettre / finir**

1. Nous avons _____ des pommes au marché.

2. Qui a _____ son café à côté de mon ordinateur?

3. Ils ont _____ la nuit et ils ont _____ le matin.

4. Hier, j'ai _____ du ski.

5. Vous avez _____ votre chien?

6. Tu as _____ au football? Qui a _____?

7. Est-ce que vous avez _____ vos devoirs?

8. Ils ont _____ un sandwich et j'ai _____ une bière.

F. Du passé au présent. Rewrite each sentence in the present tense.

1. Tu as acheté une télévision?

_____

2. Nous avons rangé la maison.

_____

3. Vous avez bu une bière?

_____

4. Nous avons commencé, et vous?

_____

5. J'ai dormi dans la voiture!

_____

6. Ils ont fait la cuisine?

_____

7. Vous avez pris votre voiture?

_____

8. Guillaume a étudié son français.

_____

9. Vous avez réfléchi?

_____

10. Les enfants ont mis leurs manteaux?

_____

G. Du présent au passé. Use the passé composé to put each sentence in the past.

1. Vincent chante la Marseillaise après le repas!

_____

2. Patrick et Michèle rencontrent Jean-Yves à l'université.

_____

3. Vous mettez des gants?

_____

4. Nous mangeons à 7 heures.

_____

5. Je fais de l'exercice.

_____

6. On boit un café.

_____

7. Tu dors ou tu étudies?

_____

8. Je donne ma machine à écrire *(typewriter)* parce que j'achète un ordinateur.

_____

9. Vous choisissez, oui ou non?

_____

Thème et version

A. Version. Put the following into normal, natural English.

1. Tu as l'air fatigué! Tu as besoin de vacances!

_____

2. J'ai acheté ce costume, je l'ai mis une fois et après, j'ai grossi... Et maintenant, je ne peux plus le mettre!

_____

_____

B. Thème. Put the following into French.

1. Let's leave! We don't have the time to finish now.

_____

2. Béatrice wore her new purple dress twice.

_____

Et pour finir

Une colonie de vacances. You have been hired as a counselor at a French lakeside summer camp for 12-year-olds.

VOCABULARY: Clothing
PHRASES: Advising

1. **À apporter.** Prepare a list of clothes and other items campers will need to bring. Be as specific as necessary (how many, color, style, etc.)

À apporter: _____

_____

_____

_____

_____

_____

_____

_____

_____

2. À ne pas apporter. Make a list of things campers are not to bring.

À ne pas apporter: _____

_____

_____

_____

_____

_____

_____

_____

_____

_____

3. La lettre aux parents. Write a letter to the campers' parents telling them what their children should and should not bring. Explain why, when necessary. Start with the usual French official beginning and close in the same fashion.

Self-assessment. Before you start writing, consider the notes you made and organize them in a way that will be clear and helpful to the parents. Do not just make a list. Insert the items in sets of reasons and recommendations. Identify four elements that will make your letter useful to the parents and easy to read and understand.

1. _____

2. _____

3. _____

4. _____

Paris, le _____

Chers Monsieur et Madame,

Veuillez trouver ci-joint la liste de ce que vos enfants doivent apporter pour leurs vacances en juillet.

_____

_____

_____

_____

_____

_____

_____

_____

Attention: Les enfants ne peuvent pas apporter... _____

_____

_____

_____

_____

_____

_____

_____

En vous remerciant, je vous prie d'agréer, chers Monsieur et Madame, l'expression de mes sentiments distingués.

_____

Évaluation. Before sending your letter (submitting it to your instructor), check your criteria and see if you have applied them. Check what you need to change to make sure they are well implemented in your letter.

Découvertes linguistiques

La Guerre est finie

(Film suédois, français (1966). Drame. Réalisé par Alain Resnais.)

Le participe passé: formes verbales et ... ? You have already seen the French past participle as part of the verb system (the **passé composé**). What other uses does the past participle have? Look at the examples below, all taken from websites. What uses (including the **passé composé**) does the French past participle have?

> **Comment ils ont fait fortune**
> Comment devient-on un entrepreneur milliardaire quand on est parti de rien?
> Douze super entrepreneurs livrent leurs secrets.

> **Noël Gallagher, finie la dope!**
> Ça y est, Noël Gallagher a enfin triomphé de sa dépendance aux drogues.

> **Archirès**
> Base de données des écoles d'architecture
> Près de 40.000 notices (articles de périodiques d'architecture
> et travaux de fin d'études des étudiants)

> Accueil → Montréal en chiffres → Langues parlées
> Une ville aux multiples visages
> Le Grand Montréal a une population multiculturelle.

> PRISES DE COURANT ET VOLTAGES DU MONDE ENTIER

> *L'année de tous les espoirs*
> Optimistes? Bien sûr. Les vœux de nouvel an ne sont pas faits pour autre
> chose que promettre le bonheur.

> Paris: Concert donné par l'Orchestre Philharmonique de Chine

> Sondage
> Avez-vous pris l'habitude de recycler (papier, verre, plastique, etc.)?
> (768 votes)
> 55,5% Toujours / 24,7% Souvent / 10,9% Occasionnellement / 8,9% Jamais

Vocabulaire facultatif

Noms

une bague *ring*
une botte *boot*
une bottine *(ankle) boot*
une boucle d'oreille *earring*
un bracelet *bracelet*
une ceinture *belt*
une chemise de nuit *nightgown*
un col *collar*
des collants *(m. pl.) pantyhose, tights*
un collier *necklace*
un col roulé *turtleneck*
un escarpin *dress shoe, pump*
des hauts talons *(m. pl.) high heels*
une manche *sleeve*
un mocassin *loafer (shoe)*

une moufle *mitten*
un nœud papillon *bow tie*
un petit haut *tank top; sleeveless top*
une pointure *shoe size*
une robe bain de soleil *sundress*
une robe décolletée *low-cut dress*
une robe longue *long (evening) dress*
une salopette *overalls*
un smoking *tuxedo*
un tablier *apron*
la taille *size*
une tenue de soirée *evening dress*
un tissu *material, fabric*
un uniforme *uniform*

Adjectifs

à carreaux *checked*
à pois *polka-dot*
à rayures *striped*
assorti(e) *matched*
bleu marine *(invar.) navy blue*
chic *(invar.) chic*
(couleur) pâle *(invar.) pale (color)*
(couleur) vif *(invar.) bright (color)*
écossais(e) *plaid*
en coton *cotton*

en cuir *leather*
en laine *wool*
en soie *silk*
large *big (clothing)*
moulant(e) *tight, clingy*
nu(e) *naked*
serré(e) *tight, too small*
sport *(invar.) sporty, casual*
synthétique *synthetic*

Divers

ça (me, te, vous) plaît *(I, you) like that*
Du combien chaussez-vous? *What size shoe do you wear?*

Le français familier

B.C.-B.G. (bon chic-bon genre) *preppy*
être débraillé(e) *to be dressed sloppy*

être en petite tenue *to be scantily dressed or naked*
être sur son trente et un *to be all dressed up*

Nom _____ Cours _____ Date _____

Square Monge

COMPOSITION. Est-ce qu'il y a un lieu *(place)* spécial pour vous dans votre ville? Décrivez-le et dites pourquoi il est spécial pour vous.

1. Préparation

a. Où est ce lieu spécial? Donnez son nom. Dites où il est situé et décrivez son usage.

_____

_____

b. Faites la liste des objets associés à ce lieu.

_____

_____

c. Quels adjectifs allez-vous utiliser pour décrire chaque objet? Associez chaque objet à l'adjectif qui lui correspond. Faites l'accord si c'est nécessaire.

_____

_____

_____

_____

d. Donnez un verbe descriptif ou un verbe d'action que vous associez à chaque objet. Référez-vous au texte pour voir comment l'auteur fait sa description.

_____

_____

_____

e. Est-ce qu'il y a des personnes dans ce lieu? Qu'est-ce qu'elles font? Comment sont-elles?

_____

_____

_____

f. Quel type de description voulez-vous faire? Une description réaliste? Poétique? Drôle? Triste? Sérieuse? Comment allez-vous réussir à faire le type de description choisie? Notez des adverbes, des explications, des contrastes... que vous pouvez utiliser.

_____

g. Comment allez-vous conclure? Possibilités: une invitation à regarder ce lieu, à aller dans ce lieu, etc.

_____

2. Composez. Faites une phrase pour décrire chaque objet avec les adjectifs et les verbes que vous avez choisis. Faites une phrase pour décrire les personnes si vous avez décidé qu'il y a aussi des personnes. Donnez leurs caractéristiques et dites ce qu'elles font dans ce lieu.

_____

_____

_____

_____

_____

_____

_____

_____

3. Éditez. Relisez votre description et ajoutez des mots pour lier vos phrases: **et, mais, et encore, parce que,** etc. Faites lire votre description à un(e) camarade et incorporez ses suggestions si vous êtes d'accord avec elles.

Toussaint

COMPOSITION: Une fête dans votre culture. Choisissez une fête familière et faites un paragraphe descriptif pour communiquer l'atmosphère qui s'attache à cette fête pour vous.

1. Préparation

a. Choisissez la fête que vous allez décrire et faites une liste de deux ou trois objets que vous associez à cette fête.

_____

_____

b. Faites une liste des actions que vous associez à cette fête.

_____

_____

c. Identifiez les émotions et les sentiments *(feelings)* que vous associez à cette fête.

_____

_____

d. Comment allez-vous transmettre ces émotions et sentiments à votre lecteur? Avec des couleurs? Des sons? Des références? Des images? Notez des expressions que vous allez utiliser dans votre texte.

_____

_____

2. Composez

a. Pour commencer votre composition, présentez la fête avec une référence personnelle (**chez nous, pour moi, pour nous, dans notre ville, dans ma famille,** etc.).

_____

_____

b. Préparez cinq phrases descriptives des actions pendant cette fête.

_____

_____

_____

_____

_____

c. Insérez dans une phrase au choix une référence qui va expliquer votre réaction personnelle et psychologique à cette fête.

_____

_____

d. Organisez votre texte pour faire une description cohérente de la fête. Utilisez des mots pour lier vos phrases (**et, de plus, aussi, mais,** etc.).

_____

_____

_____

_____

_____

_____

3. Éditez. Relisez votre composition et choisissez un style approprié pour décrire cette fête. Allez-vous utiliser des répétitions? Des phrases courtes? Des phrases longues? Des dialogues?, etc. Faites les changements nécessaires.

Une nuit délicieuse

COMPOSITION. Décrivez un tableau de paysage que vous aimez.

1. Préparation

a. Identifiez le tableau, son peintre, son époque, son style.

_____

_____

b. Qu'est-ce qu'il y a sur ce tableau? Faites cinq phrases pour dire quels objets et quelles personnes il y a sur ce tableau et où ils sont placés (à droite, derrière, devant, à côté, etc.).

_____

_____

_____

_____

_____

c. Associez à chaque *(each)* chose que vous allez décrire des adjectifs descriptifs (couleurs, formes, etc.) et des caractéristiques.

_____

_____

_____

_____

d. Comparez ce tableau à un autre tableau, à un texte ou à une expérience.

_____

_____

_____

_____

e. Qu'est-ce que vous aimez dans ce tableau? Quelles émotions ou impressions est-ce qu'il provoque? Faites deux phrases.

_____

_____

2. Composez. Organisez les éléments que vous avez préparés en insérant des mots de liaison (**de plus, et aussi, mais, pourtant, par contre,** etc.).

_____

_____

_____

_____

_____

_____

_____

3. Éditez. Montrez votre tableau à un(e) camarade de classe et demandez-lui de lire la description de votre tableau. Est-ce qu'il y a des choses que vous avez omises? Révisez votre description en insérant les suggestions de votre camarade.

Monsieur Ibrahim

COMPOSITION: Un portrait. Faites le portrait d'une personne qui joue un rôle important dans votre vie.

1. Préparation

a. Présentez cette personne. Qui est-elle? Comment vous est-elle associée: un(e) ami(e), un professeur, un parent, un héros (une héroïne) de votre jeunesse, un héros (une héroïne) littéraire, cinématographique, etc.?

_____

_____

b. Faites une liste d'adjectifs qui s'appliquent à son physique.

_____

_____

c. Faites une liste d'adjectifs qui, d'après vous, s'appliquent à sa personnalité.

_____

_____

d. Faites cinq ou six phrases pour expliquer ce que fait cette personne, où elle habite et décrivez aussi ses actions habituelles et spéciales.

_____

_____

_____

_____

_____

e. Faites deux phrases pour expliquer l'importance de cette personne pour vous.

_____

_____

f. Comment allez-vous conclure? Allez-vous parler des caractéristiques les plus importantes de cette personne? Allez-vous expliquer l'importance que cette personne a pour vous personnellement? Ou bien allez-vous parler de l'importance de cette personne dans le monde?

_____

_____

2. Composez. Développez ce que vous avez préparé avec des phrases descriptives qui incorporent vos adjectifs. Organisez votre portrait en deux ou trois courts paragraphes. Donnez un titre a chaque paragraphe.

_____

_____

_____

_____

_____

_____

_____

_____

_____

_____

3. Éditez. Donnez votre portrait à un(e) camarade de classe et demandez-lui ce qu'il/elle pense de cette description. Révisez votre texte en intégrant ses remarques.

Où est-ce que vous habitez?

Activités de vocabulaire

A. Où? Where in a house can you find the following? Give two possibilities for each item.

SUGGESTIONS: en bas / en haut / au rez-de-chaussée / au premier étage / à l'extérieur / dans une chambre / dans la cuisine / dans le jardin, etc.

1. un lit? _____
2. un arbre? _____
3. une baignoire? _____
4. une grande table et des chaises? _____
5. un réfrigérateur? _____
6. un canapé? _____
7. un garage? _____
8. des plantes? _____
9. un lave-linge? _____

B. Pour moi, c'est important! For you, what are the four most important things to have in each place?

SUGGESTIONS: un fauteuil confortable / une télévision / une chaîne hi-fi / une radio / une salle de télévision avec des fauteuils / du soleil / une salle de bains / une terrasse / un réveil / un lavabo / un restaurant / des légumes / une cuisine / des arbres / des rideaux / un lit / un téléphone / un réfrigérateur / des amis / un bureau / un jardin / une famille / un canapé / des W.-C. / un ordinateur / un chien / un chat / des fleurs / un balcon / un répondeur

1. dans votre chambre?

_____

_____

2. dans une maison?

_____

_____

3. dans un jardin?

_____

_____

C. Les jours et les mois. Use ordinal numbers to give the position of each item.

Modèle: lundi?
C'est le premier jour de la semaine.

1. jeudi?

_____

2. septembre?

_____

3. décembre?

_____

4. dimanche?

_____

5. janvier?

_____

6. mardi?

_____

D. Alceste et Candide cherchent une maison. Alceste and Candide are looking for a furnished house to rent at the beach in August.

1. Les questions. Make a list of questions to ask the rental agent.

Modèle: *Il y a une terrasse?*

_____

_____

_____

_____

_____

2. Le plan. Now, look at the following floor plan and answer the questions from Part 1.

Modèle: *Oui, il y a une grande terrasse.*

REZ-DE-CHAUSSÉE

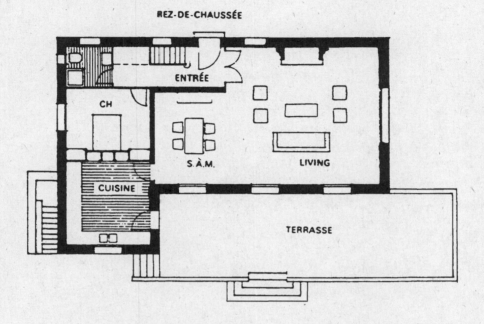

ÉTAGE

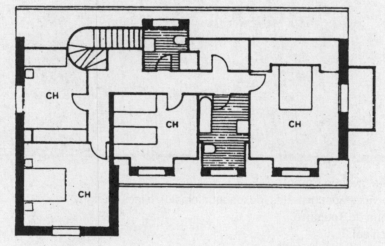

_____
_____
_____
_____
_____
_____

E. Luchon, une petite ville française. Look at the map of Luchon, a French spa town in the Pyrénées mountains.

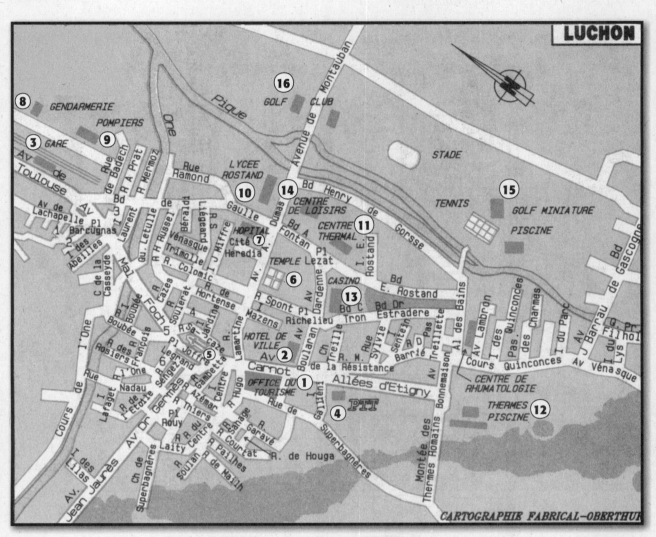

1. Office du tourisme, avenue Carnot
2. Hôtel de ville (services administratifs, police municipale), allées d'Étigny
3. Gare SNCF, avenue de Toulouse
4. Poste, avenue Galliéni
5. Église catholique, place Joffre
6. Temple, avenue A. Dumas
7. Hôpital, avenue A. Dumas
8. Gendarmerie, avenue Clément-Ader
9. Pompiers, avenue Clément-Ader
10. Lycée Rostand, boulevard de Gaulle
11. Centre Thermal, place Lezat
12. Thermes, piscine couverte, montée des Thermes Romains
13. Casino, place Richelieu
14. Centre de loisirs, boulevard Henry de Gorsse
15. Tennis-Club, golf miniature, piscine en plein air, allée des Bains
16. Golf-Club, avenue de Montauban

1. Circle the following items on the map: **la gare, l'Office du Tourisme, le Tennis-Club, l'hôpital, la poste.**

2. Find your hotel! **Vous allez à l'Hôtel des Bains, 75, allées d'Étigny. L'hôtel est au bout des allées, en face des Thermes.** Indicate the location of your hotel on the map.

3. Now, indicate how to get to the following places. The first one has been done for you.
   (**Bd.** = boulevard, **Al.** = allées, **Av.** = avenue, **Pl.** = place, **R.** = rue, **Qu.** = quai)

- Vous êtes à la gare et vous voulez aller à votre hôtel:

    Modèle: *Quand je sors de la gare, je tourne à gauche et je prends l'avenue de Toulouse. Je continue tout droit par l'avenue Maréchal Foch. À la place Joffre, je prends l'avenue Carnot et je continue tout droit. Mon hôtel est au bout des allées d'Étigny, en face des Thermes.*

- Vous êtes à votre hôtel et vous voulez aller à l'Office du Tourisme:

    _____

    _____

- Vous êtes à l'Office du Tourisme et vous voulez aller au Tennis-Club:

    _____

    _____

- Vous êtes au Tennis-Club et vous devez aller à l'hôpital:

    _____

    _____

- Vous êtes à l'hôpital et vous voulez aller à la poste:

    _____

    _____

Et quand vous êtes à la poste, vous êtes tout près de votre hôtel et vous pouvez maintenant rentrer dans votre chambre pour vous reposer *(to rest)* un peu!

Activités de structure

Les verbes comme *vendre*

A. Associations. Give two verbs that you associate with the following nouns.

1. des escaliers _____

2. un appartement _____

3. un email important _____

4. le téléphone _____

5. des clés _____

B. Conjuguez! Complete each sentence with the present tense of one of the verbs in parentheses.

1. Vous _____ en ascenseur ou par l'escalier? (attendre / descendre)

2. Christophe _____ en bas. (attendre / vendre)

3. Les Martin _____ leur vieille Peugeot pour acheter une petite Renault. (attendre / vendre)

4. Je _____ toujours mes lunettes! (répondre / perdre)

5. Il y a quelqu'un à la porte! Tu _____? (répondre / vendre)

6. Nous _____ ou nous partons? (attendre / perdre)

7. Tu _____ de la musique? (attendre / entendre)

C. Et au passé? Complete each sentence with the **passé composé** of one of the verbs in parentheses.

1. J(e) _____ mon chien! (répondre / perdre)

2. Vous _____ votre maison? (vendre / descendre)

3. Tu _____ du bruit? (vendre / entendre)

4. On _____ à tes parents? (répondre / entendre)

5. Laurent et Christine _____ deux heures? Mais pourquoi? (entendre / attendre)

Le passé composé avec *être*

D. Du passé au présent. Rewrite each sentence in the present tense.

1. Qui est sorti?

   _____

2. Nous sommes restés chez nous.

   _____

3. Julie est allée au cinéma ou elle est rentrée chez elle?

   _____

4. Jacques et Paulette sont partis sans moi?

   _____

5. Tu es descendue?

   _____

E. Du présent au passé. Put each sentence in the **passé composé.**

1. Paulette et Jacques sortent tous les week-ends.

   _____

2. Tu vas au restaurant ou tu restes chez toi?

   _____

3. On arrive à 9 heures et on part à 5 heures.

_____

4. Est-ce que Paul reste?

_____

5. Vous rentrez ou vous sortez?

_____

F. Hier soir. Choose one of the verbs given in parentheses to complete the dialogue between Stéphane and Éric. Use the **passé composé**.

—Qu'est-ce que tu _____ samedi soir? (faire / partir)

—J(e) _____ avec des copains. (sortir / finir)

—Où est-ce que vous _____? (aller / faire)

—On _____ chez Pierre pour prendre l'apéritif. (choisir / aller)

—Vous _____ pendant combien de temps? (rester / dormir)

—Nous _____ à huit heures. (mettre / partir)

—À huit heures?

—Oui, nous _____ dans un petit restaurant. (choisir / aller)

—Qu'est-ce que tu _____? (manger / finir)

—J(e) _____ du saumon, mais les autres _____ un steak-frites. (prendre / vendre)

—Et après, qu'est-ce que vous _____? (faire / choisir)

—Mes copains _____ danser (réfléchir / partir), mais moi, j(e) _____

chez moi (rentrer / entrer) et j(e) _____ (maigrir / étudier).

—Tu es trop raisonnable!

G. Qu'est-ce que j'ai fait hier? Make a list of ten things you did yesterday, ranking them from most to least important. You may use any verbs you want.

le plus important: _____

_____

_____

_____

_____

_____

_____

_____

_____

le moins important: _____

Le passé composé à la forme négative et à la forme interrogative

H. À la forme négative. Use the expression given in parentheses to make each sentence negative.

1. Vous avez trouvé vos clés? (ne… jamais)

_____

2. Ils ont attendu? (ne… pas)

_____

3. J'ai mangé chez Jean-Luc. (ne… jamais)

_____

4. Nous avons fait la vaisselle. (ne… pas)

_____

5. Tu as étudié? (ne… pas)

_____

6. Paulette est descendue sans Jacques! (ne… pas)

_____

7. Tu as pris le petit déjeuner? (ne… pas)

_____

8. Vous avez mangé du pâté? (ne… jamais)

_____

9. Nous sommes allés à Montréal. (ne… jamais)

_____

I. Et hier? Say if you did or did not do the following things yesterday. Be honest!

1. Tu as mangé des fraises avec du sel?

_____

2. Tu as regardé un film de Disney à la télévision?

_____

3. Tu es sorti(e) avec les amis de tes grands-parents?

_____

4. Tu as donné mille dollars à une amie?

_____

5. Tu as pris de la bière avec ton dîner?

_____

6. Tu as mis une cravate violette?

_____

7. Tu as chanté *Edelweiss* sous la douche?

_____

8. Tu as fait de la natation avec ton professeur d'anglais?

_____

9. Tu es parti(e) en vacances?

_____

10. Tu as acheté une voiture?

_____

J. Qu'est-ce qu'ils ont fait hier? Ask questions in order to find out what everybody did yesterday.

1. Vous / étudier?

_____

2. Tu / sortir / au cinéma?

_____

3. On / faire / notre lit?

_____

4. Alain / dormir / chez vous?

_____

5. Tu / perdre / ton cahier?

_____

6. Ils / gagner?

_____

7. Jean-François et Marie / manger / chez Denise?

_____

8. Vous / partir / pour Paris?

_____

K. Des questions. Rephrase the following questions using **est-ce que** or inversion.

1. Vous avez étudié hier soir?

_____

2. Justine est partie à Tahiti?

_____

3. Tu as fini?

_____

4. Les enfants ont bu leur lait?

_____

5. On est arrivé?

_____

6. Luc n'a pas trouvé ses clés?

_____

Thème et version

A. Version. Put the following into normal, natural English.

1. Ma Citroën a coûté 29.000 euros et maintenant, je dois beaucoup d'argent à la banque!

_____

2. Ma chambre est au premier étage.

_____

3. J'ai trouvé un assez grand trois-pièces au rez-de-chaussée, avec une cave et un jardin.

_____

4. Sébastien n'est pas encore arrivé?

_____

5. Nous habitons Montpellier depuis deux ans.

_____

B. Thème. Put the following into French.

1. —He's not leaving!

—Yes, with Nicole!

— _____

— _____

2. I haven't eaten anything! I'm going to eat something!

_____

3. To go to the train station, take the first street on the right and keep on going straight ahead.

_____

Et pour finir

La maison de mes rêves! *(My dream house!)* Think about your dream house.

Self-assessment. Identify what would make your dream house ideal and its description captivating. List four of the elements that would contribute to the interest of your reader.

1. _____

2. _____

3. _____

4. _____

VOCABULARY: House
PHRASES: Describing objects
GRAMMAR: Prepositions of location

1. Ma liste. What's your dream house like?

Où? À _____

_____

Grande? Petite? Moderne? Ancienne? Claire?, etc. _____

_____

_____

Combien d'étages? _____

Combien de pièces? Combien de chambres? Combien de salles de bains? _____

_____

_____

_____

À l'extérieur: Un jardin? Grand? Petit? Avec des arbres, des fleurs, des légumes? Une piscine? Une terrasse?

_____

_____

_____

2. Mon plan. Draw a floor plan of your house. Label and furnish it.

3. Un paragraphe. In a paragraph, describe the house you have drawn for someone who does not see the plan. Be sure to include details, colors, shapes, and location of objects and rooms. Link your sentences and include some evaluative expressions such as **C'est très confortable..., J'aime... parce que...**

_____

_____

_____

_____

_____

_____

_____

_____

_____

Évaluation. Now read your paragraph, and check the criteria you identified earlier. Revise your paragraph to ensure that you have implemented all your ideas and requirements.

Découvertes linguistiques

J'aime beaucoup ton piercing!

1. **Où mettre les mots comme *souvent* et *beaucoup*?** Where do words like **souvent** or **beaucoup** (adverbs of quantity and quality) go in French? Here are some sentences. Can you describe what usually happens? Is what happens in French similar to what happens in English?

   Suzanne joue souvent du piano, mais pas dans des concerts.
   Marc n'aime pas beaucoup les pommes.
   Suzanne a souvent joué du piano chez ses parents.
   Marc a beaucoup aimé les pommes dans sa jeunesse, mais plus maintenant.

2. **Pour aller plus loin.** Are **souvent** and **beaucoup** used in constructions other than verbal ones? List as many examples of constructions that use **beaucoup** and **souvent** as you can think of. You may want to look through *Voilà!* or do a Web search to find examples.

3. **Des données.** *(Data.)* Here is a sample of the instances of **souvent** and **beaucoup** found in the Television Corpus. How does it compare with your lists from Activity 2? Can you come up with a generalization (rule) for the placement of **souvent** and **beaucoup** in French?

1. Oui, merci beaucoup, hein.
2. Il y a beaucoup d'adresses.
3. Ça va être beaucoup plus simple.
4. On parle beaucoup américain.
5. C'est beaucoup plus rapide.
6. On fait souvent ensemble un petit voyage.
7. Vous répétez souvent qu'Alceste est un héros.
8. Il faut souvent trois ans, quatre ans...
9. Très souvent, oui.
10. ... les performances sont souvent remarquables...

Vocabulaire facultatif

Noms

un bidet *bidet*
une buanderie *laundry (room)*
un buffet *sideboard*
un canapé-lit *sofa-bed*
une chambre d'ami *guest room*
un château *manor house, castle*
le chauffage (central) *(central) heating*
un duplex *two-story apartment*
un four *oven*
un four à micro-ondes *microwave oven*
un jacuzzi *jacuzzi*
un lampadaire *floor lamp*

le loyer *rent*
une maison de campagne *house (cottage) in the country*
le plafond *ceiling*
le plan *floor plan*
le plancher *floor*
un radiateur *radiator*
une résidence secondaire *vacation home*
une salle de jeu *playroom*
une table basse *coffee table*
un terrain *piece of land; plot; field*

Adjectifs

bas, basse *low*
étroit(e) *narrow*
haut(e) *high*
large *wide, broad*

meublé(e) *furnished*
séparé(e) *separate*
spacieux, spacieuse *spacious*

Leçon

Au travail!

Activités de vocabulaire

A. C'est ou il est? Complete each item with either **c'est, ce sont, il est, elle est, ils sont,** or **elles sont.**

1. Voilà Madame Domont. _____ la secrétaire de Monsieur Lacroix.

2. Voilà Mademoiselle Bastin. _____ médecin à Cinet.

3. Voilà Monsieur Saïdi et Mademoiselle Jacob. _____ ingénieurs chez Bovy.

4. Voilà Monsieur Renglet. _____ un bon dentiste.

5. Voilà Monsieur Lionnet et Mademoiselle Caron. _____ des employés sérieux et travailleurs.

6. Voilà Monsieur Bastin. _____ agriculteur.

B. Une trop bonne soirée. Suzanne is telling a friend why she doesn't feel so good today. Rewrite what she says, adding the adverbs **bien, trop, mal,** and **beaucoup.** Use each adverb only once.

Hier, nous avons dansé, nous avons mangé et nous avons bu. C'est pourquoi nous avons dormi cette nuit!

_____

_____

C. Trouvez le verbe. Use one of the following verbs to complete each sentence. Use the tense given in parentheses.

entendre / expliquer / décider / diriger / gagner / oublier / sonner / utiliser

1. Est-ce que les employés de banque _____ beaucoup d'argent? (présent)

2. Tu _____? On _____ à la porte! (passé composé)

3. Patrick et moi, nous sommes ingénieurs et nous _____ un atelier de cent ouvriers dans une grande usine de Lille. (présent)

4. J(e) _____ beaucoup l'ordinateur au bureau. (présent)

5. Les Dubois _____ d'aller habiter à Nice. (passé composé)

6. N(e)_____ pas tes clés! (impératif)

7. Mohamed _____ son problème, et maintenant je comprends pourquoi il n'est pas content. (passé composé)

D. Quel est leur métier? What kind of job might these people have?

1. Julien travaille dans un magasin. Il est _____.

2. Marie-Claire travaille dans une usine. Elle est _____.

3. Jean-Pierre travaille dans un restaurant. Il est _____.

4. Hélène travaille dans un bureau. Elle est _____.

5. Sandrine est juriste dans une grande banque. Elle est _____.

E. Des vêtements et des métiers. Play detective! Try to figure out each person's occupation from the clothes he/she is wearing.

Modèle: Numéro 1 *Elle est secrétaire.*

Numéro 2 _____

Numéro 3 _____

Numéro 4 _____

Numéro 5 _____

Numéro 6 _____

Numéro 7 _____

F. Qu'est-ce qu'ils font? Here are some people and their professions. What kinds of activities does each one do at work?

1. Vincent Dubois est agent immobilier:

_____

_____

2. Madame Lacroix est femme au foyer:

_____

_____

3. Le fils de Monsieur Bastin est garagiste:

_____

_____

4. Monsieur Bovy est chef d'entreprise:

_____

_____

5. Thérèse Dubois est psychologue:

_____

_____

G. Qualités et métiers. Give two qualities necessary for each of the following professions.

1. Pour être policier, il faut être _____ .

2. Pour être agriculteur, il faut être _____ .

3. Pour être infirmier ou infirmière, il faut être _____ .

H. Je voudrais... What would you like to be doing five years from now? Thirty years from now? Give details.

Dans cinq ans, je _____

_____

_____

_____

Dans trente ans, je _____

_____

_____

_____

Activités de structure

Parler au passé: l'imparfait

A. L'enfance de Madame Jacob. Madame Jacob is telling what her life was like on the farm when she was young. Put the verbs in the **imparfait**.

Quand j'_____ (avoir) 12 ans, j'_____ (aller) à l'école. L'école

_____ (être) très loin et je _____ (prendre) souvent mon vélo.

Quand il _____ (neiger), c'_____ (être) pénible, mais en été,

j'_____ (aimer) beaucoup. Quand je _____ (rentrer) l'après-midi,

à quatre heures et demie, je _____ (travailler) avec maman dans la maison et mes frères _____ (travailler) avec papa dans la ferme. Nous ne _____

(perdre) pas de temps *(We didn't waste time)*! Nous _____ (finir) à six heures et nous

_____ (commencer) nos devoirs tout de suite *(right away)*. Nous _____

(étudier) toujours dans la cuisine pendant que maman _____ (faire) la cuisine. Nous

_____ (manger) à huit heures, mais quand papa _____ (avoir)

beaucoup de travail, au printemps, il _____ (manger) seul, après nous. Après le dîner,

nous _____ (pouvoir) jouer un peu. À dix heures, nous _____

(prendre) toujours une tasse de thé et puis, nous _____ (aller) dormir. Je

_____ (dormir) seule, mais mes frères _____ (partager) une chambre.

Parfois, je _____ (pouvoir) aller dormir chez une amie. Moi, je _____

(préférer) aller chez Marie-Claude, parce qu'il y _____ (avoir) la télévision chez elle, et

nous _____ (regarder) toujours la télévision après le dîner!

Parler au passé: l'imparfait et le passé composé

B. On n'est jamais tranquille! You think that everything is going well and then, something happens! Here are typical situations. Decide how things were (**imparfait**) when something happened (**passé composé**).

1. Nous / dormir / quand / on / sonner à la porte.

   _____

2. Je / faire la vaisselle / quand / Emma / tomber de la chaise.

   _____

3. On / sortir / quand / les Martin / arriver.

   _____

4. Vous / jouer au tennis / quand / il / commencer / à pleuvoir.

   _____

5. Christophe et Delphine / regarder la télévision / quand / ils / entendre du bruit à l'extérieur.

   _____

C. Le week-end de Monsieur Lacroix. It's Monday and Mr. Lacroix is telling Mrs. Domont, his assistant, about his weekend. Complete what he says, putting the verbs in parentheses in the **passé composé** or **imparfait**.

Vendredi soir, après le dîner, ma femme et moi, nous _____ (aller) chez des amis pour

jouer aux cartes. Quand nous _____ (partir) de chez eux, à minuit, il _____

(neiger)! Alors, nous _____ (arriver) chez nous à deux heures du matin. C'est

pourquoi, samedi matin, nous _____ (dormir) jusqu'à *(until)* dix heures. Après, j(e)

_____ (aller) au bureau pour travailler. Le soir, nous _____

(regarder) la télévision parce qu'il y _____ (avoir) un vieux film avec Jeanne Moreau,

et moi, j'adore Jeanne Moreau! Dimanche, nous _____ (prendre) le déjeuner en famille à la maison, et puis nous _____ (faire) une petite promenade dans la neige. Mais il _____ (faire) trop froid, alors nous _____ (rentrer) pour boire du vin chaud et lire un bon livre. Et voilà mon week-end. Rien de spécial, n'est-ce pas?

D. Et le week-end de Madame Domont? Now, it's Mrs. Domont's turn to talk about her weekend. Complete what she says with the verbs in parentheses in the **passé composé** or the **imparfait.**

Eh bien moi, j(e) _____ (faire) beaucoup de choses ce week-end! Dimanche, c(e) _____ (être) notre anniversaire de mariage. Alors, samedi, j(e) _____ (faire) le ménage et les courses, parce que nos trois enfants _____ (aller) manger chez nous dimanche midi. Samedi soir, mon mari _____ (faire) la cuisine, mais moi, j(e) _____ (regarder) le film à la télé. Nous _____ (aller) dormir à minuit et nous _____ (être) très fatigués, surtout mon mari! Dimanche matin, mon mari _____ (finir) de préparer le repas et moi, j(e) _____ (mettre) la table. À midi, les enfants _____ (arriver), nous _____ (prendre) l'apéritif et puis nous _____ (manger). C(e) _____ (être) très bon! Mon mari fait très bien la cuisine! Et maintenant, moi, je suis au régime!!!

E. Histoire en images. Here is the life story of Mr. Richard, 60. How was his life when he was a child? What happened?

1. À dix ans,...   2. À vingt ans,...   3. À quarante ans,...

À dix ans, il _____

_____

_____ .

À vingt ans, il _____

_____

_____ .

À quarante ans, il _____

_____

_____ .

Les pronoms relatifs *qui* et *que*

F. Arnaud et les femmes. Complete with **qui** or **que**.

—Voilà Arnaud!

—C'est un étudiant _____ habite dans notre cité, n'est-ce pas?

—Oui. C'est un homme _____ toutes les femmes trouvent beau.

—Et toi?

—Moi, je n'aime pas les hommes _____ sont trop beaux, mais j'adore les hommes

_____ sont intelligents.

—Et Arnaud est intelligent?

—Pas très, non! Mais voilà Aurélie.

—Qui est Aurélie?

—C'est l'étudiante _____ sort avec Arnaud. C'est une fille _____ je déteste!

G. *Qui, que* ou *qu'est-ce que*? Complete each sentence with **qui**, **que**, or **qu'est-ce que**.

1. —_____ tu veux?

   —Moi? Je veux le gâteau _____ tu manges!

2. Je n'aime pas les hommes _____ tu as rencontrés.

3. —_____ vient ce soir?

   —Thibault, Nicolas, Marie-Pierre, Sandrine, Aurélie et un garçon _____

   j'ai rencontré pendant les vacances.

   —_____?

   —Eh bien, Scott, un Américain _____ habite à Paris cette année et

   _____ je trouve très sympathique!

Thème et version

A. Version. Put the following into normal, natural English.

> Chère Anne,
>
> Comment vas-tu? Moi, ça va très bien. J'ai trouvé un nouveau boulot dans une banque près de chez moi. J'aime beaucoup! Mon patron est sympathique et je suis bien payée. Avant, je travaillais comme cadre dans une entreprise à Clermond-Ferrand. Je n'aimais pas du tout! C'était beaucoup trop loin, je devais souvent travailler le week-end et j'étais tout le temps fatiguée! Et toi? Toujours heureuse à Chicago? Tu rentres à Cinet cet été? Je vais peut-être aller à Chicago en mai. Je peux dormir chez toi?
>
> Un grand bonjour à ton mari et aux enfants, et à bientôt peut-être!
>
> Christiane

_____

_____

_____

_____

_____

_____

_____

_____

_____

B. Thème. Put the following into French.

1. —Jeremy, what were you doing when I came in?

   —Me? I was studying!

   —That's not true. I heard the television. You were watching television, weren't you? You have an exam tomorrow, you can't watch television, you have to study!

_____

_____

_____

_____

2. Look at the man who's eating next to the window. That's the man I met at the bank yesterday.

_____

_____

Et pour finir

Mon journal intime. Write your diary entry for yesterday.

Self-assessment. Identify four elements that are necessary to make this diary a real, personal diary and one that will be memorable to you in the future.

1. _____

2. _____

3. _____

4. _____

GRAMMAR: Compound past tense; Past imperfect

PHRASES: Sequencing events

1. **La liste.** Make a list of what happened yesterday.

_____

_____

_____

_____

_____

_____

_____

2. **Des notes.** Jot down some notes about what things were like yesterday. What was the weather like? What kind of mood were you in?, etc.

_____

_____

_____

_____

_____

_____

_____

3. **Des émotions.** Jot down your reactions and emotions to the events and the words you wrote in the previous activities.

_____

_____

_____

_____

_____

_____

_____

4. **Organisez et écrivez.** Now write your diary entry. Compose a real page of events and their circumstances. For this, put together what happened yesterday with what things were like. Explain your notes and the events in a logical sequence, using expressions such as **et après, et puis, comme, mais, parce que, finalement,** etc. Also describe your reactions to the feelings and the emotions you felt throughout the day.

_____

_____

_____

_____

_____
_____
_____
_____
_____
_____
_____
_____
_____
_____
_____
_____

Évaluation. When your diary entry is finished, read it as if this had happened to someone else. Check the criteria you identified earlier. What is missing? What needs to be changed? Revise before turning it in to your instructor to make it more powerfully your own writing and a reflection of your own personality and life.

Découvertes linguistiques

Au moment où la Lune entre dans cette période, elle vous invite à vous acheter un billet de loterie.

(Astrologie: vos jours de lune favorables)

1. **Les pronoms relatifs.** You have just learned how the French pronouns **qui** and **que** relate or join two sentences. **Où** is another word in French that can be used to join or relate two sentences. Here is a chart showing the most frequent uses of **où** in the Television Corpus. (There were 722 occurrences of **où** altogether.) Look at the words that appeared in front of (one word to the left) and in back of (one word to the right) the French word **où** in this corpus. What evidence can you find that **où** is being used to relate or join sentences?

1-left	où	1-right
48 moment	où	97 il
39 là	où	69 on
27 mesure	où	51 les
15 pays	où	37 ils
15 et	où	32 la
13 l'endroit	où	29 je
13 jour	où	29 le
11 Mais	où	24 vous

2. **Que veut dire le pronom relatif *où*?** Look at the examples below, all taken from various places in the Television Corpus (remember that these are isolated instances; they do not make a coherent text). What is the English equivalent of **où**?

1. Ah non mais ce jour-là, c'est le jour où on a fait au moins vingt kilomètres.
2. Ce beau pays où je suis né...
3. ... euh enfin il y a des jours où on a plus ou moins un peu le cafard...
4. À l'heure où la Chine communiste et les autres sociétés communistes ont besoin de s'ouvrir au monde...
5. ... et au moment où la guerre est arrivée...
6. Et dans la mesure où il a été sincère, direct, clair, vrai...
7. Alors le jour où j'ai cessé mon travail...
8. ... dans la mesure où le français est une langue universelle...
9. Mais le jour où je suis arrivé avec les cheveux verts et rouges...
10. Le principe est le suivant: là où il y a beaucoup d'argent...

Vocabulaire facultatif

Noms

un acteur, une actrice *actor, actress*
un(e) architecte *architect*
un artisan *craftsperson (self-employed)*
un cabinet *office (professional)*
un cadre moyen *middle executive*
un cadre supérieur *top executive*
un chanteur, une chanteuse *singer*
un chercheur, une chercheuse *scientist; researcher*
un(e) cinéaste *movie producer, director*
un(e) commercial(e) *marketing man, marketing woman*
un(e) comptable *accountant*
un courtier *broker*
un curriculum vitae *curriculum vitae*
un dossier *file; folder*
un écrivain *writer*
la gestion *management*
un homme d'affaires, une femme d'affaires *businessman, businesswoman*

un informaticien, une informaticienne *computer scientist*
l'informatique *(f.) computer science*
un(e) journaliste *journalist*
un mannequin *model*
un mécanicien, une mécanicienne *mechanic*
un(e) militaire *person in the military*
un musicien, une musicienne *musician*
un notaire *notary public (lawyer)*
un PDG (PDG = Président-Directeur Général) *president, Chief Executive Officer (CEO)*
une petite entreprise *small business*
un pharmacien, une pharmacienne *pharmacist*
les professions libérales *(f. pl.) professions*
un restaurateur *restaurant owner*
une société *company*
un technicien, une technicienne *technician*

Adjectifs

médiocre *mediocre*

rapide *fast, rapid*

Verbes

aider (qqn à + inf.) *to help*
classer *to classify*
engager *to hire*

enseigner (qqch à qqn) *to teach*
licencier *to fire*
soigner *to treat (medically); to look after*

Divers

être engagé(e) *to be hired*
être licencié(e) *to be fired*
faire carrière dans *to make a career in*
faire de la recherche *to do research*

faire un stage *to be in a training program*
prendre des notes *to take notes*
travailler à mi-temps *to work part-time*
travailler à temps complet *to work full time*

Leçon  **13**

Une invitation chez les Dumas

Activités de vocabulaire

A. Qu'est-ce qu'on mange…? Name two or three things you eat with the following "tools."

1. Avec un couteau et une fourchette? On mange _____

_____ .

2. Avec une petite cuillère? On mange _____

_____ .

3. Avec une cuillère à soupe? On mange _____

_____ .

4. Avec les mains? On mange _____

_____ .

B. Mettre la table. You've invited three friends for a formal sit-down dinner and you're setting the table. Make a list of everything you need for an elegant table.

D'abord, il faut mettre une belle nappe. Et puis, j'ai besoin de quatre fourchettes pour l'entrée, de…

_____

_____

_____

_____

C. Où est-ce qu'on achète? Where could you buy the following items? Do not say **un supermarché,** where of course, you could buy all of these things!

1. du pain: dans _____
2. du pâté: dans _____
3. du sucre: dans _____
4. un gâteau: dans _____
5. du bœuf: dans _____

6. des croissants: dans _____

7. des bananes: dans _____

8. des aspirines: dans _____

D. Trouvez le mot. Frédéric is at the market to buy a few things for dinner. Complete what he says using **tranche, morceau, kilo, bouteille,** or **boîte.** Use all the possibilities given and pay attention to article use. Do not repeat yourself.

Bonjour, monsieur. Je voudrais un _____ de tomates, une _____

de jambon, un _____ de fromage, une _____ de lait et une

_____ de petits pois, s'il vous plaît.

E. Tout le monde paie. Everybody is paying at the check-out counter. Complete each sentence with a present-tense form of **payer.**

1. Nous _____ nos tomates et nos carottes.

2. Jean-Luc et Anne _____ leur poulet.

3. Jacques _____ ses croissants.

4. Je _____ mes légumes.

5. Vous _____ votre vin.

6. Tu _____ ma glace???

F. *Ouvrir* ou *offrir*? Complete each sentence with a form of **offrir** or **ouvrir** in the tense indicated.

1. Tu _____ un verre à tout le monde? (présent)

2. On a sonné! _____ la porte, tu veux bien? (impératif)

3. Qu'est-ce qu'on _____ quand on est invité chez des amis? (présent)

4. J(e) _____ des fleurs à Thérèse et des chocolats à Vincent. (passé composé)

5. Nous avons entendu du bruit et nous _____ la porte, mais il n'y avait personne! (passé composé)

6. Alors, c'est vrai, vous _____ un nouveau restaurant? (présent)

7. Les Dubois _____ toujours la fenêtre pour dormir parce que c'est bon pour la santé. (présent)

G. L'histoire de Pauline. Complete Pauline's story with forms of **tout.**

C'était dimanche. _____ le monde était chez moi, comme _____ les dimanches.

_____ à coup, on a entendu du bruit dans le jardin. _____ les enfants sont sortis,

_____ les femmes ont regardé par la fenêtre mais _____ les hommes ont continué à

regarder le match de football France-Italie à la télé! C'était un chat qui était dans un arbre et qui voulait

descendre. Dominique est montée dans l'arbre _____ de suite, mais elle est tombée… Alors,

nous sommes allés à l'hôpital et nous avons attendu un médecin _____ la nuit! Et ce n'est pas

_____ !...

Activités de structure

Le verbe *venir*

A. *Venir* à tous les temps. Complete each sentence with a form of **venir** in the tense indicated.

1. Vous _____ à trois heures, ça va? (présent)

2. Les enfants! _____ tout de suite! (impératif)

3. Tu _____, oui ou non? (présent)

4. Nous ne _____ pas sans lui! (présent)

5. Frédéric _____ de Bruxelles ce matin. (passé composé)

6. Je _____ avec les enfants. (présent)

7. Pierre et Chantal _____ tout le temps chez nous. (imparfait)

8. Est-ce que Céline et Charlotte _____? (passé composé)

B. Mais… Candide has a very short memory today, and Alceste is setting things right. Everybody has just done what Candide thinks they are doing.

Modèle: —Tu manges?
            —*Mais je viens de manger!*

1. —Laure et Emma vont à la banque.

   —Mais elles _____!

2. —Tu dors?

   —Mais je _____!

3. —Nous prenons le dîner?

   —Mais nous _____!

4. —Matthieu descend?

   —Mais il _____!

5. —Paul et Micheline achètent une nouvelle voiture.

   —Mais ils _____!

Les expressions de quantité

C. Une soirée. Alexandra is telling a friend about the dinner she had yesterday. Complete her description with expressions of quantity. Do not use the same expression twice.

Hier, je suis allée manger chez les Lepoivre. On a très bien mangé. On a commencé avec une

_____ soupe de poisson. Après, nous avons pris une _____

jambon cru avec du melon, avec un _____ vin blanc. Et puis, un steak au poivre avec

_____ frites et, bien sûr, une _____ vin rouge. Après, j'ai pris un

_____ fromage avec du pain et, pour le dessert, un _____ gâteau au

chocolat. Mais aujourd'hui, j'ai mal à la tête parce que j'ai bu _____ vin!

D. Un régime difficile. M. Legros is on a diet. The following is what the doctor told him to eat or not eat. Complete each sentence with **un, une, des, d', du, de la, de l', de, le, la, les,** or **l'.**

Le matin, prenez _____ yaourt avec _____ fruit, mais surtout ne prenez pas _____ œufs et pas _____ pain non plus, d'accord? Comme boisson, vous pouvez prendre une tasse _____ café si vous voulez. Vous aimez _____ sucre, mais vous ne devez pas prendre _____ sucre avec votre café! À midi, vous pouvez prendre une tranche _____ pain avec _____ salade, mais pas _____ beurre, n'est-ce pas! Et buvez _____ eau, ne buvez pas _____ vin! Vous adorez _____ pâtisseries et _____ gâteaux, mais à quatre heures, vous allez manger _____ pomme! Vous n'aimez pas _____ pommes? Bon, alors, _____ orange ou _____ fraises, mais sans sucre, n'est-ce pas? Le soir, vous pouvez prendre une assiette _____ soupe, _____ viande ou _____ poisson, _____ légumes et un petit morceau _____ fromage. Mais pas _____ dessert! Oui, oui, vous pouvez boire un verre _____ vin, mais un petit, n'est-ce pas? Voilà.

E. Dans le frigo. Imagine what is and what is not in the refrigerator of the following people. Be specific and include quantities when possible.

1. Dans le frigo d'une famille de six enfants, il y a _____

   _____

   _____.

   Il n'y a pas _____

   _____

   _____.

2. Dans le frigo du professeur, il y a _____

   _____

   _____

   _____.

   Il n'y a pas _____

   _____

   _____.

Le verbe *voir*

F. *Voir* à tous les temps! Complete each sentence with a form of **voir** in the tense indicated.

1. Marie ne _____ jamais ses parents. (présent)

2. C'est le printemps! Nous _____ une fleur! (passé composé)

3. J'ai besoin de lunettes. Je ne _____ plus rien! (présent)

4. Quand nous étions petits, nous _____ nos grands-parents tous les dimanches. (imparfait)

5. Tu _____? Gaëlle sort avec Sylvain! (passé composé)

6. Nous ne _____ pas pourquoi la voiture ne part pas. (présent)

7. On _____ le nouveau film de M. Night Shyamalan. Vous l(e) _____? (passé composé)

8. Vous _____ souvent vos parents? (présent)

9. Avant, les Dupont _____ souvent les Hébert, mais maintenant, ils habitent trop loin et c'est fini. (imparfait)

Thème et version

A. Version. Put the following into normal, natural English.

1. —Partons tout de suite! Je n'aime pas du tout ce restaurant!

   —Moi non plus! Cherchons un restaurant bon marché!

   _____

   _____

2. Malheureusement, je viens de prendre des frites! Je n'ai plus faim!

   _____

3. —J'ai mal à la tête!

   —Prends de l'aspirine!

   _____

   _____

B. Thème. Put the following into French.

1. Miss! The check, please!

   _____

2. I'd like a piece of cake and a cup of tea with lemon and sugar.

   _____

3. We just got here (arrived)!

   _____

Et pour finir

Le déjeuner à l'école. The following is a typical one-week menu at a French grade school in Paris. Read it and answer the questions. Later you will write a comparison of eating habits as exemplified in school lunches.

Self-assessment. Ask yourself what a good comparison should be. How should you organize it? Will there be general remarks? Which ones? Will you compare special aspects of the meals or present particularities of each? How will you conclude? Should you react and give an evaluation? Will this be a personal reaction or will you try to be more appreciative of cultural differences? What questions does this comparison raise for you? Identify four criteria for making a good comparison.

1. _____
2. _____
3. _____
4. _____

VOCABULARY: Food; Meals
GRAMMAR: Partitive
PHRASES: Comparing and contrasting

Lundi:	**Salade de tomates et cœurs d'artichauts; Lapin en gibelotte; Pommes vapeur; Camembert; Orange**
Mardi:	**Salade bruxelloise; Rosbif sauce olive; Petits pois; Brie; Gâteau de riz**
Mercredi:	**Salade composée; Escalope de dinde panée; Coquillettes au beurre; Raclette; Compote de pommes à l'orange**
Jeudi:	**Céleri rémoulade et carottes rapées; Poulet rôti; Haricots beurre sautés; Reblochon; Cocktail de fruits au sirop**
Vendredi:	**Quiche lorraine; Cabillaud sauce verte; Chou-fleur à la moutarde; Emmenthal; Kiwi**

1. Par quoi est-ce que les enfants français commencent souvent leur repas?

   _____

2. Qu'est-ce que les enfants ont toujours après le plat principal et avant le dessert?

   _____

3. Qu'est-ce qu'il y a souvent comme dessert?

   _____

4. Qu'est-ce que c'est? (De la viande? Un légume? Du poisson? Du fromage?)

   Cœurs d'artichauts: _____

   Lapin en gibelotte: _____

   Reblochon: _____

   Cabillaud sauce verte (c'est vendredi!): _____

   Chou-fleur: _____

5. Inventez un menu typique dans une école américaine ou canadienne.

Lundi: _____

_____

Mardi: _____

_____

Mercredi: _____

_____

Jeudi: _____

_____

Vendredi: _____

_____

6. Now write a paragraph comparing school lunches in France and in your country. Ask yourself what a good comparison should be. How will you organize it? Will there be general remarks? Will you compare special aspects of the meals or present particularities of each? How will you conclude? Should you react and give an evaluation? Will this be a personal reaction or will you try to be more appreciative of cultural differences? What questions does this comparison raise for you? To compare, use the expressions **plus, moins, aussi, autant, je préfère**, etc.

_____

_____

_____

_____

_____

_____

_____

_____

_____

_____

_____

_____

Évaluation. Read over your paragraph. Does it include attention to the criteria you originally determined? Check the criteria and make any adjustment to your paragraph that might be necessary to make a better comparison.

Découvertes linguistiques

paye/paie: Les deux formes sont correctes, mais la seconde est plus courante.

1. **Paie ou... paye?** In this chapter you learned that the verb **payer** has a spelling change in the present tense (payer: **je paie, tu paies, il[s]/elle[s] paie[nt]**). Although this is true, you will also find the following spelling: **je paye, tu payes, il(s)/elle(s) paye(nt)**.

   A look at a grammar reference tells us: **Les formes en *-aie-* sont plus fréquentes que les formes en *-aye-*, qui ne sont pas néanmoins incorrectes.** Jean Girodet, *Dictionnaire Bordas, Pièges et difficultés de la langue française*, Paris: Bordas 1981, p. 577.

   What predictions could you make about the relative frequency of **paie** versus **paye** in the *Le Monde, 1998, 1999, 2000* Corpora and the Television Corpus?

2. **Analysons.** Here are two tables. The first table gives you the frequency of **paie/paye** in four different corpora. The second gives you the words most frequently found in front of (1 to the left) and in back of (1 to the right) of **paie** in the *Le Monde 2000* Corpus.

   Frequency of **paie** and **paye** in four corpora

CORPUS	paie	paye	TOTALS
Le Monde 2000	346	129	475
Le Monde 1999	329	124	453
Le Monde 1998	339	140	479
Television	8	33	41
TOTALS	1 022	426	1 448

   Distribution of words directly preceding and following **paie** in the *Le Monde 2000* Corpus

1 to the left	paie/paye	1 to the right
44 ne	paie	34 pas
32 se	paie	30 le
27 de	paie	14 ses
20 qui	paie	12 un
18 le	paie	10 pour
11 on	paie	9 de
9 la	paie	9 en

   - Were your predictions supported or not? Explain.
   - Are all of the **paie** forms verb forms? Explain.
   - Can you suggest possible explanations for the different results found in the Television Corpus as compared to the three *Le Monde* Corpora?

3. **Réfléchissons.** Who decides how words are spelled? Why do you think two spellings are sometimes accepted in languages? How important is spelling?

Vocabulaire facultatif

Noms

un bol (de) *bowl (of)*
un boucher, une bouchère *butcher*
un boulanger, une boulangère *baker*
une boutique *small store*
une carafe (de) *carafe (of)*
une casserole *pan; pot*
un charcutier, une charcutière *pork butcher*
un épicier, une épicière *grocer*
un(e) fleuriste *florist*
un grand magasin *department store*

un(e) libraire *bookstore owner*
une librairie *bookstore*
une librairie-papeterie *book and paper store*
une livre (de) *pound (of)*
un pâtissier, une pâtissière *pastry chef/shop owner*
le plat du jour *special of the day*
une poêle *skillet, frying pan*
une poissonnerie *fish store*
une soucoupe *saucer*

Adjectif

utile *useful*

Le français familier

une chope (de bière) *mug (of beer)*
prendre une chope = prendre une bière

vachement = très

Leçon **14**

Que faire un jour de pluie?

Activités de vocabulaire

A. Pourquoi est-ce qu'on va... Write down the reason(s) you go to the following places.

1. à la poste? Pour _____ .

2. au bureau de tabac? Pour _____ .

3. à la librairie? Pour _____ .

4. à la bibliothèque? Pour _____ .

5. au café? Pour _____ .

6. dans un cybercafé? Pour _____ .

B. Associations. List three things you associate with the following words.

1. un facteur: _____

2. un blog: _____

3. un journal: _____

4. un timbre: _____

5. les études à l'université: _____

6. l'Internet: _____

7. l'actualité: _____

C. Complétez. Complete the sentences with one of the following verbs or phrases: **être au courant de, être en train de, poser des questions, réussir, envoyer, demander.** Use the present tense or the imperative.

1. Les Dubois _____ si on veut aller au restaurant ce soir avec eux.

2. Éric _____ toujours des cartes postales à tous ses amis quand il est en vacances.

3. Écoute bien et _____ si tu ne comprends pas, d'accord?

4. Ne parle pas! Nous _____ étudier!

5. Est-ce que les Canadiens / les Américains _____ l'actualité politique française?

6. Damien, Laure, Mathieu et Marine _____ toujours à leurs examens en juin et ne doivent jamais étudier pendant les vacances d'été.

D. Qu'est-ce que c'est? Give the words that correspond to the following definitions.

Modèle: Il écrit des romans.
un écrivain

1. Il est sur les enveloppes.

_____

2. Elle apporte les lettres.

_____

3. Ce sont les lettres, les magazines, les journaux, etc. qui arrivent à la maison le matin.

_____

4. C'est pour mettre les lettres qu'on envoie.

_____

5. C'est dans les journaux et à la télévision, pour vendre des choses.

_____

6. Elle est sur les enveloppes.

_____

7. C'est le temps qu'il va faire demain.

_____

8. Le Monopoly.

_____

9. Ce sont les messages qui arrivent et qu'on envoie par ordinateur.

_____

E. Les médias. Is it true (V) or false (F)?

1. Les nouvelles très importantes sont à la dernière page du journal.   V   F
2. Il y a des articles sur la mode dans les magazines féminins.   V   F
3. Il y a souvent des numéros de téléphone dans les petites annonces.   V   F
4. On parle de littérature à la page du sport.   V   F
5. Vous pouvez lire les petites annonces pour trouver un appartement.   V   F
6. Pour trouver le numéro de téléphone de mes amis, je regarde
   dans les petites annonces.   V   F
7. Il y a des recettes de cuisine dans les magazines scientifiques.   V   F
8. En France, les boîtes aux lettres sont bleues.   V   F

Activités de structure

Les verbes de communication: *dire, lire, écrire*

A. Conjuguez. Complete each sentence with **dire**, **lire**, or **écrire** in the tense indicated.

1. Qu'est-ce qu'ils _____? (lire, présent)

2. Mes parents _____ qu'ils arrivent ce week-end. (écrire, présent)

3. Est-ce que vous _____ les romans de Balzac? (lire, passé composé)

4. Qu'est-ce que vous _____? (dire, présent)

5. À 9 ans, je _____ les romans de Jules Verne. (lire, imparfait)

6. _____ une carte postale de Rome, tu veux bien? (écrire, impératif)

7. Vous _____? (dire, imparfait)

8. Les Dubois _____ qu'ils vont partir. (dire, présent)

9. Qu'est-ce que tes amis _____? (écrire, passé composé)

10. Moi, je _____ que c'est vrai! (dire, présent)

B. Comment dire? How would you say the following in French?

1. What's he saying?

_____

2. What did they say?

_____

3. You were saying . . .

_____

4. I didn't say anything.

_____

5. What does **annuaire** mean?

_____

6. How do you say *all the time* in French?

_____

Les pronoms d'objet indirect

C. Une nouvelle vie! Fabien has just found a wonderful job in a big city and he's moving out of the house where he grew up. He's talking to himself as he decides what to do with all the things he can't take with him. Follow the model.

Modèle: Ma mère… mon bureau?
Oui, je lui donne mon bureau.

1. Mes petites sœurs… tous mes CD de rock?

   Oui, je _____ .

2. Mon frère… mes skis?

   Oui, je _____ .

3. Mes parents… mon chien?

   Oui, je _____ .

4. Ma grand-mère… mon canapé?

   Non, je _____ .

5. _____ … _____ ?

   _____ .

D. Trouvez les pronoms. Answer the questions, replacing the words in italics with an indirect object pronoun.

1. Est-ce que vous écrivez souvent *à votre grand-mère*?

   _____

2. Est-ce que vous avez téléphoné *à vos parents* hier soir?

   _____

3. Est-ce qu'on *vous* offre parfois des fleurs?

   _____

4. Est-ce que vous voulez parler *au président de votre université*?

   _____

5. Est-ce que vos amis *vous* parlent de tous leurs problèmes?

   _____

6. Est-ce que vous avez déjà demandé de l'argent *à vos grands-parents* pour acheter une voiture?

   _____

7. Est-ce que vous devez répondre *au professeur* en français ou en anglais?

   _____

E. Mais de quoi est-ce qu'on parle? Replace the pronouns in italics with nouns to say what people are referring to. Don't be afraid to use your imagination!

Modèle: Je ne la regarde plus le samedi matin.
Je ne regarde plus la télévision le samedi matin.

1. Ma grand-mère *l'*aime.

_____

2. Je *les* aime beaucoup.

_____

3. Je ne *lui* ai jamais téléphoné.

_____

4. Les étudiants *les* attendent.

_____

5. Mon père *les* déteste.

_____

6. Je voudrais *lui* parler!

_____

7. Vous ne *l'*avez pas lu?

_____

8. Dans «Autant en emporte le vent» *(Gone with the wind)*, Scarlett sortait avec *lui*.

_____

L'accord du participe passé

F. Complétez. Write out the response to each question using pronouns and the **passé composé**. Make past participles agree when necessary.

Modèle: La cuisine? Elle n'a pas fait la cuisine?
Non, elle ne l'a pas faite.

1. Cette maison? Vincent Dubois n'a pas vendu <u>cette maison</u>?

Non, il _____.

2. À mes parents? Tu as envoyé un email <u>à mes parents</u>? Pourquoi?

Oui, je _____ un email parce que je les aime bien!

3. Ces livres? Jean a offert <u>ces livres</u> à Cédric?

Mais oui, il _____ à Cédric.

4. Les bananes? Tu n'as pas mis <u>les bananes</u> au frigo?

Non, non, je _____ au frigo.

5. Les lettres? Vous avez donné <u>les lettres</u> au professeur?

Oui, nous _____ au professeur.

6. Les romans de Le Clézio? Tu as lu <u>les romans de Le Clézio</u>?

   Oui, je _____.

7. Thérèse? Vous avez vu <u>Thérèse</u> et vous n'avez pas parlé <u>à Thérèse</u>? Mais pourquoi?

   Oui, nous _____ et c'est vrai, nous ne

   _____ parce qu'elle n'avait pas le temps et nous non plus!

G. Du présent au passé. Rewrite the following sentences, putting the verbs in italics in the **passé composé.** Make past participles agree where necessary.

1. Quand Michel les *voit* dans la rue, il leur *dit* d'entrer pour prendre l'apéritif.

   _____

2. Éveline et Marie *sortent* ce soir.

   _____

3. Tu n'aimes pas les photos que *je prends*?!

   _____

4. Quand les Dubois *partent* en voyage, ils nous *envoient* des cartes postales.

   _____

5. Je n'aime pas la femme qui nous *parle*!

   _____

6. Quels articles est-ce que vous *préférez*?

   _____

7. Tu *lis* la lettre que j'*écris*?

   _____

8. Quand je *téléphone* à mes parents, je leur *demande* de m'écrire plus souvent.

   _____

H. Un conte de fées moderne. (A modern fairy tale.) Complete the following story, using the verbs in parentheses in either the **passé composé** or the **imparfait.**

Il était une fois *(Once upon a time there was)* un jeune homme français qui _____ (travailler) dans une grande ville loin de sa famille. La ville _____ (être) grise et triste. Il _____ (pleuvoir) tout le temps et il _____ (faire) froid toute l'année. Le jeune homme _____ (être) seul et malheureux et il _____ (vouloir) mettre fin à sa vie.

Un jour, le jeune homme _____ (décider) d'aller voir sa famille à Marseille et il _____ (prendre) le train. Il _____ (trouver) une place *(seat)* près de la fenêtre. Il _____ (mettre) sa petite valise à côté de lui et il _____ (commencer) à lire un magazine. Il _____ (lire) un article de psychologie quand il

_____ (entendre) du bruit dans le couloir. Il _____ (regarder) et il _____ (voir) une jeune femme qui _____ (être) grande, brune et très belle. Elle _____ (entrer) avec deux grosses valises que le jeune homme _____ (mettre) avec sa valise. Et puis, il l(a) _____ (regarder) et il l(a) _____ (trouver) sympathique. Elle l(e) _____ (regarder) et elle l(e) _____ (trouver) sympathique aussi. Alors, ils _____ (commencer) à parler. Le jeune homme lui _____ (demander) où elle _____ (aller). Elle lui _____ (dire) qu'elle _____ (partir) en vacances chez ses parents à Marseille. Elle _____ (être) de Marseille, elle aussi! Ils _____ (continuer) à parler jusqu'à Marseille et le jeune homme _____ (oublier) tous ses problèmes.

    Quand le train _____ (arriver) à Marseille, ils _____ (descendre) ensemble. Il _____ (faire) chaud et il y _____ (avoir) du soleil. C(e) _____ (être) il y a dix ans. Maintenant, ils sont mariés, ils habitent à Marseille et ils sont très heureux.

Thème et version

A. Version. Put the following into normal, natural English.

1. Moi, dans le journal, je lis les petites annonces, la rubrique des sports et les dessins humoristiques, et c'est tout.

_____

_____

2. Écoute, je suis en train de travailler, ne me pose plus de questions, d'accord?!

_____

B. Thème. Put the following into French.

1. Did you listen to me? No, you didn't listen to me. You went out. You drank. You didn't sleep. And now, you're sick and you want to stay in bed. What am I going to do with you?

_____

_____

2. —Virginie, have you seen Sandrine?

   —Yes, but I didn't talk to her because she didn't see me!

_____

_____

3. Christine studies economics at the University of Toulouse.

_____

Et pour finir

Lire un magazine français

D O S S I E R

Actifs et retraités au XXIème siècle: qui va payer les retraites? 4

Pour les retraités d'aujourd'hui, tout va bien: on reste jeune plus longtemps, on a des revenus confortables... Mais tout peut changer! Il y a de plus en plus de retraités, de moins en moins d'actifs: les jeunes vont-ils pouvoir payer les retraites de leurs aînés? Et vont-ils avoir eux-mêmes une retraite dans leurs vieux jours? Dans le futur, il pourrait bien y avoir des problèmes entre les jeunes et les vieux...

Mots utiles

les Verts: parti politique écologique en France

l'Élysée: la maison où travaille et habite le Président de la France (comme la Maison Blanche pour le Président américain)

une grève: quand les travailleurs refusent de travailler pour demander de meilleures conditions de travail, plus d'argent, etc.

la peine de mort: quand un criminel est condamné à mort par la justice

les Droits de l'Homme: référence à la *Déclaration Universelle des Droits de l'Homme* (signée par l'Assemblée Générale des Nations Unies [ONU] le 10 décembre 1948, à Paris)

la semaine des 35 heures: la semaine légale de travail en France depuis l'an 2000; on parle maintenant de retourner à plus d'heures de travail parce qu'il y a des problèmes.

en colère: fâché

une arrière-petite-fille: la fille de la petite-fille

Simone de Beauvoir (1908–1986): écrivain français, compagne de Jean-Paul Sartre

la fête des voisins: une fête pour rencontrer ses voisins (les personnes qui habitent à côté de chez vous)

les Bleus: le nom qu'on donne aux équipes nationales de France (ici, l'équipe de football) parce que leur uniforme est bleu

le Tour de France: grande course cycliste française (voir la *Leçon 19* dans votre livre)

Khaled: né en Algérie en 1960, ce musicien arabe habite la France depuis 1986. Il a beaucoup contribué à faire connaître la musique d'Afrique du Nord en France et dans le monde.

le Raï: une musique qui vient d'Algérie et du Maroc

Saint-Exupéry (1900–1944): écrivain et pilote français mort en Méditerranée pendant la Deuxième Guerre mondiale. C'est l'auteur du *Petit Prince*

A. Quel(s) article(s) allez-vous lire d'abord si… ?

1. vous aimez beaucoup le sport: _____

   _____

2. vous allez à Paris demain: _____

   _____

3. vous êtes cadre dans une banque: _____

   _____

4. vous êtes médecin: _____

   _____

5. vous vendez vos tomates et vos salades sur les marchés en France: _____

   _____

6. vous allez être retraité(e) en l'an 2040: _____

   _____

7. vous êtes un(e) activiste qui cherchez toujours à défendre les bonnes causes:

   _____

   _____

8. vous êtes internaute: _____

   _____

9. la religion et la philosophie vous intéressent: _____

_____

10. vous adorez la musique et vous avez décidé de passer vos vacances à écouter des concerts:

_____

_____

11. vous êtes professeur de littérature francophone: _____

12. quand vous aviez 14 ans, vous avez lu la version anglaise du *Petit Prince* et vous avez adoré ce livre:

_____

13. vous êtes une jeune femme de votre temps: _____

_____

14. vous aimez beaucoup la musique d'Afrique du Nord: _____

15. vous êtes passionné(e) par tout ce qui est chinois: _____

_____

16. vous voulez refaire votre vie et partir travailler à l'étranger *(abroad):*

_____

17. vous adorez Louis Amstrong: _____

_____

18. vous utilisez beaucoup votre téléphone portable: _____

_____

19. vous êtes américain(e) et vous allez passer vos vacances en France cet été:

_____

20. vous aimez beaucoup le cinéma: _____

B. Le dossier: Actifs et retraités au XXIème siècle: qui va payer les retraites?

1. Décrivez les deux personnes sur les photos:

_____

_____

2. Quelle est la situation des retraités maintenant?

_____

_____

3. Est-ce qu'il va y avoir un problème dans le futur? Pourquoi?

_____

_____

C. Et pour vous?

1. Quel est l'article le plus intéressant?

_____

Pourquoi? _____

2. Quel est l'article le moins intéressant?

_____

Pourquoi? _____

D. Le sommaire de mon magazine! Start your own magazine! Give your magazine a name and create the table of contents: decide on the **rubriques**, and then invent the titles and authors of the articles. Your magazine (and your articles) can be about anything of interest to you: art, cinema, music, sport, travel, politics, college life, house and garden, cooking, etc.

Découvertes linguistiques

Vous l'aimez, vous voulez le lui dire. Ce tee-shirt est fait pour vous.

1. **En anglais.** Here are some sentences in English. Rewrite them replacing nouns with pronouns. Are there restrictions on what can be done? How do you know what is possible and not possible? Can you speculate as to possible "rules" that might be helpful to someone learning English as a second language?

   a. Julie gave Beth the book.
   b. Beth donated the book to the library.
   c. The library sent the book to Andrea in London.
   d. Andrea contributed the book to a charity drive.

2. **En français.** How does French work? Can you use more than one pronoun in a sentence? If you do, what order do they go in? Here are some examples of third-person direct object and indirect object pronouns taken from the *Le Monde 2000* Corpus. What combinations seem to be possible? What combinations do you not find? Do you think that you have enough examples to draw tentative conclusions? If not, how many more would you need?

   1. … je le lui ai encore dit récemment…
   2. … la préfecture la lui refuse…
   3. … au contraire il voulait les leur imposer…
   4. … quand on les lui propose…
   5. Nous les lui donnons…
   6. … il ne le lui a jamais pardonné…
   7. On la leur offre…
   8. … comme le lui demandait le juge d'instruction belge…

3. **À vous.** Do you think that you tend to learn a second language in the same way that you learned your first language or are there differences?

Vocabulaire facultatif

Noms

un accident *accident*
l'avenir *(m.) future*
un(e) blessé(e) *injured, wounded*
une catastrophe *catastrophe*
un changement *change*
le chômage *unemployment*
un compte-rendu *report (written)*
le courrier des lecteurs *readers' letters*
le courrier du cœur *letters to the lovelorn*
une couverture *cover (magazine, book)*
un crime *crime*
une découverte *discovery*
un dossier *folder; file*
la drogue *drug (illegal)*
l'économie *(f.) economy*
une enquête *investigation*
l'environnement *(m.) environment*
un fait divers *local news item*
un gouvernement *government*
une guerre *war*
un horoscope *horoscope*
l'immigration *(f.) immigration*
les informations *(f. pl.) news*
les loisirs *(m. pl.) leisure activities*

une maladie *sickness, illness*
un meurtre *murder*
le monde *world*
les mots croisés *(m. pl.) crossword puzzle*
un numéro *issue, edition*
un otage *hostage*
la paix *peace*
la pauvreté *poverty*
le pouvoir *power*
le racisme *racism*
la religion *religion*
un reportage *report, story*
la richesse *wealth*
la santé *health*
un scandale *scandal*
le sida *AIDS*
la société *society*
un sondage *survey*
un spectacle *show*
une table des matières *table of contents (book)*
le terrorisme *terrorism*
une victime *victim*
la violence *violence*

Adjectifs

clandestin(e) *clandestine*
étranger, étrangère *foreign*
international(e), internationaux,
    internationales *international*

religieux, religieuse *religious*
sensationnel, sensationnelle *sensational*

Verbe

montrer *to show*

Divers

avoir peur (de) *to be afraid (of)*

Le vocabulaire de l'ordinateur et d'Internet

une boîte aux lettres *mailbox*
cliquer (sur) *to click (on)*
une connexion *connection*
un fournisseur d'accès *access provider*
glisser *to drag*
une liste de diffusion *listserv*
un logiciel *software*
un mot de passe *password*

un moteur de recherche (un portail) *search engine*
un navigateur *browser*
une page d'accueil *homepage*
une police *font*
le pourriel, le spam *junkmail, spam*
un pseudo *username*
un salon, une salle (de conversation) *chatroom*
télécharger *to download*

Leçon  15

Chez les Hanin

Activités de vocabulaire

A. Le corps. Qu'est-ce qu'il y a...

1. sur la tête?

_____

2. sur le visage?

_____

3. dans la bouche?

_____

4. entre la main et le corps?

_____

5. entre le pied et le corps?

_____

B. Qu'est-ce qu'on fait avec? Give a use for each item.

Modèle: les pieds
C'est pour porter le corps.

1. les mains: C'est pour _____.

2. les yeux: C'est pour _____.

3. les oreilles: C'est pour _____.

4. la bouche: C'est pour _____.

5. les jambes: C'est pour _____.

C. On a mal! Where do the following people hurt? Do not repeat yourself.

1. Bruno et Véronique ont la grippe.

_____

2. Marie a mal utilisé un couteau quand elle faisait la cuisine.

_____

3. Julie est tombée de sa chaise.

_____

4. Jacques a essayé de porter une valise trop lourde *(heavy)*.

_____

5. Vincent et Thérèse doivent aller chez le dentiste.

_____

6. Paulette est à la plage et elle a oublié ses lunettes de soleil.

_____

D. La matinée de Daniel. Daniel, a student at Big City University, has been asked to make a list of a typical morning routine at BCU. Here's the list he made. Number each item from the first to the last thing he does every morning.

_____ Il va à la salle de bains.   _____ Le réveil sonne.

_____ Il se brosse les dents.   _____ Il va prendre son petit déjeuner.

_____ Il se lève.   _____ Il rentre dans sa chambre.

_____ Il reste au lit pendant cinq minutes.   _____ Il se rase.

_____ Il met la radio.   _____ Il va en cours.

_____ Il s'habille.   _____ Il prend une douche.

_____ Il se peigne.

E. Mais qu'est-ce qu'ils font? Complete the sentences to say what people are doing.

Modèle: Marc se lave *les mains*.

1. Janine se brosse _____.

2. Frédéric prend _____.

3. Lionel se lave _____.

4. Aurélie se peigne _____.

F. Des verbes. Complete each sentence with one of the following verbs in the present or the imperative: **emmener, ennuyer, essayer, partager, promener, sécher.** Use each verb only once.

1. Paulette _____ son chien tous les jours.

2. _____ de ne pas faire de bruit, tu veux bien?

3. Ces professeurs m(e) _____, pas toi?

4. Nous _____ une chambre, ma sœur et moi.

5. Youki n'aime pas quand on le lave, mais il aime bien quand on l(e) _____.

6. Les Dubois _____ toujours leur chien et leur chat avec eux quand ils partent en vacances.

G. Portraits. Describe the following people by giving two or more physical characteristics for each.

1. votre père ou votre mère: _____

_____

2. un frère, une sœur ou un(e) cousin(e): _____

_____

3. un ami ou une amie: _____

_____

4. un de vos professeurs: _____

_____

Activités de structure

Les verbes réfléchis

A. Qu'est-ce qu'ils vont faire ce week-end? Everybody is doing something different this weekend. Complete each sentence with the reflexive verb in parentheses.

1. D'habitude, Colette et Yves _____ à 8 heures, mais ce week-end, ils vont _____ à midi. (se lever)

2. D'habitude, Jacques _____ avec son chien, mais ce week-end, il ne va pas _____ avec lui. (se promener)

3. D'habitude, vous _____ tard, mais ce week-end, vous n'allez pas _____ tard. (se coucher)

4. D'habitude, tu _____ toujours le dimanche, mais ce dimanche, tu ne vas pas _____. (s'ennuyer)

5. D'habitude, je _____, mais ce week-end, je ne vais pas _____! (s'énerver)

6. D'habitude, nous _____ de travailler, mais ce week-end, nous n'allons pas _____! (s'arrêter)

B. Réfléchi ou non? Complete the following sentences with the appropriate verb.

1. Tu ne _____ pas à l'université? (amuser / s'amuser)

2. Bruno _____ les cheveux de Julie tous les matins. (laver / se laver)

3. Véronique _____ le matin. (maquiller / se maquiller)

4. Il m(e) _____! (énerver / s'énerver)

5. Tu ne vas pas sortir en short! Tu vas _____! (changer / se changer)

6. Qu'est-ce qu'ils _____? (regarder / se regarder)

7. Le soleil nous _____ le matin. (réveiller / se réveiller)

8. Vous devez _____ tôt ce soir. (coucher / se coucher)

9. Cet exercice m(e) _____! (ennuyer / s'ennuyer)

C. Et le verbe? Complete the sentences with a verb from the following list.

emmener / amuser / s'amuser / énerver / s'énerver / arrêter / laver / se laver / regarder / se regarder / habiller / s'habiller / réveiller / se réveiller / coucher / se coucher / promener / se promener / ennuyer / s'ennuyer

1. Julie, tu m(e) _____! _____ de faire des bêtises ou je te mets au lit sans dîner!

2. Le matin, Véronique _____ les enfants à l'école et puis elle va travailler.

3. Le soir, les Hanin _____ les enfants à sept heures, mais eux, ils _____ à minuit.

4. Le chien déteste quand je l(e) _____ parce qu'il n'aime pas l'eau et il déteste le savon!

5. Les Américains _____ les cheveux tous les jours, n'est-ce pas? Et les Canadiens?

6. Les enfants, allez _____ le chien ou nous allons avoir un problème!

7. Les Dupont parlent tout le temps de leurs problèmes et ils _____ tout le monde!

8. Ils n(e) _____ jamais le week-end parce qu'ils font du sport et ils sortent le soir, mais moi, je n(e) _____ pas parce que j'ai trop de devoirs et je dois étudier.

Les verbes réfléchis à l'impératif

D. Des ordres. M. Dictateur wants to change everybody's life. Complete each command using the imperative.

Modèle: Vous vous levez à neuf heures?
Levez-vous à six heures!

1. Tu te couches à minuit?

_____ à dix heures!

2. Nous nous réveillons à neuf heures?

_____ à huit heures!

3. Vous vous promenez le soir?

_____ le matin!

4. Vous vous brossez les dents deux fois par jour?

_____ trois fois par jour!

5. Tu te promènes avec ton chien? Ne _____ pas avec ton chien, _____ avec moi!

6. Tu t'arrêtes? Ne _____ pas!

7. Nous ne nous amusons pas? _____!

E. Des conseils à une nouvelle étudiante. Sophie is a new student at your university. Tell her three things she should do and three things she should not do. Use reflexive verbs in the imperative.

1. _____

2. _____

3. _____

4. _____

5. _____

6. _____

La comparaison des adjectifs et des adverbes

F. Ma famille et moi. Compare yourself to three members of your family, using **plus… (que)**, **moins… (que)**, and **aussi… (que)**.

Modèle: *Mon petit frère: Il est plus beau que moi, mais il est moins intelligent. Je ne suis pas aussi grand(e) que lui, mais je suis plus sportif (sportive). Il travaille moins que moi.*

1. _____

_____

2. _____

_____

3. _____

_____

G. Complétez. Complete each comparison to reflect your opinions. Use **meilleur(e)**, **mieux**, **bon(ne)**, **moins bon(ne)**, **bien**, **moins bien**, **mauvais(e)**, **plus mauvais(e)**, **mal**, **moins mal**, or **plus mal**.

1. Le vin australien est _____, mais le vin californien est _____.

2. Je joue _____ au golf que Tiger Woods.

3. La Volkswagen est une _____ voiture que la Jaguar.

4. Mon professeur de français parle _____ français que moi.

5. Je parle _____ français, mais je parle _____ anglais.

6. Quand Luc fait du ski, il tombe tout le temps. Il skie très _____!

7. Je déteste les mathématiques parce que je ne suis pas _____ en mathématiques,

   mais j'adore l'anglais et j'écris très _____.

8. Charlotte a beaucoup de D. C'est une _____ étudiante. Mais Yannick a beaucoup

   de F. Il est _____ qu'elle.

Thème et version

A. Version. Put the following into normal, natural English.

1. Je m'ennuie, pas toi? Changeons-nous et allons en ville!

   _____

2. Amusez-vous bien!

   _____

3. Combien de fois par jour est-ce que vous vous brossez les dents?

   _____

B. Thème. Put the following into French.

1. I have blond hair and green eyes, but my sister has brown hair and blue eyes.

   _____

2. You ought to wash your hands!

   _____

3. His mother wakes him up every morning.

   _____

4. I hurt all over!

   _____

Et pour finir

La journée typique de mon professeur de français. Write about your French instructor's typical day.

 VOCABULARY: Toilette; Leisure
GRAMMAR: Reflexive construction with **se**; Reflexive pronouns
PHRASES: Sequencing events

Self-assessment. Make a list of four elements that will make this presentation complete and interesting to read.

1. _____
2. _____
3. _____
4. _____

1. **Les activités de tous les jours.** Make a list of everyday activities for your instructor.

   se réveiller, se lever, prendre le petit-déjeuner, _____

   _____

   _____

2. Des détails. Put your list in chronological order and add details (time, things eaten, etc.), according to how you think your instructor lives.

Il/Elle se réveille à _____ heures. Il/Elle se lève à _____ heures.

_____

_____

_____

_____

_____

_____

_____

3. Sa journée typique. Now write a paragraph to present a typical day in the life of a French language instructor to a French audience. Use words like **et, mais, d'abord, ensuite, et puis,** and **enfin** to link your sentences. Find a way to introduce your paragraph and end with a concluding sentence.

_____

_____

_____

_____

_____

_____

_____

_____

_____

_____

_____

_____

_____

_____

_____

_____

Évaluation. Read your paragraph and check the four elements you originally selected. Are any missing or undeveloped in your paragraph? Revise to improve your paragraph.

Découvertes linguistiques

ben ça commence bien...

1. **Bien? Bon? Ben?** What do you already know about the distribution (use) of the words **bon, bien,** and **ben?** What do they mean? Where and when are they used?

2. **Bien! Bon! Ben!** Below are excerpts from the Situation Corpus (a collection of role plays of service situations with a total of 6,519 words) that illustrate the ways native speakers of French used **bon, bien,** and **ben** in this context. Remember that these are examples and not a connected text. To what extent do these examples support the list of uses you made for Activity 1?

Bon (22 total instances found)

1. ... dans le sac, hein, il y avait... [Bon], hein, je veux pas toute votre vie, mais...
2. Ok d'accord, [bon], 30 euros, je vais payer, euh... 25 euros...
3. ... Voilà, madame. Très bien, merci. [Bon] appétit. Je vais éteindre ma cigarette...
4. ... vais pas payer un poisson qui n'est pas [bon], quand même!
5. ... avez mangée... Oui, mais euh... Oui, mais [bon], je l'ai pas finie, mais envoyez-moi...
6. ... plat et je trouve de la viande dure! [Bon], je la mange parce que j'ai faim mais...

Bien (69 total instances found)

1. ... une très belle chambre et elle vaut [bien] plus que 75 euros. D'accord,...
2. ... pour la semaine? Oui, vous pouvez [bien] sûr l'avoir pour la semaine. Le...
3. ... votre carte de crédit. Ah, très [bien], euh... La voilà. Merci. Voilà, monsieur...
4. ... Bonjour, madame. Bonjour... Hum... C'est [bien] le bureau des objets trouvés?...
5. ... Oui... Ok... Ça marche très [bien], en général, hein. Vous êtes sûre? ...
6. ... sérieux, hein! Oui, dis donc. Eh [bien], je vais vous chercher ça. Merci. ...

Ben (69 total instances found)

1. ... la chambre est très sale. Ah, oui, [ben], je suis désolée, les employés...
2. ... J'ai payé 50 euros quand même. Oui, [ben], c'est très bon marché pour Paris...
3. ... Le petit déjeuner compris? [Ben] non, le petit déjeuner en plus. En plus...
4. ... Oui. Merci quand même. [Ben], au revoir! Au revoir. Le...
5. ... où vous l'avez oublié dans le train? [Ben], c'est ça le problème, je ne sais pas...
6. ... d'ouvrir le sac, ok? D'accord. Ah [ben] regardez, il y a un passeport. Oui. ...

3. **Et vous?** How important is it for non-native speakers of a language to be able to use words like **bon, bien,** and **ben?**

Vocabulaire facultatif

Noms

une allergie *allergy*
un bouton *pimple*
une brûlure *burn*
la cheville *ankle*
une cicatrice *scar*
le cou *neck*
le coude *elbow*
une coupure *cut*
la crème à raser *shaving cream*
le déodorant *deodorant*
l'épaule (f.) *shoulder*
l'estomac (m.) *stomach*
le fard (à paupières) *eyeshadow*
les fesses (f. pl.) *buttocks*
la figure *face*
le foie *liver*
le genou, les genoux *knee*
la gorge *throat*

la hanche *hip*
une indigestion *indigestion*
la lèvre *lip*
le maquillage *makeup*
le mascara *mascara*
la mononucléose *mononucleosis*
l'orteil (m.) *toe*
un pansement *dressing*
la peau *skin*
le poignet *wrist*
la poitrine *chest*
un remède *remedy*
le rouge à lèvres *lipstick*
le sang *blood*
un sparadrap *Band-Aid*
un symptôme *symptom*
la taille *waist*
le vernis à ongles *nail polish*

Verbes

attraper *to catch*
blesser *to hurt*
   se blesser *to hurt oneself*
bronzer *to tan*
se brûler *to burn oneself*
se casser (le bras, la jambe) *to break (one's arm, leg)*
couper *to cut*
   se couper *to cut oneself*

essuyer *to wipe; to dry*
   s'essuyer *to wipe (oneself); to dry (oneself)*
éternuer *to sneeze*
se fouler (le poignet, la cheville) *to sprain (one's wrist, ankle)*
se moucher *to blow one's nose*
saigner *to bleed*
vomir (conj. like **finir**) *to vomit*

Adjectifs

contagieux, contagieuse *contagious*
fragile *fragile, weak*

prudent(e) *careful, prudent*

Divers

aller bien *to feel good*
aller mal *to feel bad*
aller mieux *to feel better*
avoir de la fièvre *to have a fever*
avoir du ventre *to have a beer belly*
avoir les cheveux teints *to have dyed hair*
ça fait mal *that hurts*
être allergique à *to be allergic to*

faire la grasse matinée *to sleep late*
faire mal (à quelqu'un) *to hurt (someone)*
se faire mal *to hurt oneself*
passer une nuit blanche *to not sleep all night*
Qu'est-ce que tu as (vous avez)? *What's the matter with you?*
traîner au lit *to stay in bed*

Le français familier

avoir du bedon, avoir de la brioche = avoir du ventre
avoir la gueule de bois *to have a hangover*
une moumoute = un toupet = des faux cheveux
le pif = le nez

Magazine littéraire

Nom _____ Cours _____ Date _____

L'addition

Composition. Imaginez le menu que le client a lu avant de choisir. Composez-le comme un menu français typique et indiquez le prix des plats.

Pages utiles: Avant de commencer, cherchez des informations sur les menus et les plats spéciaux ou régionaux. http://www2.ac-lille.fr/hcfq-avion/eq8gastronomie/sommaire_de_gastronomie_fr.htm http://www.cuisineaz.com/

1. Préparation

a. Les restaurants. Pour quel type de restaurant est votre menu? Décidez, d'après le texte.

_____

_____

b. Les menus. Combien de menus à prix fixe y a-t-il sur le menu final? À quel prix est chaque menu?

_____

_____

_____

c. Les spécialités. Qu'est-ce qu'il y a sur la carte? Des spécialités? Lesquelles? Y a-t-il un plat du jour?

_____

_____

_____

d. Des plats. Pour chaque menu, choisissez les hors d'œuvre et les plats principaux. Quels légumes? Et les desserts? Les boissons? Identifiez les éléments de votre menu. Faites des listes pour chaque catégorie, mais soyez sûr(e) d'insérer les plats du client dans leur catégorie.

Hors d'œuvre _____

_____

_____

Plats principaux _____

_____

_____

Légumes _____

_____

_____

Desserts _____

_____

_____

Boissons _____

_____

_____

2. Composez. Organisez les choix de plats dans chaque menu inclus sur le menu du restaurant. Indiquez les prix, l'adresse du restaurant et décorez votre menu.

_____

_____

_____

_____

_____

_____

_____

_____

_____

_____

_____

_____

_____

_____

_____

_____

_____

_____

_____

_____

_____

_____

_____

Le départ: Quitter sa maison

Composition: «Partir, c'est mourir un peu.» Commentez ce proverbe traditionnel à l'aide de l'histoire de Meng.

1. Préparation

a. Le départ de cette famille: Qu'est-ce qui est tragique dans le départ de la famille de Meng? Faites deux phrases.

_____

_____

b. Qu'est-ce qui va «mourir» pour cette famille?

_____

c. Est-ce qu'il y a des éléments positifs dans cet épisode de la famille de Meng? Quels sont ces éléments?

_____

_____

d. Est-ce que ce proverbe s'applique de façon égale à tous les membres de la famille? Comment chaque personne va-t-elle être affectée par ce départ?

Le père de Meng:

_____

La mère de Meng:

_____

Meng:

_____

2. Composez.
Maintenant, composez un paragraphe avec vos idées sur le texte et les réponses aux questions précédentes. Illustrez votre paragraphe avec des exemples tirés du texte. Concluez en vous référant à vos idées personnelles sur ce sujet.

_____

_____

_____

_____

_____

_____

_____

_____

_____

Les SS

Composition. Imaginez le dialogue entre le père et le fils après le départ des SS.

1. Préparation

a. Imaginez les émotions du père. Quels adjectifs décrivent ses émotions?

_____

_____

b. Imaginez les émotions du fils. Quels adjectifs décrivent ses émotions?

_____

_____

c. Quelles questions le père va-t-il poser?

_____

_____

_____

d. Quelles réponses le fils va-t-il donner?

_____

_____

_____

e. Quelles formes d'excuses le fils va-t-il employer?

_____

_____

_____

f. Quelle forme de punition le père va-t-il utiliser?

_____

_____

_____

2. Composez.
Organisez les phrases que vous avez préparées pour créer un dialogue cohérent. Vous pouvez utiliser quelques expressions d'argot pour rendre le dialogue plus authentique. Cherchez, dans le texte, celles que vous allez utiliser.

_____

_____

_____

_____

_____

_____

_____

_____

Les aventures de Momo

Composition. Imaginez la situation inverse: Momo écrit un bref message à son père.

1. Préparation

a. Quelles sont les raisons qui poussent Momo à partir?

_____

_____

_____

b. Quelles excuses est-ce qu'il va donner?

_____

_____

_____

c. Quels sont ses projets? Où est-ce qu'il va aller? Qu'est-ce qu'il va faire? Faites trois courtes phrases.

_____

_____

_____

d. Comment est-ce qu'il va conclure son message à son père?

_____

_____

_____

2. Composez. Écrivez le message de Momo.

_____

_____

_____

_____

_____

_____

_____

_____

3. Éditez. Échangez votre message avec un(e) camarade et comparez vos textes. Faites des suggestions et insérez les suggestions qu'on vous fait.

Leçon 16

Une histoire d'amour

Activités de vocabulaire

A. Associations. Give two verbs or expressions that you associate with the following. Don't repeat yourself.

1. la lune de miel

_____

2. le divorce

_____

3. être retraité(e)

_____

4. un souvenir

_____

5. un couple

_____

6. le travail à la maison

_____

B. Devinettes. Complete each sentence with a word or expression that makes sense.

1. Diane aime Fabrice. Elle est _____ de lui.

2. Florence est très fatiguée. Elle doit _____.

3. Éric aime Anne et Maud aime Éric. Alors, Maud déteste Anne parce qu'elle est
_____ d'elle.

4. Christian ne veut plus habiter avec Odile. Il veut la _____.

5. Bruno est un bon père. Il _____ beaucoup de ses enfants.

6. Samedi, Anne-Sophie va être la femme de Pierre-François. Elle va _____ avec lui.

7. Quand on a fait la lessive, il faut parfois _____ ses vêtements, surtout les vêtements en
coton qui se froissent facilement *(wrinkle easily)*.

8. Alain dit que la musique des années 60 était meilleure que la musique de maintenant. Moi, je n(e)
_____ avec lui; j'aime beaucoup la musique d'aujourd'hui.

C. Quel verbe? Complete each sentence with a present-tense form of one of the verbs in the following list. Make sure your sentences make sense. Use each verb only once.

se dépêcher / se demander / s'entendre / se souvenir / se disputer / se retrouver

1. Il a une Ford ou une Toyota?... Je ne _____ plus.

2. J'aime beaucoup mon frère. Je _____ très bien avec lui.

3. On _____ devant le cinéma à sept heures?

4. Tu _____? Le film est à huit heures et il est déjà huit heures moins le quart!

5. Je _____ si Pierre va rester à Montréal ou s'il va rentrer à Paris.

6. Les Mélot _____ tout le temps! On dit qu'ils vont divorcer!

D. *Quitter, partir* ou *sortir*? Complete each sentence with **quitter, partir,** or **sortir** in the present tense or the infinitive.

1. Valérie et Axel _____ beaucoup avec leurs amis.

2. Éric _____ Anne parce qu'il veut _____ avec Maud.

3. Vous _____ pour Dakar demain?

4. On _____ Paris! On veut habiter à la campagne.

5. Tu _____ de la bibliothèque à quelle heure?

E. Quels mots? Complete the following sentences with **que, pendant que, parce que, pendant,** or **à cause de.**

1. Jean-Philippe dit _____ sa femme veut partir.

2. Je suis resté _____ toi! Tu es content?

3. Je déteste regarder la télévision _____ je mange.

4. Je veux rentrer _____ j'ai froid!

5. J'ai entendu du bruit _____ la nuit et je n'ai pas dormi.

Activités de structure

Les verbes réciproques

A. Réciprocité. Whatever one person does, the other does the same thing back. Say this, using reciprocal verbs.

1. Pierre aime Ingrid et Ingrid aime Pierre.

   Ils _____.

2. Je téléphone à ma mère et ma mère me téléphone.

   Nous _____.

3. Vous ne parlez plus à Yves et Yves ne vous parle plus?

Vous _____ ?

4. M. Jottard quitte Mme Jottard et Mme Jottard quitte M. Jottard.

Ils _____ .

5. Je regarde Hélène et Hélène me regarde.

Hélène et moi, nous _____ .

6. Vous dites la vérité à Marc et Marc vous dit la vérité?

Vous _____ ?

B. Traduisez! Translate the following sentences.

1. They're kissing each other!

_____

2. We talk to each other often.

_____

3. Do you write (to) each other?

_____

Les verbes réfléchis et réciproques au passé

C. Pourquoi sont-ils fatigués? Everybody seems tired. Say why.

Modèle: Je / se coucher / très tard.
Je me suis couché(e) très tard.

1. Alceste / se dépêcher / pour arriver / tôt.

_____

2. Marine et Zoé / s'amuser / pendant le week-end.

_____

3. Candide / s'endormir / à trois heures du matin.

_____

4. Mes amis et moi, nous / se lever / à cinq heures pour étudier.

_____

5. Juliette et son petit ami / se disputer / pendant toute la soirée.

_____

6. Je / ne pas se reposer / pendant les vacances.

_____

D. Julie le matin. Complete each sentence with either the **passé composé** or the **imparfait**.

Il _____ (être) sept heures du matin et Julie _____ (dormir)

encore. Alors, sa mère l(a) _____ (appeler). Julie _____ (se

réveiller), mais elle _____ (rester) au lit. Il _____ (faire) si chaud!

À sept heures et demie, sa mère _____ (aller) l'appeler à la porte de sa chambre.

Julie lui _____ (dire) qu'elle _____ (aller) se lever mais elle

_____ (ne pas se lever). Finalement, à huit heures, elle _____

(entendre) son portable dans sa chambre. Quand Julie _____ (répondre), elle

_____ (entendre) la voix *(voice)* de sa mère! Elles _____ (se

parler) deux minutes et puis Julie _____ (regarder) l'heure. Dans une demi-heure,

elle _____ (devoir) être à l'école! Alors, elle _____ (se lever), elle

_____ (prendre) une douche et elle _____ (s'habiller) en cinq minutes!

Les verbes *savoir* et *connaître*

E. Conjuguez. Use the verb in parentheses and the tense indicated to complete the following sentences.

1. Vous ne _____ pas nager? (savoir, présent)

2. Pierre _____ les Martin, n'est-ce pas? (connaître, présent)

3. Tu ne _____ pas où est Hervé? (savoir, présent)

4. Martine et Jean-Paul _____ bien Chicago. (connaître, présent)

5. Où est-ce que tu _____ Myriam? (connaître, passé composé)

6. On _____ que Gilles partait. (savoir, imparfait)

7. Tu _____ la vérité? (savoir, passé composé)

8. Mes parents _____ bien ton père. (connaître, imparfait)

F. Une baby-sitter pour New York. Complete the following conversation with **connaître** or **savoir** in the present tense or the infinitive.

—Est-ce que tu _____ Anne Clarenne?

—Non, mais je _____ que les Haubert la _____.

—Ils _____ où elle habite?

—Je ne _____ pas, mais je peux leur demander. Pourquoi veux-tu _____
   où elle habite?

—Parce que je _____ une famille à New York qui cherche une baby-sitter française et je
   _____ qu'Anne veut étudier l'anglais.

—Est-ce qu'elle _____ s'occuper des enfants?

—Tout le monde _____ faire ça, non?

—Ben non, moi, je ne _____ pas!

G. Anne à New York, 10 ans après. Anne is still in New York ten years after she went there to babysit. Complete her story with either **savoir** or **connaître** in the **passé composé** or the **imparfait**.

Quand je suis arrivée à New York, j'avais vingt-deux ans et je ne _____ personne. Je venais pour faire du baby-sitting et j(e) _____ qu'il y avait trois enfants dans la famille et que les parents travaillaient, c'est tout. Toute la famille m'attendait à l'aéroport *(airport)* et quand je les ai vus, j(e) _____ que j'allais être heureuse avec eux. Mais je ne _____ pas que j'allais rester après l'été. Eh oui, c'est à New York que j(e) _____ mon mari! Et maintenant, je suis mariée, j'ai trois enfants moi aussi et je cherche une baby-sitter française pour l'été.

Thème et version

A. Version. Put the following into normal, natural English.

1. Faites attention! Il y a quelque chose de bizarre derrière vous!

_____

2. Les Defaux s'entendent mal et on raconte qu'ils vont divorcer.

_____

3. Ils se sont vus, ils se sont parlé et ils sont tombés amoureux!

_____

B. Thème. Put the following into French.

1. I met somebody interesting at the Dumonts' last summer and now . . .

_____

2. Nicolas is marrying Alice.

_____

3. I found out the truth ten years after!

_____

Et pour finir

Une histoire d'amour à l'université. True love at your university! Imagine how things might have happened to two people who met in college. First, organize your thoughts according to the plan outlined below.

VOCABULARY: Hair colors; Nationality; Personality; Professions; Trades; Occupations
GRAMMAR: Simple past tense; Imperfect; Personal pronouns (3rd person summary)
PHRASES: Describing people; Linking ideas; Sequencing events

Self-assessment. Make a list of four elements that are necessary to make a good story.

1. _____

2. _____

3. _____

4. _____

1. **Qui?** Who is he? Who is she? What are they like? Write a few notes describing each character. Jot down some ideas. You don't need to write complete sentences yet.

   Lui: _____

   _____

   _____

   Elle: _____

   _____

   _____

2. **Quand? Où?** Now, how did they first meet? Where? When? What happened? Jot down some ideas. You still don't need to write complete sentences.

   _____

   _____

   _____

   _____

   _____

   _____

   _____

   _____

3. **Leur vie ensemble.** Now, decide what their life together was like. Did they get along? Fight? Break up? Was there another man or woman? Again, jot down some ideas but don't worry about complete sentences.

_____

_____

_____

_____

_____

_____

_____

4. **Leur histoire.** Use your notes to write your story. Be sure to use details about the protagonists and to describe the places and the way things were. Then present the events in chronological order, using pronouns to avoid repetition and words like **puis, mais, d'abord, enfin,** etc. Also, don't forget to tell how everyone felt and reacted.

_____

_____

_____

_____

_____

_____

_____

_____

_____

_____

_____

_____

_____

Évaluation. Read your story and check to what extent you have included the four elements that you selected prior to writing. Revise to include or change what you wrote in order to reflect these elements better in your story.

Découvertes linguistiques

Plus je connais les gens, et plus j'aime mon chien.

1. **Comment dire?** Does English have ways of expressing the nuances coded by the choice of **savoir** or **connaître** in French? What is the best way to translate these examples taken from French websites?

> Ben oui tout est dans le titre, «Je connais rien à la politique.» ... je connais rien à tout ça.

> À cet instant elle savait qu'elle l'aimait. (L'amour sans décodeur)

> Sartre, *je connais!*
> Gérard Lemarié
> Une approche originale de la vie et de l'œuvre littéraire et philosophique du père de l'existentialisme.
> ISBN: 2-84372-017-6
> 80 pages

> Paul Éluard, poète de l'avant-garde et ami des cubistes, dadaïstes et surréalistes, est né le 14 octobre 1895. En 1913, il a rencontré sa première femme, une jeune Russe, Helena Diakonova qu'il appelait Gala. Éluard a publié son recueil *Premiers Poèmes* la même année. La grande guerre a beaucoup touché le poète. Il a connu le front en 1917 et il a fini la guerre avec des nouvelles idées pacifistes.

> Je sais les hivers, je sais le froid
> Mais la vie sans toi, je sais pas (Chanson de Céline Dion)

2. **À vous.** What does it mean to translate something from one language to another? What about various translation software programs / websites? Do they help? How or why not? Does a career as a translator sound like something you might like?

Vocabulaire facultatif

Noms
un amant *(male) lover*
un(e) complice *accomplice*
un conseiller conjugal *marriage counselor*
une famille nombreuse *big family*

des jeunes mariés *(m. pl.) newlyweds*
une maîtresse *lover, mistress*
un mensonge *lie*
un voyage de noces *honeymoon*

Verbe
bronzer *to tan*

Adjectif
bronzé(e) *tan(ned)*

Divers
attraper un coup de soleil *to get sunburned*
avoir une aventure (amoureuse) *to have a (love) affair*
élever un enfant *to raise a child*

être facile (difficile) à vivre *to be easy (difficult) to live with*
raconter des histoires *to tell stories (not true)*

Le français familier
baratiner (qqn) *to sweet-talk someone*

se magner = se dépêcher

Leçon 17

Une soirée devant la télévision

Activités de vocabulaire

A. De quoi parle-t-on? Complete each sentence with an appropriate word or expression.

1. Marion Cotillard joue dans des films. C'est une _____ française.

2. Les émissions de Jacques Cousteau étaient souvent des _____ sur la mer.

3. *La petite maison dans la prairie* est une vieille _____ américaine que les Français aimaient bien.

4. *E.T.* est un film de _____, *Le Vendredi treize* est un film d'_____, *Crocodile Dundee* est un film d'_____, *Pearl Harbor* est un film de _____ et *Casablanca* est un film d'_____.

5. Claire Chazal est une journaliste célèbre de la télévision française. C'est une _____ de la télévision.

6. Shakespeare a écrit beaucoup de _____.

7. On regarde les _____ pendant le journal télévisé.

8. Les films de Laurel et Hardy sont _____, les films de Rambo sont des films _____ et les tragédies grecques sont toujours _____.

9. Édith Piaf était une _____ française qui chantait des chansons tristes.

10. *Un livre un jour* est un magazine _____ où on parle des livres qui viennent d'être publiés et *Qui veut gagner des millions?* est un _____ où on peut gagner beaucoup d'argent si on peut répondre à des questions.

B. Les familles de verbes: quel verbe? Complete each sentence with one of the following verbs in the tense indicated.

permettre / promettre / apprendre / comprendre / surprendre / revenir / devenir

1. Ils ont l'air fatigué. Ils _____ à quelle heure? (passé composé)

2. Je t(e) _____ de sortir, mais tu dois rentrer à minuit, d'accord? (présent)

3. Tu n(e) _____ rien? Tu n'as pas étudié, n'est-ce pas? (présent)

4. Son mari l(a) _____ avec un autre homme et il veut divorcer. (passé composé)

5. Si tu es sage, je t(e) _____ un beau cadeau! (présent)

6. Après cinq ans à New York, Anne _____ américaine. (passé composé)

7. Alex et Manon _____ l'anglais parce qu'ils vont en vacances à New York et à

San Francisco. (présent)

8. Nous _____ à skier à 8 ans et nous skions très bien. (passé composé)

9. Quand nous étions petits, nos parents ne nous _____ pas de sortir le soir.

(imparfait)

10. _____ avant minuit ou vous ne pouvez plus sortir! (impératif)

C. Vu à la télévision. Here are programs seen on French or Francophone television.

1. Write down the kind of program for each item: **une émission (pour, sur)…, un magazine (sur, de)…, un film (de)…, une série…, un documentaire (sur)…,** etc.

Télématin (France 2)

Informations, météo et toutes les rubriques que vous aimez: cuisine, santé, emploi, voyages, mode, jardinage, etc. Rendez-vous tous les matins au petit déjeuner entre 6h30 et 8h30.

_____

À la di Stasio (Télé-Québec)

Visites de grands chefs, recettes de famille, spécialités culinaires régionales, cuisines du monde: Josée di Stasio vous fait partager sa passion.

_____

Babar (Tiji, France)

Les aventures du petit éléphant Babar, de sa femme Céleste et de leurs enfants.

_____

Stade Africa (TV5, télévision francophone)

Athlètes, événements, résultats… Tout le sport africain, présenté par Joëlle Edégédé Ndong.

_____

Les Oiseaux, d'Alfred Hitchcock (États-Unis, 1963) avec Tippi Hedren, Rod Taylor, Suzanne Pleshette (Arte)

Des oiseaux attaquent et terrorisent les habitants d'une petite ville californienne.

_____

Vie Privée Vie Publique (France 3)

Mireille Dumas rencontre des hommes et des femmes, célèbres ou non, qui partagent une même expérience, comme par exemple: avoir provoqué un scandale, avoir changé complètement de vie, avoir des parents célèbres, avoir souffert quand ils étaient enfants…

_____

Faut pas rêver (France 3)

Voyagez dans le monde entier *(the whole world)* avec Laurent Bignolas et découvrez comment on vit ailleurs *(elsewhere)* que chez vous.

_____

30 millions d'amis (France 3)

Chiens, chats, oiseaux, poissons et autres... Retrouvez-les tous sur 30 millions d'amis!

_____

Questions pour un champion (France 3)

Rapidité et bonnes connaissances générales, voilà ce qu'il vous faut pour gagner dans cette émission animée par Julien Lepers.

_____

Fille du Vietnam, fille d'Amérique (France 2)

En 1975, la petite Yep, 7 ans, quitte son Vietnam natal pour être adoptée en Amérique. À 22 ans, Yep, devenue Heidi, décide de retourner au Vietnam pour retrouver sa mère biologique. Réalisateurs: Gail Dolgin et Vicente Franco, États-Unis.

_____

La vie est un long fleuve tranquille, d'Étienne Chatiliez (France, 1988) avec Hélène Vincent, Christine Pignet, André Wilms, Benoît Magimel.

Deux mondes différents se rencontrent dans cette satire très drôle de la société française. Les familles Le Quesnoy et Groseille n'ont rien en commun: les Le Quesnoy sont riches, bourgeois et conservateurs, les Groseille sont pauvres, débrouillards et vulgaires. Ils ne devaient jamais se rencontrer, mais il y a une douzaine d'années, une infirmière a échangé un bébé Le Quesnoy contre un bébé Groseille à l'hôpital...

_____

2. What program do you want to watch? Why?

_____

_____

3. What program do you not want to watch? Why?

_____

_____

D. Maigret chez les Flamands. Read the description of the following French **série** and give the names of the characters according to the description. Some of the characters appear more than once.

Maigret chez les Flamands. Série policière française avec Bruno Cremer, Alexandra Vandernoot, Sabrina Leurquin, Pierre Dherte, Gérard Darier.

Des commerçants flamands, les Peeters, demandent à l'inspecteur Maigret de faire une enquête sur Germaine Piedbœuf. Germaine dit que Joseph Peeters, le fils des commerçants, est le père de son bébé et elle essaie d'arrêter le mariage entre Joseph et sa fiancée Marguerite Van de Weert. Un jour, Germaine disparaît. Les Peeters sont-ils coupables? L'inspecteur ne trouve rien contre eux jusqu'au jour où on retrouve le corps de la jeune femme dans la Meuse...

1. C'est l'inspecteur qui fait l'enquête: _____

2. Ils ont un magasin: _____

3. Ils veulent se marier: _____ et _____

4. Elle a un bébé et le père du bébé veut se marier avec quelqu'un d'autre: _____

5. C'est la victime (on retrouve son corps dans la Meuse): _____

6. Ce sont les suspects: _____

Activités de structure

Le pronom *en*

A. Remplacez! Rewrite the sentences replacing the words in italics with **en**.

1. Vous n'avez pas peur *de la grammaire française*?

   _____

2. Il y a dix *chats* sur le lit!

   _____

3. Xavier ne veut pas acheter *de voiture* maintenant.

   _____

4. Il y avait beaucoup *d'Américains* à Paris cet été.

   _____

5. Tu as acheté un *ordinateur*?

   _____

6. J'apporte *du fromage,* d'accord?

   _____

7. Vous n'avez pas besoin *de votre voiture* ce soir?

   _____

8. Jean-Paul boit trop *de vin*.

   _____

B. Il y a trop de noms! Replace the nouns in italics with a pronoun (subject, stress, direct object, indirect object, or **en**).

1. Tu as connu *Jacqueline*?

   _____

2. J'aime *les films d'aventures* et je regarde souvent *des films d'aventures*!

   _____

3. *Albert* n'utilise jamais *de déodorant*.

   _____

4. Alexandre a dit *à Pauline* qu'il aimait *Pauline*.

   _____

5. C'est *Vincent*! *Vincent*? Je ne veux pas voir *Vincent*! J'ai parlé *à Vincent* hier!

   _____

6. *Marie* a regardé trop *de films d'horreur* et maintenant, elle a peur le soir!

   _____

7. Est-ce que tu as dit merci *à la dame*?

   _____

8. Je ne veux pas partir sans *David et Claire*!

   _____

9. Il n'y a pas *d'arbres* dans mon jardin.

   _____

10. Je voudrais manger une *glace*.

    _____

L'imparfait et le passé composé

C. Un dimanche. Complete each sentence using the **passé composé** or the **imparfait** of the verb in parentheses.

C(e) _____ (être) un dimanche matin du mois de juin. J(e) _____ (avoir) seize ans et j(e) _____ (être) très malheureuse parce que j(e) _____ (avoir) un examen de maths le lundi suivant *(the next Monday)* et j(e) _____ (devoir) étudier. J(e) _____ (devoir) aussi aller manger avec mes parents chez Tante Joséphine. Mais moi, j(e) _____ (vouloir) sortir avec mes copains et surtout, j(e) _____ (vouloir) voir Pierre. Il _____ (être) très beau et très gentil et je l(e) _____ (aimer) beaucoup. J(e) _____ (vouloir) aller au ciné avec lui. Je n(e) _____ (vouloir) pas étudier et je n(e) _____ (vouloir) pas aller chez Tante Joséphine. C(e) _____ (être) trop ennuyeux. J(e) _____ (être) dans ma chambre et j(e) _____ (pleurer) quand j(e) _____ (entendre) le téléphone. J(e) _____ (répondre) tout de suite. C(e) _____ (être) Pierre. Est-ce qu'il _____ (pouvoir) venir chez moi? Il _____ (vouloir) étudier pour l'examen. Papa _____ (dire) oui. Alors, Pierre _____ (venir) et nous _____ (pouvoir) étudier dans la salle de séjour. À midi, Pierre _____ (devoir) partir parce que j(e) _____ (devoir) aller chez tante Joséphine, mais nous _____ (pouvoir) rester un moment tout seuls. Alors, il m(e) _____ (regarder) et il m(e) _____ (embrasser). J(e) _____ (être) très heureuse tout à coup.

D. Un rêve. Anne had a strange dream last night. Complete her description by putting the verbs in the **passé composé** or the **imparfait**.

J(e) _____ (marcher) toute seule dans une grande forêt sombre. Tout à coup, il y _____ (avoir) un orage *(thunderstorm)* violent. Alors, j(e) _____ (avoir) très peur et j(e) _____ (chercher) un abri *(shelter)*. Il y _____ (avoir) une petite maison au bord d'un lac. J(e) _____ (regarder) par la fenêtre et j(e) _____ (voir) une vieille femme qui _____ (boire) du café. Alors, j(e) _____ (entrer) parce que j(e) _____ (vouloir) avoir du café, moi aussi. La vieille femme m(e) _____ (regarder), mais elle _____ (ne rien dire). Alors, j(e) _____ (demander) si j(e) _____ (pouvoir) avoir un peu de café parce que j(e) _____ (avoir) froid. Mais elle _____ (ne pas vouloir)! Elle _____ (prendre) sa tasse et elle _____ (sortir) sans me regarder. Et moi, j(e) _____ (rester) seule, sans café. J(e) _____ (attendre) la fin de l'orage et puis j(e) _____ (partir). La forêt _____ (ne plus être) sombre, il y _____ (avoir) du soleil et les oiseaux _____ (chanter). Finalement, j(e) _____ (arriver) au village et j(e) _____ (trouver) une chambre chez un vieux couple. Mais quand je leur _____ (parler) de la maison dans la forêt, on m(e) _____ (dire) qu'il _____ (ne pas y avoir) de maison et que personne n(e) _____ (connaître) la vieille femme. Alors, je _____ (se réveiller) et j(e) _____ (savoir) que c(e) _____ (être) un rêve.

E. Une mystérieuse disparition à Cinet. Read the story below to find out about one of the mysterious things going on in Cinet. Then use the information to write a report summarizing the inspector's conclusions. If you want, look at the map of Cinet in **Leçon 11** of your textbook for more information on the setting.

C'est le 13 novembre. Le facteur a disparu depuis 3 jours. Sa femme est inquiète et il n'y a plus de courrier dans la ville de Cinet… Catastrophe!! Les habitants pensent que c'est un meurtre. L'inspecteur Laverdure doit retrouver l'assassin. L'inspecteur Laverdure part du commissariat. Sur son chemin, il pose des questions aux habitants.

Selon le banquier, l'assassin porte un chemisier blanc. Le banquier a déclaré: «L'assassin a pris le quai des Lilas, puis il a tourné à gauche, rue du Commerce.»

Selon le cafetier *(café owner)*, l'assassin a pris un apéritif à la terrasse du café vers onze heures et demie du matin. L'assassin a des lunettes de soleil. Le cafetier a ajouté: «L'assassin a continué rue du Commerce puis a tourné à gauche, rue Jeanne d'Arc.»

À onze heures cinquante-trois, l'assassin a acheté deux valises, des chaussettes, des sous-vêtements, deux chemises et une paire de sandales Chez Cléo. Le vendeur a dit: «Il a tourné à droite rue des Américains puis encore à droite rue Jeanne d'Arc.»

«Il a fait une pause dans mon resto. Il a mangé une salade au chèvre chaud puis il a pris du filet de bœuf avec des légumes sautés comme plat principal. Il a aussi pris une bouteille de vin parce que ça va bien avec la viande rouge. Pour finir le vin, il a pris du fromage: du gruyère, du comté et du reblochon. Pour finir son fromage, il a repris un peu de vin. En dessert, il a pris une crêpe au chocolat fondu avec de la glace à la vanille. Il a bu son café et a demandé l'addition», a déclaré le restaurateur.

«L'assassin a pris l'avenue Foch puis a tourné à droite, rue Lafayette, jusqu'au jardin public.» Le curé pense que l'assassin a fait une sieste dans le parc, puis il est parti en direction de la gare. Selon l'hôtelier, l'assassin a rencontré le facteur à une heure et quart de l'après-midi.

L'inspecteur est près du but. Il doit encore interroger l'agent de la SNCF qui est en grève ce 13 novembre: «Un meurtre?? N'importe quoi! L'institutrice et le facteur sont partis main dans la main avec deux valises. Ils ont pris le train de treize heures quarante-trois pour Nice!!!»

Commissariat de police, ville de Cinet
Rapport

Inspecteur Laverdure

_____

_____

_____

_____

_____

_____

_____

_____

_____

(Thank you to Laurine Caute and Jérôme Hiernard, from the University of Iowa, who have developed this activity.)

Les verbes *croire, suivre* et *vivre*

F. Quel verbe? Complete each sentence with **croire**, **suivre**, or **vivre** in the tense indicated.

1. Nous _____ que tu partais aujourd'hui. (imparfait)

2. Quels cours _____-vous cette année? (présent)

3. Madame Calment _____ plus de 120 ans. (passé composé)

4. Quand j'étais petit, je _____ mon frère partout. (imparfait)

5. Mes enfants ne _____ plus au Père Noël. (présent)

6. On sait que tu ne dis pas la vérité et on ne te _____ pas! (présent)

7. Mes parents _____ à Toulouse, mais moi, je _____ à Paris. (présent)

8. Il y a quelqu'un qui me _____ tous les jours quand je sors de la maison et je n'aime pas ça du tout. (présent)

9. Marc et Josiane_____ que nous n'allions pas venir et ils sont partis sans attendre. (passé composé)

10. Je pars le premier et tu me _____, d'accord? (présent)

Thème et version

A. Version. Put the following into normal, natural English.

Quand nous étions petits, mon frère et moi allions toujours en vacances chez Oncle Charles. On s'amusait bien parce qu'il habitait une ferme dans le sud de la France et que nous pouvions jouer à l'extérieur toute la journée avec nos cousins et les animaux. Mais une année, nous avons dû rester à la maison parce qu'Oncle Charles était malade. Cet été-là, nous avons été très malheureux, mon frère et moi.

_____

_____

_____

_____

_____

_____

B. Thème. Put the following into French.

1. There's a program about (on) Sydney on television tonight.

_____

2. Who gave you permission to come in?

_____

3. I wasn't hungry, but when I saw all the desserts on the table, I got hungry!

_____

4. Nobody liked the movie, not even my mother!

_____

Et pour finir

Les informations de l'université. Prepare a one-minute radio newsbreak for the French-speaking population of your school.

PHRASES: Sequencing events

Self-assessment. Make a list of four elements that would contribute to making your presentation a real newsbreak for this particular population.

1. _____

2. _____

3. _____

4. _____

1. Les nouvelles importantes. Make a list of the five most important events of the past few days—local, regional, national, or international.

_____

_____

_____

_____

_____

2. Des détails. For each news item, write some interesting details (when, where, what, why, etc.).

_____

_____

_____

_____

_____

3. Flash info. Put all your information together and write a one-minute newsbreak for a school radio in French. Make sure you address the interests and the queries of your audience.

_____

_____

_____

_____

_____

_____

_____

_____

_____

_____

_____

_____

_____

Évaluation. Before you deliver your newsbreak, check the four elements you thought would contribute to making a good newsbreak. Revise to include what you have forgotten or not made clear.

Découvertes linguistiques

Voilà six ans que HOP IL A EU PEUR a sorti le bout de son nez et a commencé à s'épanouir dans l'univers musical.

50% funk + 50% ska = 100% fiesta

1. Who is **HOP IL A EU PEUR?** Can you come up with a good translation?

2. **Comment dire?** Work to find as polished a translation as possible of the French texts below. Pay attention to verb tenses. Why do you think the authors chose the verb forms they did? What's the best way to translate the passages into English while preserving the original meaning?

> **Un succès triomphal au box-office**
>
> Sorti sur les écrans en 1969, *Il était une fois dans l'Ouest (Once upon a time in the West)* a été un immense succès en Italie et dans toute l'Europe, mais c'est en France que le film de Sergio Leone a eu le plus d'impact. À la première place du box-office de cette année-là et de la décennie, il a été vu par près de 15 millions de spectateurs. C'est le troisième plus grand succès de l'histoire du cinéma en France, derrière *Titanic* et *La Grande Vadrouille.*

> Dès le début vous avez toujours bien expliqué aux enfants qu'ils avaient été adoptés? [Oui] Il a fait une crise à une époque qui s'est résolue avec la mort de son arrière-grand-père. Il a pu comprendre qu'on pouvait aimer les gens sans les voir. Il a réalisé qu'il pouvait cultiver cet amour, en regardant des photos, en chantant les chansons qu'il chantait. [...] Il avait le droit de nous aimer et il ne nous décevait pas en aimant des gens qu'il ne voyait pas, ses parents biologiques. En sachant qu'il avait un autre papa, une autre maman, il pouvait cultiver cet amour.

> **L'avis des élèves**
>
> Rachel Hausfater-Douieb. Rachel a voulu être écrivain le jour où elle a eu 10 sur 10 en orthographe. Elle a écrit plusieurs livres mais seuls sept ont été édités. *La Danse interdite* devait parler d'amour et pas de déportation, mais c'est venu tout seul en écrivant. Elle voulait donner un titre juif mais cela n'allait pas alors elle a imaginé que cet amour était une danse.

3. **À vous!** How difficult is it to produce a polished translation? What do you think it would be like to be a simultaneous interpreter or to work as a professional translator? Does translating have a place as a strategy in learning a second language?

Vocabulaire facultatif

(Voir aussi le vocabulaire facultatif de la Leçon 14)

Noms

un accident (d'avion, de train, de voiture) *(plane, train, car) accident (crash)*

un assassinat *assassination*

une attaque *attack*

un auditeur, une auditrice *listener*

les auditeurs *(m. pl.) listening audience*

une bombe *bomb*

un cambriolage *burglary*

une catastrophe (naturelle) *(natural) catastrophe*

une comédie musicale *musical comedy*

un conte (un conte de fée) *tale (fairy tale)*

un détournement d'avion *airplane hijacking*

la drogue *drug (illegal)*

un écran (plat) *(flat) screen*

un épisode *episode*

une explosion *explosion*

un feu (de forêt) *(forest) fire*

un feuilleton *soap opera*

un film doublé *dubbed film*

un film en version originale *foreign film (in its original language)*

un film sous-titré *film with subtitles*

un incendie *fire*

une inondation *flood*

un orchestre *orchestra*

un présentateur, une présentatrice *host, hostess*

une prise d'otage *hostage capture*

un raz-de-marée (un tsunami) *tidal wave (tsunami)*

la sexualité *sexuality*

un téléfilm *made-for-television movie*

la téléréalité *telereality*

un téléspectateur, une téléspectatrice *TV viewer*

les téléspectateurs *(m. pl.) viewing audience*

un téléviseur *television set*

le terrorisme *terrorism*

un(e) terroriste *terrorist*

une tragédie *tragedy*

un tremblement de terre *earthquake*

la violence *violence*

un vol *theft*

Adjectif

régional(e), régionaux (régionales) *regional, local*

Verbes

attaquer *to attack*

exploser *to explode*

prendre en otage *to take hostage*

voler *to steal*

Divers

Au feu! *Fire!*

Au secours! *Help!*

Au voleur! *Thief!*

le grand écran *big screen (= cinema)*

le petit écran *small screen (= television)*

Le français familier

piquer = voler

en V.O. = en version originale

Leçon 18

Le tour du monde en 365 jours

Activités de vocabulaire

A. Quatre types de voyages. Divide the following words into four categories according to the type of trip they are associated with.

aéroport / billet / faire de l'auto-stop / conduire / hôtesse de l'air / compartiment / pilote / place / TGV / gare / route / passeport / carte / quai / guichet / bagages / steward / croisière / taxi / faire le tour du monde

1. voyage en bateau: _____

_____

2. voyage en voiture: _____

_____

3. voyage en train: _____

_____

4. voyage en avion: _____

_____

B. L'heure, c'est l'heure! Say if the following people tend to be early, late, or on time. Use à l'heure, en avance, en retard, tôt, or tard.

1. Quand Florence doit arriver à huit heures, elle arrive à huit heures et demie. Elle est toujours

_____.

2. Mathieu se lève à six heures du matin tous les jours. Il se lève _____.

3. Quand on prend l'avion, il faut toujours arriver _____ à l'aéroport.

4. Je ne peux pas me réveiller le matin parce que je me couche toujours très _____

le soir.

5. Soyez _____ ou nous commençons sans vous!

C. En voyage. Everyone is traveling! Complete each sentence with à, au, en, or aux.

1. Éric va _____ Rio de Janeiro, _____ Brésil.

2. Suzanne va _____ Chine.

3. Sean va _____ France et _____ Suisse.

4. Micheline va _____ Sénégal.

5. Didier va _____ Sydney et _____ Melbourne, _____ Australie.

6. Stéphane va _____ Canada et _____ États-Unis pour rendre visite à des amis.

7. Jennifer va _____ Mexique, mais son petit ami Josh va _____ Israël.

D. Où? Madame Petit, a travel agent, is very busy answering the questions of French tourists. Help her out. Do not repeat yourself.

Modèle: Où se trouve Santa Barbara?
En Californie.

1. Où se trouve Baton Rouge?

   _____

2. Où se trouve Berlin?

   _____

3. Où se trouve Kyoto?

   _____

4. Où se trouve Saint-Pétersbourg?

   _____

5. Où se trouve la Cité Interdite?

   _____

6. Où se trouve le Vatican?

   _____

7. Où se trouve le Taj Mahal?

   _____

8. Où se trouve Marrakech?

   _____

E. On va tous à Cannes. A group of French friends is meeting in Cannes for their vacation, all using various means of transportation. Say how they're going.

1. Marc habite à Paris. Il a peur des avions et il déteste conduire. Il va à Cannes

   _____.

2. Alex habite à Bruxelles et il n'a pas beaucoup de temps. Il descend à Cannes _____ parce que c'est plus rapide que la voiture ou le train.

3. Virginie habite à Nice. Elle va à Cannes _____ parce qu'elle vient d'acheter une petite Renault.

4. Marie-Laure habite à Casablanca et elle n'a pas de voiture. D'abord, elle va en Espagne _____ parce qu'elle n'aime pas l'avion. Après, elle va aller à Cannes _____, comme Marc. Mais son voyage va être beaucoup plus long!

F. Le contraire. Give the opposite of each word or expression.

1. lentement _____

2. rapide _____

3. plein _____

4. être assis _____

5. léger _____

G. Quel verbe? Complete each sentence with one of the following verbs or expressions in the tense indicated.

conduire / emporter / louer / manquer / passer / rendre visite à / visiter / traverser / espérer / découvrir

1. Il y a de la neige. Ne _____ pas trop vite! (impératif)

2. Quand mes parents sont allés à Marseille, ils _____ l'oncle Jules. (passé composé)

3. Nous _____ notre train et nous sommes arrivés en retard. (passé composé)

4. J(e) _____ toute l'Australie en voiture! (passé composé)

5. Si tu vas aux États-Unis, _____ New York et San Francisco! (impératif)

6. Quand vous êtes allés à Montréal de Chicago, est-ce que vous _____ par Toronto ou par Buffalo? (passé composé)

7. L'été dernier, nous _____ une maison en Italie. (passé composé)

8. Quand nous voyageons en avion, nous _____ un sac et c'est tout. (présent)

9. C'est vrai que les Américains _____ à seize ans? (présent)

10. Vous savez qui _____ la radioactivité? (passé composé)

11. Christelle _____ que Lionel va lui téléphoner. (présent)

12. Nous _____ huit jours à la mer. (passé composé)

H. Arnaud achète tout! Arnaud is buying things in a department store. Complete with a form of **ce.**

Bon, j'achète _____ pantalon, _____ chemise et _____ chaussures. J'achète aussi _____ appareil photo, _____ lunettes de soleil, _____ livre et _____ télévision. Est-ce que j'ai assez d'argent?

I. Quelle est la question? You have the answer. Ask the question using a form of **quel.**

1. —_____
   —Il est huit heures.

2. —_____
   —Nous mangeons à sept heures.

3. —_____
   —Je vais acheter une Mercedès.

4. — _____

—Je préfère le bleu.

5. — _____

—Il fait très beau!

J. Quel ou qu'est-ce que? Complete each question with a form of **quel** or **qu'est-ce que.**

1. _____ tu cherches?

2. _____ émissions est-ce que vous avez regardées hier?

3. _____ est la vérité?

4. _____ vous voulez?

5. _____ train prenez-vous?

Activités de structure

Le futur

A. Demain sera différent. Everybody will do something else tomorrow. Say so by rewriting each sentence in the future.

Modèle: Aujourd'hui, Pierre ne travaille pas.
Mais demain, il travaillera.

1. Aujourd'hui, je n'écris pas sur mon blog.

Mais demain, _____ .

2. Aujourd'hui, nous ne finissons pas nos devoirs.

Mais demain, _____ .

3. Aujourd'hui, vous ne sortez pas.

Mais demain, _____ .

4. Aujourd'hui, tu ne peux pas t'amuser.

Mais demain, _____ .

5. Aujourd'hui, tu ne sais pas nager.

Mais demain, _____ .

6. Aujourd'hui, Patrick ne voit pas son professeur.

Mais demain, _____ .

7. Aujourd'hui, les Thonon ne sont pas chez eux.

Mais demain, _____ .

8. Aujourd'hui, vous ne vous levez pas à sept heures.

Mais demain, _____ .

9. Aujourd'hui, nous n'essayons pas de finir notre travail.

Mais demain, _____.

10. Aujourd'hui, je ne me sèche pas les cheveux.

Mais demain, _____.

11. Aujourd'hui, Marc et Sophie ne font pas la cuisine.

Mais demain, _____.

12. Aujourd'hui, je ne viens pas vous voir.

Mais demain, _____.

13. Aujourd'hui, Catherine ne va pas à la plage.

Mais demain, _____.

14. Aujourd'hui, tu ne me réponds pas.

Mais demain, _____.

15. Aujourd'hui, je n'ai pas de voiture.

Mais demain, _____.

16. Aujourd'hui, tu ne me crois pas.

Mais demain, _____.

B. Des vacances à l'Hôtel Salako, à la Guadeloupe. Céline and Sébastien are going to spend a week at the Hotel Salako in Guadeloupe. Read the hotel brochure on the following page and make a list of the things they will probably do while they are there. Use the following verbs in the future tense at least once: **rester, coûter, avoir, prendre, manger, boire, se reposer, se lever, se coucher, se promener, acheter, faire, jouer, aller, danser, voir, envoyer, être.** Add details and do not forget to link sentences within your text with words like **et, mais, donc, parce que, alors, bien sûr,** etc.

Ils partiront le 12 février... _____

_____

_____

_____

_____

_____

_____

_____

_____

_____

_____

_____

GUADELOUPE
SÉJOUR _____

GOSIER

Le Salako est voisin de la Créole Beach – les deux hôtels communiquent par les plages – et est géré par le même groupe.
Véritable hôtel de loisirs axé sur les activités sportives dans la journée et l'animation à thème en soirée.

LE SALAKO ~~~

Situation :
Sur la commune de Gosier, à 6 km de Pointe-à-Pitre, au lieu-dit la Pointe de la Verdure, où sont regroupés plusieurs grands hôtels. Le centre du bourg de Gosier est à 2 km.

Portrait :
Hôtel géré par le Groupe Leader.
Il est situé dans un jardin tropical, face à une belle plage de sable bordée de cocotiers.
Les 120 chambres, dont certaines communicantes, sont réparties sur 5 étages et desservies par ascenseur. Les chambres, à grand lit ou lits jumeaux, ont toutes vue latérale sur mer. Climatisation, balcon, TV couleur, téléphone direct, mini-bar, salle de bains et WC.
Restaurant « Le Saintois » pour petit déjeuner américain en buffet et dîner selon menu.
Buffets à thème certains soirs.
Le forfait en demi-pension comprend le petit déjeuner et le dîner avec boissons (vin et eau minérale).
Pizzeria/snack-bar « Chez Charlyse » sur la plage, bar « Le Saintois », boutique, coffres-forts à la réception, service de blanchisserie, Kid's club pour les enfants de 4 à 12 ans, 6 jours sur 7, pendant les vacances scolaires. Salles de conférences.

Loisirs (gratuits) :
Plage de sable aménagée, piscine d'eau douce, bassin pour enfants, jeux de piscine, initiation à la plongée en piscine, pédalos, petit matériel de plongée libre, planche à voile (une heure par jour, large gamme de planches). Tennis le jour (4 courts) volley-ball, minigolf, pétanque, ping-pong, tir à l'arc, jeux de société.

Club de gymnastique 7 jours sur 7 : musculation, tonification, expressiv'gym, harmonic'gym, jazz, baby-judo, steps, danse, stretching, aérobic.

Cocktail de bienvenue et de Direction chaque semaine, jeux apéritifs, soirées à thème, soirées dansantes, ballet folklorique, limbo.

(Avec participation) : Plongée sous-marine, pêche au gros, jet ski et scooter des mers (permis obligatoire), ski nautique sur la plage de la Créole Beach, Hobbie cat 16 et 21, canoë, balades en mer. Tennis le soir, leçons de tennis, billard.

ATOUT REV
Boissons incluses aux dîners.
Animation de la journée antillaise avec déjeuner, incluse sans supplément.
Mini-club enfants (à partir de 4 ans) en période de vacances scolaires.

Le pronom *y*

C. Des projets. Everybody is doing something different this afternoon. Rewrite each sentence, replacing the words in italics with y.

1. Véronique et Bruno sont *sur la plage*.

   _____

2. Julien ne veut pas répondre *à ses emails* aujourd'hui.

   _____

3. Patrick va mettre une piscine *dans son jardin*.

   _____

4. Amélie et Christophe ne mangent pas *au restaurant* ce soir.

   _____

5. Mon chat a apporté un oiseau *sous mon lit*.

   _____

6. Jean-Pierre n'est pas parti *en Espagne*, il a trop de travail.

   _____

D. Et vous? Answer the following questions, using the pronoun y.

1. Êtes-vous allé(e) en vacances au Québec?

   _____

2. Allez-vous à la bibliothèque à pied ou en voiture?

   _____

3. Aimez-vous aller au cinéma?

   _____

4. Est-ce qu'on met des frites dans un réfrigérateur?

   _____

5. Êtes-vous monté(e) à la tour Eiffel?

   _____

6. Vivez-vous à la campagne?

   _____

Récapitulation: les pronoms

E. Il y a trop de noms. Replace the words in italics with pronouns.

1. Laurence, tu réponds *au téléphone*?

_____

2. Pourquoi est-ce que tu n'as pas répondu *à ta mère*?

_____

3. Je pense que *Delphine* va *au Canada* avec *Christophe*.

_____

4. *Les Thompson* viennent *de New York*.

_____

5. Hier, j'ai écrit *aux Dubois* que j'irai chez *les Dubois* en juillet.

_____

6. Nous allons *à Rome* le deux août et nous partons *de Rome* le cinq août.

_____

7. Je voudrais mettre des fleurs *sur mon balcon*.

_____

8. Quand je suis allé(e) *à Dallas*, j'ai acheté deux *chapeaux de cow-boy*.

_____

F. L'esprit de contradiction. M. Devrée is constantly contradicting himself. Here are some things he told his children to do yesterday. Say what he said next, replacing the words in italics with pronouns.

Modèle: Mange *de la glace*!   Ne regarde pas *la télévision*!
      Non, n'en mange pas!   *Si, regarde-la!*

1. Envoie un email *à ta grand-mère*!

Non, _____!

2. Ne *me* réponds pas!

Si, _____!

3. Achète *de la bière*!

Non, _____!

4. Embrasse-*moi*!

Non, _____!

5. Ne va pas *à la plage* aujourd'hui!

Si, _____!

6. Ne téléphone pas *à tes copines*!

Si, _____!

7. Ne mange pas *de frites*!

Si, _____!

8. Ne *te* promène pas maintenant!

Si, _____!

9. Emmène ta petite sœur *en ville*!

Non, _____!

10. Ne parle pas *de tes problèmes*!

Si, _____!

11. Regarde-*toi* dans le miroir!

Non, _____!

12. Suis *des cours de musique*!

Non, _____!

Thème et version

A. Version. Put the following into normal, natural English.

1. Vous avez de la place dans votre voiture? Vous m'emmenez?

_____

2. Je devais changer de train à Paris, mais mon premier train était en retard et j'ai manqué le train pour Toulouse.

_____

_____

3. Je me marierai quand j'aurai trente ans, pas avant!

_____

B. Thème. Put the following into French.

1. —Are you walking to the library?
   —No, I'm driving (there).

— _____

— _____

2. —Why aren't you flying to Canada?
   —Because I hate flying! I'd rather take the bus.

— _____

— _____

3. Today, I'm going to visit my grandmother.

_____

4. I don't work tomorrow. I hope the weather will be nice!

_____

Et pour finir

Le tour du monde. Jean-Pierre and Anne's trip gave you an idea—what about going around the world after graduation? But since you'll need some financial help, you have to persuade your (grand)parents!

VOCABULARY: Countries; Geography; Means of transportation; Traveling
GRAMMAR: Prepositions **à, en** with places
PHRASES: Writing a letter (informal); Persuading

Self-assessment. Prior to writing your letter, list the elements that will contribute to holding the attention, interest, and sympathy of your readers, and what you need to include to convince them.

1. _____
2. _____
3. _____
4. _____

1. Mon itinéraire. Look at a world map and decide on an itinerary that would make sense assuming you are leaving from your hometown. Write the names of the countries in the order you plan to visit them and the cities you will visit.

Pays	Villes
_____	_____
_____	_____
_____	_____
_____	_____
_____	_____

2. Des détails

a. **Étapes et moyens de transport:** How are you going to travel? Where are you going to stop? For how long? **(Exemple: New York–Paris: en avion. Paris, une semaine.)**

Moyens de transport	Durée du séjour *(stay)*
_____	_____
_____	_____
_____	_____
_____	_____
_____	_____

b. Pourquoi? Why are you going to each place? Write down one or two interesting things to do in each place.

Pays / Ville	Activités
_____	_____
_____	_____
_____	_____
_____	_____
_____	_____

3. **Ma lettre.** Now, write a nice letter to your (grand)parents. Start with a few general sentences, explain your plans in detail, and diplomatically ask for their blessing and some money! To write about projects and plans, you may want to use **aller** + infinitive, the future tense, verb expressions like **je voudrais** or **j'aimerais,** etc. To express wishes and need, keep in mind the expressions **avoir envie de** and **avoir besoin de.**

_____,
_____
_____
_____
_____
_____
_____
_____
_____
_____
_____
_____
_____
_____
_____
                                    _____,
                                    _____

Évaluation. Reread your letter. Check the four elements you thought were necessary to convince your readers. Revise your letter to change what was not sufficiently or not well enough expressed.

Découvertes linguistiques

La vue que l'on y a de Nice est remarquable. […]
Le chanteur Elton John ne s'y est pas trompé puisqu'il
a acquis l'immense villa jaune qui est au sommet…

1. **Quand les pronoms se multiplient.** How many personal pronouns can you fit into one English sentence? Make a list of pronouns in English (subject, object, reflexive). Then try to put as many pronouns as possible in one sentence.

2. **Et en français?** You have already considered the use of third-person direct and indirect object pronouns in the *Découvertes linguistiques* in **Leçon 14.** What about the pronoun **y**? Can it be used together with other pronouns in the same sentence? The table below summarizes occurrences of **y** + other non-subject pronouns in both a written French corpus *(Le Monde 2000)* and a spoken French corpus (Television Corpus). What tentative conclusions can you draw about (1) which pronouns occur with **y** and in what order and (2) the frequency of these constructions in French?

Y + non-subject pronouns in *Le Monde 2000* Corpus (30,781,744 words) and the Television Corpus (522,083 words). (Keep in mind that the two corpora are very different in size and that the only way to make any direct comparisons would be to calculate percentages.)

	Le Monde Corpus	Television Corpus
le/la/l' + y (l'y)	136	0
y + le/la/l'	0	0
se + y (s'y)	2 813	37
y + se	0	0
lui + y	0	0
y + lui	0	0
les + y	69	0
y + les	0	0
leur + y	1	0
y + leur	0	0
en + y	0	0
y + en	468	145

3. **À vous!** If you look at the *Appendice de Grammaire* in the back of *Voilà!,* you will find a table giving all the possible combinations of personal pronouns in French. Do you think that all these possibilities are equally frequent in spoken and/or written French? Is it more effective for you to learn these kinds of constructions by learning them as you come across them (as individual items) or to learn them by memorizing a table such as that in the *Appendice de Grammaire*?

Vocabulaire facultatif

Noms

une agence de voyages *travel agency*
un arrêt (d'autobus) *(bus) stop*
l'arrivée *(f.) arrival*
l'Atlantique (l'océan Atlantique [m.]) *Atlantic (Atlantic Ocean)*
une auberge de jeunesse *youth hostel*
le buffet de la gare *train station restaurant*
un bureau de change *money exchange*
une cabine *cabin*
un capitaine *captain*
une carte d'embarquement *boarding pass*
une ceinture de sécurité *seat belt*
un chariot (à bagages) *baggage cart*
un chauffeur *driver*
la classe affaires *business class*
la classe touriste *tourist class*
un comptoir *counter*
la consigne *luggage room; cloakroom*
le contrôle des passeports *passport control*
un contrôleur *conductor*
une correspondance *connection*
une couchette *bed in a sleeping car*
des écouteurs *(m. pl.) headphones*
une escale *stopover*
l'essence *(f.) gas(oline)*

un express *express train*
les grandes lignes *(f. pl.) major lines (train)*
la jungle *jungle*
une limousine *limousine*
le mal de l'air *airsickness*
le mal de mer *seasickness*
le Pacifique (l'océan Pacifique [m.]) *Pacific (Pacific Ocean)*
un panneau, des panneaux *sign*
un passage souterrain *passage under train tracks*
une place fumeurs / non fumeurs *smoking / non-smoking seat*
la police *police*
la porte d'embarquement *boarding gate*
la première classe *first class*
une salle d'attente *waiting room*
la sortie *exit*
une station-service *service (gas) station*
un ticket de quai *platform ticket*
un train de banlieue *surburban train*
un train direct *direct train*
un vol direct *direct flight*
un wagon *car (train)*
un wagon-lits *sleeping car*
un wagon-restaurant *dining car*

Les pays et les nationalités

l'Afrique du Sud *(f.) South Africa*
l'Argentine *(f.) Argentina*
   argentin(e) *Argentinian*
le Cambodge *Cambodia*
   cambodgien, cambodgienne *cambodian*
le Chili *Chile*
   chilien, chilienne *Chilean*
la Colombie *Colombia*
   colombien, colombienne *Colombian*
la Corée *Korea*
   coréen, coréenne *Korean*
la Côte d'Ivoire *Ivory Coast*
   ivoirien, ivoirienne *from the Ivory Coast*
le Pérou *Peru*
   péruvien, péruvienne *Peruvian*

la République Démocratique du Congo *Democratic Republic of the Congo*
   congolais(e) *from the Democratic Republic of the Congo*
la Suède *Sweden*
   suédois(e) *Swedish*
la Thaïlande *Thailand*
   thaïlandais, thaïlandaise *Thai*
la Tunisie *Tunisia*
   tunisien, tunisienne *Tunisian*
le Vietnam *Vietnam*
   vietnamien, vietnamienne *Vietnamese*

Verbes

attacher (sa ceinture) *to fasten (one's seat belt)*
atterrir (conj. like **finir**) *to land*
confirmer (un vol) *to confirm (a flight)*
déclarer *to declare*
décoller *to take off (plane)*
descendre (du train, de la voiture) *to get off*
    (a train); to get out (of a car)

enregistrer (les bagages) *to check (luggage)*
monter (dans le train, la voiture) *to get on*
    (a train), to get in (a car)
survoler *to fly over*
transporter *to transport, carry*

Adjectif

climatisé(e) *air-conditioned*

Divers

être (tomber) en panne *to have a breakdown*

Leçon  19

Le Tour de France

Activités de vocabulaire

A. Associations. What two words or expressions do you associate with the following?

Modèle: une région
le Nord, historique

1. un monument

   _____

2. un orage

   _____

3. une étoile

   _____

4. une forêt

   _____

5. un nuage

   _____

6. le centre-ville

   _____

7. un fleuve

   _____

8. la Normandie

   _____

9. un paysage

   _____

B. Votre ville. Where is your hometown?

Modèle: Par rapport à New York?
À l'ouest de New York.

Ma ville, _____, se trouve...

1. Par rapport à New York?

   _____

2. Par rapport à Miami?

_____

3. Par rapport à La Nouvelle-Orléans?

_____

4. Par rapport à Vancouver?

_____

C. Au Canada. There are a lot of people in Canada this summer! Complete each sentence using **gens, personne, on,** or **monde.**

1. Il y a du _____ au Canada cet été parce que le dollar canadien est bas.

2. Nous allons au Canada parce qu'_____ y parle français et anglais.

3. Les Canadiens sont des _____ très sympathiques.

4. Au Canada, je connais une _____ qui va me montrer Montréal.

5. _____ dit que les hivers sont très froids à Québec.

6. En été, à Montréal, tout le _____ se promène dans les rues le soir.

D. Les États-Unis. During his junior year in France, Sam was asked to talk about various regions of the United States. The model shows what he said about the northeast. What might he have said about other regions? What might he have said if he were from Canada (various regions)?

Modèle: *Dans le nord-est, il y a des grandes villes comme New York et Boston. Il y a aussi des montagnes où on peut faire du ski en hiver.*

Dans le sud, _____

_____.

Dans le centre-nord (le Midwest), _____

_____.

Dans le sud-ouest, _____

_____.

Dans le centre-ouest *(mountain states)*, _____

_____.

Sur la côte Pacifique *(west coast)*, _____

_____

E. Et chez vous? In a few sentences, describe your hometown: What region is it located in? Near what big city? What's the weather like? What's special about your region? Your hometown? Anything interesting to visit for tourists?

Je viens de _____. _____

_____

_____

_____

_____

_____

_____

_____

_____

Activités de structure

Le conditionnel

A. Soyez polis! Use the conditional to make these sentences more polite and less abrupt.

1. On veut manger!

_____

2. Je veux partir!

_____

3. Tu peux m'aider?

_____

4. Vous devez travailler!

_____

5. Jean-Luc doit acheter une voiture.

_____

6. Vincent et Thérèse peuvent venir, non?

_____

B. Complétez. Complete each sentence with the conditional of the verb in parentheses.

1. Si nous étions riches, nous _____ un billet de première. (prendre)

2. Si tu avais des vacances, où est-ce que tu _____? (aller)

3. Si vous vouliez, vous _____ (étudier) et vous _____. (réussir)

4. Si on travaillait plus vite, on _____ ce soir! (finir)

5. Si tes parents savaient la vérité, ils ne _____ pas contents! (être)

6. Ils _____ peur la nuit s'ils avaient un chien? (avoir)

7. Je _____ beaucoup si j'avais le temps. (lire)

8. S'il pouvait, Julien _____ à la montagne. (vivre)

9. Si vous aviez le temps, vous _____ à votre vieille tante plus souvent. (rendre visite)

10. Tu _____ mieux si tu allais un peu moins vite! (conduire)

11. Si je t'aimais, je te le _____. (dire)

12. Si nous avions assez d'argent, nous _____ une voiture de sport. (acheter)

C. Conditionnel ou imparfait? Complete each sentence with the conditional or the imperfect.

1. Si tu _____ (avoir) un chien, tu _____ (se promener) plus souvent.

2. S'ils _____ (aimer) leur maison, ils ne la _____ pas (vendre).

3. Je te _____ (détester) si tu _____ (partir) sans moi!

4. Nous _____ (prendre) l'avion si nous _____ (être) pressés.

5. Si vous lui _____ (parler), vous _____ (savoir) la vérité.

6. Si Jean-Michel _____ (vouloir), il _____ (pouvoir) trouver du travail.

7. Si vous _____ (dire) toujours la vérité, on vous _____ (croire)!

Avec des *si:* Les phrases avec *si*

D. Si jeunesse savait, si vieillesse pouvait... Suzanne Mabille often doesn't agree with her family, especially her uncle, Vincent Dubois. Complete their discussion, putting the verbs in parentheses in the appropriate tense (**présent, imparfait, futur, conditionnel**).

—Écoute, Suzanne. Soyons sérieux. Tu _____ (être) trop idéaliste. Si tu

_____ (travailler) pour gagner ta vie, tu serais plus réaliste.

—Mais non! C'est toi qui n(e) _____ (être) pas honnête. Si tu ouvrais les yeux, tu

_____ (voir) le monde comme il est... les problèmes et tout.

—Et toi, tu _____ (avoir) quel âge? 100 ans? Moi, je _____

(connaître) le monde mieux que toi. La vie n(e) _____ (être) pas facile et même si on

_____ (vouloir), on ne pourrait pas tout changer. Il y a des limites.

—Justement! Les limites! C(e) _____ (être) ça le problème. Si tu vois toujours les limites, tu

ne _____ (trouver) jamais de réponse!

—Oui, et toi si tu continues à chercher des réponses là où il n'y en a pas, moi je _____

(croire) que tu _____ (être) toujours malheureuse.

—Alors, moi, je _____ (préférer) être malheureuse!

—Bon, écoute. On _____ (discuter) trop. Si on _____ (aller) regarder

un peu la télé?

—Oncle Vincent!

Les pronoms relatifs *ce qui* et *ce que*

E. La déprime! Alceste is depressed. Nothing interests him anymore. Use **ce qui** or **ce que** to complete what he's saying to his psychologist.

Je ne sais pas _____ s'est passé, mais je suis très malheureux. Je ne sais plus _____

m'amuse, mais je sais très bien _____ m'énerve: mon métier, Candide, ma vie... Je n'aime

plus _____ je fais et je déteste _____ j'aimais avant. Est-ce que vous comprenez

_____ je dis? Je voudrais vraiment savoir _____ vous pensez de mes problèmes.

F. Les questions du psychologue. To understand Alceste's problems, the psychologist asks him questions. Complete with **ce qui, ce que, quel, qu'est-ce qui,** or **qu'est-ce que.**

1. _____ vous aimiez faire avant?

2. _____ vous amusait?

3. _____ métier faites-vous?

4. Je voudrais savoir _____ vous pensez de votre métier. Pourquoi est-ce qu'il vous énerve maintenant?

5. Et Candide? Est-ce que vous lui avez dit _____ se passe?

Thème et version

A. Version. Put the following into normal, natural English.

1. Chartres est une cathédrale du treizième siècle qui se trouve à 96 km au sud-ouest de Paris.

_____

_____

2. Le Château Frontenac est un hôtel célèbre qui se trouve au bord du fleuve Saint-Laurent à Québec.

_____

_____

3. Il y a trop de monde sur la Côte d'Azur en été, alors moi, j'aimerais mieux rester dans les collines de Provence.

_____

4. Moi, je pense que Paris est la plus belle ville du monde!

_____

B. Thème. Put the following into French.

1. Not one (a) cloud in the sky! We're lucky!

_____

2. I don't know what he thinks.

_____

3. If I were you, I wouldn't go to Nice in July.

_____

Et pour finir

Le Tour de... ? The Tour de France gave you an idea. Why not organize a bike tour around your own area? It need not be a bicycle race but should include sightseeing and a specific itinerary. You will write a summary of the event.

VOCABULARY: Geography; Directions and distance; Days of the week
GRAMMAR: Future tense
PHRASES: Sequencing events

Self-assessment. Think of four elements that are essential to making this event attractive and interesting and your description irresistible.

1. _____
2. _____
3. _____
4. _____

Follow these steps to organize your paper.

1. **D'où je viens.** Write descriptive sentences of your area. Include important cities and physical characteristics: mountains, hills, rivers, monuments, etc.

_____
_____
_____
_____
_____
_____
_____

2. **L'organisation.** Decide how many days the event will last and what its different stages (**étapes**) will be, including a few rest days (**jours de repos**). Indicate the chosen itinerary and give the reasons for your choice of stages. Use your notes from the previous section.

Étapes	Raisons
_____	_____
_____	_____
_____	_____
_____	_____
_____	_____
_____	_____
_____	_____

3. **L'événement.** You have been asked to write a news release for the Francophone world. Assemble in an organized fashion the notes you prepared, alternating the description of the itinerary, its difficulty, and interest, as well as the reason why this event was designed this way.

_____
_____
_____
_____
_____
_____
_____
_____
_____
_____
_____
_____
_____
_____
_____
_____

Évaluation. When you are finished, check your news release for the four elements you judged were necessary to make this news release interesting. Revise to adjust and make improvement.

Découvertes linguistiques

Livres dont on parle…

1. **Analyse!** The Web excerpts below all contain the word **dont.** What is **dont**? How does it function? What might its English equivalents be?

«Cet attentat a fait au total 14 morts, dont 11 Français, et 12 blessés.»
«Une histoire d'Halloween dont tu es le héros»
«Sujet du message: Les îles dont on ne parle jamais… Vous en avez marre des îles d'été avec des plages de sable fin et des palmiers verts fluos? Pourquoi ne pas parler d'îles plus ou moins inconnues?»
«Madrid: 3 médailles en plus dont une en or. Encore une bonne journée.»
«Catégories dont le nom commence par la lettre "M"»
«*Ce dont rêvent les filles (What a girl wants).* Une comédie romantique»
«Des choses dont on se souvient toute sa vie»

2. Fréquence? Usage? Here are tables giving the frequency and collocations (words found to the right and left of the search word) for **dont** in the *Le Monde 2000* Corpus (newspaper/written) and the Television Corpus (television/spoken). How often is **dont** used in French? Do the data from the words that accompany **dont** in these two corpora support your conclusions from Activity 1?

	dont	total words
Le Monde 2000 Corpus	30 409	30 781 744
Televison Corpus	20	522 063

Four most frequent collocates of **dont** in the *Le Monde 2000* Corpus.

2 left	1 left	dont	1 right	2 right
de	et	dont	le/la/les	est
la	manière	dont	il/on	a
des	façon	dont	une	ne
les	personnes	dont	elles/ils	de

Four most frequent collocates of **dont** in the Television Corpus.

2 left	1 left	dont	1 right	2 right
la	euh	dont	elle	suis
des	d'emprisonnement	dont	les	me
une	l'informatique	dont	on	avec
suis	erreur	dont	il	la

3. À vous. When do you think students should study **dont** in French classes? Why?

Vocabulaire facultatif

Noms
la Bourgogne *Burgundy*
un camping-car *RV*
une caravane *trailer*
une chapelle *chapel*
la chasse *hunting*
un chasseur *hunter*
un coquillage *(sea)shell*
un étang *pond*
une grotte *cave*
un guide *guide*
l'herbe *(f.) grass*
un hôtelier, une hôtelière *hotel owner*
un parc naturel *reserve, national park*
un parfum *perfume*
le Pays de la Loire *Loire Valley*

la pêche *fishing*
un pêcheur *fisherman*
un port de pêche *fishing port*
un port de plaisance *marina*
un pré *meadow*
une rive *bank*
un rocher *rock*
une ruine *ruin*
une station balnéaire *seaside resort*
une tempête *bad storm with high winds*
une tente *tent*
un terrain de camping *campground*
le tourisme *tourism*
une vue *view*
un yacht *yacht*

Verbes
loger *to stay (for the night)*

ramasser *to gather, pick up*

Adjectifs
bruyant(e) *noisy*
isolé(e) *isolated*

rural(e) *rural*
sauvage *wild*

Divers
avoir rendez-vous avec *to have a meeting / date with*
le beau temps *good weather*
Ça a été? *How'd it go? / Did it go OK?*
dormir à la belle étoile *to sleep under the stars*

il fait orageux *it's stormy*
le mauvais temps *bad weather*
nulle part *nowhere*
quelque part *somewhere*
tant pis *too bad*

Le français familier
sensas *sensational, terrific, great*

Leçon **20**

Le bonheur, qu'est-ce que c'est?

Activités de vocabulaire

A. Alceste a raison ou il a tort? For each of Alceste's statements, say if he is right or wrong.

1. La guerre, c'est souvent mieux que la paix. Il _____.

2. Il y a beaucoup d'injustice dans le monde. Il _____.

3. L'amitié, ce n'est pas important dans la vie. Il _____.

4. On doit respecter ses parents. Il _____.

5. La santé, c'est plus important que la richesse. Il _____.

6. S'il faut choisir entre l'environnement et la sécurité du travail, moi, je choisis la sécurité du travail.

   Il _____.

7. Il y a encore trop de racisme et d'intolérance dans la société actuelle. Il _____.

B. Le contraire. Find the opposite of each word or expression.

1. le bonheur _____

2. la paix _____

3. accepter _____

4. probablement _____

5. réaliste _____

6. la vie _____

7. la maladie _____

8. ne rien faire _____

C. Associations. Find two words or expressions that you associate with each of the following. Do not repeat yourself.

1. le bonheur _____

2. le malheur _____

3. aimer _____

4. souffrir _____

5. apprécier _____

6. une sortie _____

7. l'immigration _____

8. l'écologie _____

9. des soucis _____

D. Comment sont-ils? Find an adjective that suits each person.

1. M. Laborde donne des «F» aux étudiants qu'il n'aime pas. Il est _____.

2. Mme Lacroix croit que les femmes devraient rester à la maison et s'occuper de leur mari et de leurs
enfants. Elle est _____.

3. Yves vit pour l'argent. Il ne s'intéresse à rien d'autre. Il est _____.

4. Marie veut tout faire toute seule. Elle ne veut pas qu'on l'aide. Elle est _____.

E. Je suis pour, je suis contre… What five things are you for? Against?

Je suis pour…   Je suis contre…

_____   _____

_____   _____

_____   _____

_____   _____

_____   _____

F. Les idées de Suzanne. To find out what Suzanne thinks, complete her thoughts in the present or the
infinitive using **agir, critiquer, discuter, s'intéresser, intéresser, refuser,** or **respecter.**

Je déteste les gens qui _____ tout mais qui n(e) _____ pas!

Oncle Vincent, par exemple. Il n(e) _____ à rien, sauf à son argent! Mais il

_____ tout le temps le gouvernement! Et Tante Thérèse? La politique ne l(a)

_____ pas du tout. On ne peut jamais _____ avec elle des problèmes

du monde. J(e) _____ beaucoup mon grand-père parce qu'il _____

à tout et j(e) _____ souvent avec lui, mais on n'est pas d'accord. Il

_____ d'agir parce qu'il dit qu'il ne peut rien faire. Moi, j(e) _____

beaucoup, j(e) _____ tout le temps, mais j(e) _____ d'accepter le

monde comme il est et j(e) _____ pour le changer!

Activités de structure

Le subjonctif, qu'est-ce que c'est?

A. La lettre de Cédric. Cédric wrote a letter to his father. Give the mood and, if the verb is in the indicative, the tense of the verbs in italics.

Cher Papa,

Pourquoi est-ce que tu ne m'*écris* pas? Je suis si malheureux! *Écris*-moi, s'il te plaît, même une carte postale si tu n'as pas le temps d'écrire une lettre! Je *voudrais* vraiment que tu *viennes* me voir, tu sais! Nous *pourrions* parler, ce serait encore mieux qu'une lettre! *Écoute*! Si tu ne *viens* pas, c'est moi qui *irai* à Paris. J'*ai décidé* que je ne *voulais* plus vivre avec maman. Je *serais* si content que tu *veuilles* bien que j'*aille* habiter avec toi!

Cédric

Verb	Mood/Tense	Verb	Mood/Tense
tu ne m'écris pas		qui irai	
Écris-moi		J'ai décidé	
Je voudrais		je ne voulais plus	
tu viennes		Je serais	
Nous pourrions		tu veuilles	
Écoute		j'aille	
tu ne viens pas			

Formation du subjonctif

B. Les sentiments de Cédric. Here are a few of Cédric's feelings. Complete with a form of the verb in the subjunctive.

1. Je voudrais que mon père _____ avec moi. (vivre)

2. Je ne suis pas content que mon père ne _____ pas à mes emails. (répondre)

3. Il faut que je _____ à mes examens. (réussir)

4. Il faut qu'une fille m'_____ (aimer) pour que je _____ être heureux. (pouvoir)

5. Je ne veux pas que ma mère _____ que je veux partir. (savoir)

6. Il ne faut pas que mon père _____ en vacances sans moi. (partir)

7. Il faut que je _____ avec des filles. (sortir)

8. Il ne faut pas que Christine et Maman _____ mes emails! (découvrir)

9. Il faut que je _____ des économies pour aller à Paris. (faire)

C. Les souhaits. Everybody wants something different. Complete each sentence with a form of the verb in the subjunctive.

1. Cédric veut que son père _____ le voir. (venir)

2. Vincent veut que sa femme _____ belle. (être)

3. Suzanne veut que nous _____ plus actifs. (être)

4. Jacques veut que Paulette _____ souvent le voir. (aller)

5. Guillaume veut que ses parents le _____ dans les bras. (prendre)

6. Thérèse veut que Vincent ne _____ plus. (boire)

7. L'université veut que nous ne _____ pas. (boire)

8. Je veux que mon professeur me _____. (comprendre)

9. Nos parents veulent que nous les _____. (comprendre)

10. Les professeurs veulent que nous _____ à leurs cours. (aller)

11. Je voudrais que vous _____ raison! (avoir)

12. Je voudrais que vous _____ me voir. (venir)

13. Vincent voudrait que je le _____, mais c'est impossible! (croire)

14. Vos parents veulent que vous _____ bien parce que l'université coûte cher. (étudier)

Usage du subjonctif

D. Subjonctif ou infinitif? Complete each sentence using verbs in the subjunctive or the infinitive.

1. Je voudrais _____ (boire) un peu d'eau avant de _____ (partir).

2. Je suis content que tu me _____ (comprendre).

3. Je veux te _____ (voir) avant que tu _____ (sortir).

4. Je te téléphonerai pour te _____ (réveiller), d'accord?

5. Nous sommes contents de _____ (quitter) Paris.

6. Il faut _____ (étudier) pour _____ (réussir).

7. Il faut que nous _____ (aller) voir Oncle Charles.

8. Ils veulent que vous _____ (prendre) un verre avec eux.

E. Indicatif présent ou subjonctif? Complete each sentence using the verbs in the present indicative or the subjunctive.

1. J'espère que tu _____ (aller) arriver.

2. Nous ne voulons pas que Florence _____ (partir).

3. Tu n'es pas content que ton père _____ (vouloir) te voir?

4. Nous pensons qu'il _____ (avoir) raison.

5. Je pense qu'il y _____ (avoir) trop de violence à la télévision.

6. Anne et Jean-Michel vont dormir parce qu'ils _____ (être) fatigués.

7. Est-ce que nous pouvons parler un peu avant que tu _____ (aller) dormir?

8. Je sais que tu _____ (vouloir) partir, mais je veux que tu

_____ (attendre) un peu.

9. Il faut que vous _____ (savoir) la vérité!

10. Je voudrais que vous me _____ (croire), mais je sais que c(e)

_____ (être) difficile à croire!

F. L'ange et le diable. An angel and a devil both have Charles's ear! Put the verbs in parentheses in the present indicative, the present subjunctive, or the infinitive.

L'ange: Charles, il faut que tu _____ (travailler)! Tu dois _____ (se

lever) tôt! Je ne suis pas content que tu _____ (dormir) jusqu'à midi! Et tes

parents voudraient bien que tu leur _____ (écrire) de temps en temps! Si tu

continues comme ça, je sais que tu _____ (aller) mal finir!

Le diable: Charles, il ne faut pas que tu _____ (écouter) cet ange! La vie, c'est pour que

tu _____ (s'amuser)! Je veux que tu _____ (sortir) tous

les soirs. Tu ne dois pas _____ (lire) trop, c'est mauvais pour les yeux. Être

étudiant, ça ne veut pas dire étudier tout le temps. Il faut _____ (profiter) de

la vie!

G. Et vous? Complete the following sentences.

1. Je sais que _____.

2. Je veux que _____.

3. J'espère que _____.

4. Je suis triste que _____.

5. Je veux _____.

6. Je suis triste de _____.

7. Il faut _____.

8. Il faut que _____.

9. Je suis content(e) de _____.

Thème et version

A. Version. Put the following into normal, natural English.

1. Vincent ne s'intéresse pas aux problèmes sociaux actuels sauf quand ils concernent sa sécurité financière.

   _____

   _____

2. —Cédric se pose beaucoup de questions, mais, malheureusement, il n'ose pas en parler à sa mère.

   —Pour qu'elle puisse l'aider, il devrait en discuter avec elle!

   _____

   _____

B. Thème. Put the following into French.

1. I want them to act (do something)!

   _____

2. You're wrong! You have to tell him the truth!

   _____

3. I wrote him a letter so that he knows you're coming.

   _____

Et pour finir

Le monde idéal pour mes enfants. What kind of world do you want your children to grow up in?

Self-assessment. What will constitute a good presentation of the wishes you have for your children. Make a list of four elements that your presentation should contain.

1. _____
2. _____
3. _____
4. _____

PHRASES: Expressing an opinion; Weighing alternatives

1. **Ce que je voudrais.** Make a list of things you would like your children to know and experience. (Full sentences aren't necessary.)

_____

_____

_____

_____

2. **Ce que je ne veux pas.** Make a list of things you hope won't exist in the world your children will know. (Full sentences aren't necessary.)

_____

_____

_____

_____

3. **Le monde idéal pour mes enfants.** Now, write a paragraph describing the world you want for your children. Include what you want and don't want for them and explain why. Decide on an opening sentence and use a conclusion.

_____

_____

_____

_____

_____

_____

_____

_____

_____

Évaluation. Now read your presentation and check to verify that it contains the elements you determined prior to writing. If not, correct.

Découvertes linguistiques

Et toi, le jour où tu auras un ami, comment l'aimerais-tu?

—Moi, mon ami, je voudrais qu'il sache faire des bouquets de fleurs. *Lilo*

—Je voudrais que mon ami fasse des bonshommes de neige comme moi. *Benjamin*

—Moi, mon ami, j'aimerais qu'il soit collectionneur de malabars. *Laura*

1. **Le subjonctif? Combien?** How often are subjunctive forms used in French? Here are some data from the *Le Monde 2000* (written) Corpus and the Television (spoken) Corpus. What can you conclude from these data? What other data would you like to have?

	Le Monde 2000 Corpus (30,781,744 words)	Television Corpus (522,063 words)
fasse	69	4
sache	19	1
soit	1429	34
puisse	185	7
ait	527	9
aille	21	1

2. **Le subjonctif? Où?** Where are subjunctives found in these two corpora? The table below gives the data for those expressions that had four or more occurrences with **fasse** in the *Le Monde 2000* Corpus plus the Television Corpus (total number of occurrences of **fasse** = 73). What conclusions would it be reasonable to draw from these data? What conclusions can you not draw without additional data?

il faut / fallait que (12 instances)	Il **faut** donc que cela se [fasse] avant les municipales *(Le Monde)* / il **faut** bien un petit peu, une fois par an que je me [fasse] gâter… (Television)
pour que (5 instances)	… trois journées **pour que** l'évidence se [fasse] claire *(Le Monde)*
vouloir (5 instances)	«Qu'aurait-on **voulu** que je [fasse]?», s'interroge le ministre des finances. *(Le Monde)*
attendre (4 instances)	**Attendons** d'abord que le président de la République [fasse] connaître sa position! *(Le Monde)*

3. **À vous.** It has been said that the subjunctive is gradually disappearing from French. Do you think there is any support for this statement?

Vocabulaire facultatif

(Voir aussi le vocabulaire facultatif des Leçons 14 et 17)

Noms

une action *action*
l'agressivité *(f.) aggressiveness*
l'armement *(m.) armament*
les armes de destruction massive *(f. pl.) weapons of mass destruction*
un avantage *advantage*
la banlieue *suburbs*
le bien-être *well-being, comfort*
une bombe nucléaire *nuclear bomb*
un but *goal*
le capitalisme *capitalism*
le communisme *communism*
la criminalité *criminality*
la démocratie *democracy*
un désavantage *disadvantage*
le destin *fate, destiny*
un dictateur *dictator*
une dictature *dictatorship*
une difficulté *difficulty*
l'économie *economy*
les élections *(f. pl.) election*
l'emploi *(m.) employment*
l'espace *(m.) space*
la faim *hunger*
le fascisme *fascism*
le fondamentalisme (religieux) *(religious) fundamentalism*

la fraternité *brotherhood*
la guerre nucléaire *nuclear war*
les impôts *(m. pl.) taxes*
l'inflation *(f.) inflation*
l'instruction *(f.) education*
le logement *housing*
le luxe *luxury*
la majorité *majority*
une menace *threat*
la mentalité *mentality*
la minorité *minority*
la moralité *morals, morality*
le nationalisme *nationalism*
l'optimisme *(m.) optimism*
un parti (politique) *(political) party*
le pessimisme *pessimism*
la peur *fear*
le réchauffement de la planète *global warming*
la religion *religion*
le risque *risk*
la sagesse *wisdom*
le socialisme *socialism*
la solidarité *solidarity*
une valeur *value*
la verdure *greenery, verdure*

Adjectifs

angoissé(e) *anguished*
écologiste *ecologist*
économique *economical*
effrayant(e) *frightening*
fataliste *fatalist*
hypocrite *hypocritical*
lucide *lucid*
mécontent(e) *dissatisfied*

moral(e), moraux, morales *moral*
objectif, objective *objective*
politique *political*
progressiste *progressive*
sage *wise*
spirituel, spirituelle *spiritual, witty*
subjectif, subjective *subjective*

Verbes

augmenter *to increase*
se débrouiller *to manage*
défendre (de + *inf.*) *(conj. like* vendre) *to forbid*

diminuer *to decrease*
exister *to exist*
voter *to vote*

Divers

avoir de l'ambition *to be ambitious*

Ça ne te (vous) regarde pas. *It's none of your business.*

être de droite *to be right-wing (politics)*

être de gauche *to be left-wing (politics)*

être fier (fière) de *to be proud of*

faire partie de *to belong to*

il est défendu (de + *inf.*); il est interdit (de + *inf.*) *it's forbidden (to)*

s'occuper de ses affaires *to mind one's own business*

par hasard *by chance, accident*

vivre dans la peur *to live in fear*

Nom _____ Cours _____ Date _____

Je vous remercie mon Dieu

Composition. Imaginez le poème comme un tableau. Décrivez ce que vous voyez quand vous lisez ce poème. Si vous préférez, vous pouvez aussi faire un tableau concret de ce poème soit en collage, soit en peinture ou en dessin.

1. Préparation

a. Faites une liste des objets, des personnes et des paysages que vous voyez quand vous lisez le poème.

_____

_____

_____

b. Quelles couleurs s'attachent à ces objets, ces paysages et ces personnes?

_____

_____

_____

c. Les personnes sont-elles actives, statiques ou mobiles? Que font-elles?

_____

_____

_____

d. Quel est le contexte de ce tableau?

_____

e. Quel type de tableau est-ce? (Réaliste? Impressionniste? Métaphysique? Abstrait?) Pourquoi?

_____

2. Composez. Faites des phrases pour tous les éléments que vous avez inventoriés dans l'activité précédente.

_____

_____

_____

_____

_____

_____

Assemblez ces phrases pour faire un paragraphe descriptif du tableau que vous visualisez. Mais décidez d'abord ce que vous voulez accentuer dans votre paragraphe: les contrastes ou les couleurs? Les suggestions?

_____

_____

_____

_____

_____

_____

_____

_____

3. Éditez. Donnez votre composition à un(e) camarade et demandez-lui ce qui n'est pas clair pour lui ou pour elle. Faites les corrections suggérées si vous êtes d'accord.

Chanson pour l'Auvergnat

Composition. On vous a rendu un service. Écrivez une lettre à cette personne pour la remercier et dites pourquoi ce service a été si important pour vous.

1. Préparation. Observez comment chaque strophe de la chanson est construite et formulez votre lettre de la même façon.

a. Qui vous a rendu ce service? _____

b. Quelle sorte de personne est-ce? _____

c. Quel a été le service? _____

d. En quoi est-ce qu'il a consisté? _____

_____

e. Comment vous a-t-il affecté(e)? _____

_____

f. Quels sont les effets présents de cette action sur vous? Et à l'avenir? Quels seront ses effets, à votre avis?

_____

_____

g. Que souhaitez-vous dire pour montrer votre gratitude à cette personne? _____

_____

2. Composez. Révisez les formules épistolaires dans la Leçon 14 pour choisir une formule d'adresse et une formule de conclusion.

_____

_____

_____

_____

_____

_____

_____

_____

3. Éditez. Donnez votre lettre à un(e) camarade de classe et demandez-lui de vous dire ce qui est clair et de vous suggérer ce qui doit être modifié. Insérez ces suggestions dans votre lettre.

Momo, la mer et le Coran

Composition: Visite de Cabourg. Après un voyage de classe (virtuel) à Cabourg, vous allez faire un «travelogue» de ce voyage. Décrivez ce que vous avez vu et ce que vous avez aimé et indiquez ce qui fait de Cabourg une ville «normande» d'après ce que vous avez vu.

(See the *Voilà!* Companion Website for information on the virtual visit of Cabourg.)

1. Préparation. Décidez quelle forme vous allez donner à votre travelogue: illustré, journalistique, épistolaire, chronologique, thématique?

   a. Cherchez Cabourg sur Internet et explorez la ville et la région de Normandie. Identifiez ce que vous voulez noter dans votre travelogue.

_____

_____

_____

   b. Pour chaque notation que vous allez faire, choisissez les éléments saillants qui vous ont frappé(e) pendant votre visite.

_____

_____

_____

   c. Construisez des expressions descriptives autour de ces éléments (ajoutez des adjectifs, des adverbes, des phrases avec **qui** ou **que**).

_____

_____

_____

d. Imaginez des actions et des gens dans ces lieux. Que font-ils? Comment sont-ils?

_____

_____

_____

_____

e. Imaginez que vous entrez en conversation avec un(e) habitant(e) de la région et créez un bref dialogue pour lui présenter des commentaires ou pour lui poser des questions sur sa ville ou sa région d'après ce que vous avez vu en ligne.

_____

_____

_____

_____

2. Composez. Organisez tous les éléments réunis précédemment et assemblez images, descriptions et dialogue pour construire votre travelogue. Imprimez-le.

_____

_____

_____

_____

_____

_____

_____

_____

3. Éditez. Partagez votre travelogue avec des camarades et écoutez leurs commentaires. Voulez-vous changer ou ajouter quelque chose? Présentez à vos camarades vos commentaires sur leur travail.

Cahier d'activités orales

Leçon **1**

Qui êtes-vous?

Les sons du français

A. Écoutez bien! Vowel sounds in French are short and crisp, without the glide (diphthong) that can be heard in English words such as *kite, wait, float,* or *boat.* Listen to the speaker and decide whether each sound represents a letter of the French alphabet or an English word. Circle the appropriate item.

YOU HEAR: p

YOU CIRCLE: (p)   pay

        because you heard the French letter **p** with no diphthong.

1. b	bay	**3.** g	jay	**5.** o	oh
2. c	say	**4.** j	gee	**6.** q	cue

B. Prononcez bien. The /i/ sound in the last syllable of the days of the week in French resembles the double e sound in the English word *sheep.* To pronounce it, spread your lips as in an exaggerated smile. Your teeth should be slightly uncovered, and the tip of your tongue should be behind your bottom teeth. Try to produce a clear, crisp /i/ sound as you repeat each word after the speaker.

YOU HEAR: lundi

YOU SAY: lundi

1. lundi	**3.** mercredi	**5.** vendredi	**7.** dimanche
2. mardi	**4.** jeudi	**6.** samedi	

C. L'alphabet français. Knowing how to say the letters of the alphabet in French can be useful when you need to spell names or words you don't know. Listen and repeat as the CD gives you the letters of the alphabet along with French names that may be used to specify exactly which letter is being said. Keep the French sounds as clear and well articulated as possible. The names you will hear on the CD are given below.

YOU HEAR: **A**

YOU SAY: **A**

YOU HEAR: **A** comme Adèle

YOU SAY: **A** comme Adèle

A / Adèle	J / Jacques	S / Simone
B / Béatrice	K / Karl	T / Thomas
C / Caroline	L / Liliane	U / Ursule
D / Denise	M / Marie	V / Victor
E / Eugène	N / Noémie	W / William
F / Frank	O / Odette	X / Xavier
G / Georges	P / Pierre	Y / Yves
H / Hector	Q / Quentin	Z / Zoé
I / Isidore	R / Robert	

CD1-5

D. Trouvez les noms des invités. You are going to hear a list of French names. Only some of these people have been invited to this party and their names are on the CD. Identify them on your list by circling the names you hear on the CD.

1. Chantair	**2.** Martinet	**3.** Grenier	**4.** Pommard
Chantal	Martinez	Granier	Paumain
Chantoul	Martinin	Grenin	Poulard

CD1-6

E. Épelez. Spell each name in French. Then listen to the speaker on the CD.

YOU HEAR: Marc
YOU SAY: Marc / M-A-R-C / Marc
YOU HEAR: Marc / M-A-R-C / Marc

1. Abder	**3.** Gilles	**5.** Suzanne
2. Jacques	**4.** Fatima	**6.** Yves

CD1-7

F. Question ou affirmation? You can ask a question in spoken French by raising your voice at the end. This is called a rising intonation. As you listen to each sentence, circle **Q** if you hear a question; circle **A** if you hear an affirmative sentence (not a question).

YOU HEAR: Tu parles français?
YOU CIRCLE: Q for *question* because you heard a rising intonation.

1. Q A	**3.** Q A	**5.** Q A
2. Q A	**4.** Q A	**6.** Q A

Les sons et les mots

CD1-8

A. Jours, mois ou saisons? Identify the category of each list of words by writing *days, months,* or *seasons* in the blank.

YOU HEAR: lundi, mardi, mercredi
YOU WRITE: days

1. _____   3. _____

2. _____   4. _____

CD1-9

B. Continuez. Give the next item in each list. It may be a day of the week, a month of the year, or a season. Then listen to the speaker to check your response.

YOU HEAR: mars, avril, mai,...
YOU SAY: juin
YOU CHECK: mars, avril, mai, juin

1. ...	**3.** ...	**5.** ...
2. ...	**4.** ...	**6.** ...

CD1-10

C. Il y en a combien? Listen as the speaker tells you how many of various objects there are. Write the numbers in the blanks.

YOU HEAR: trois professeurs
YOU WRITE: _3_ professeurs

1. _____ chiens   3. _____ livres   5. _____ poissons

2. _____ étudiants   4. _____ stylos   6. _____ cahiers

CD1-11

D. Ça fait combien? Listen as Mrs. Martini, a neighborhood grocer, calculates how much each of her customers owes her, and fill in the blanks with the numbers.

1. Alors, 5 kg de bananes, ça fait _____ euros, s'il vous plaît.

2. Et pour vous, madame, 2 kg de bananes et 5 kg de carottes, _____ euros, s'il vous plaît.

3. 3 douzaines d'œufs, _____ euros et 4 baguettes, _____ euros. Alors, c'est _____ euros, s'il vous plaît.

4. Bon, 4 boîtes de macaroni et 2 paquets de sucre, ça fait _____ euros, monsieur.

5. Alors voilà, 2 litres de vin et un paquet de sucre, c'est _____ euros, madame.

6. Bon, 4 bouteilles d'Évian, ça fait _____ euros et 2 baguettes, _____ euros. Alors, ça fait _____ euros, s'il vous plaît.

7. 1 litre de vin et 3 bouteilles d'Évian, c'est _____ euros, monsieur. Voilà!

CD1-12

E. Quelle est la date? Say each date aloud. Then listen and repeat after the speaker.

1. le 20 décembre   3. le 15 avril

2. le 2 septembre   4. le 6 février

CD1-13

F. Au téléphone. You answer the phone in France by saying hello and giving your phone number (**Allô? Ici le 05.21.22.23.16**). Now, listen as people answer their phones. Below are the numbers that were dialed. Decide if the numbers were dialed correctly (**oui**) or incorrectly (**non**). Correct any errors you hear if you can.

1. 01.39.18.21.29 _____

2. 02.35.26.03.38 _____

3. 02.38.22.33.15 _____

4. 02.22.30.17.12 _____

CD1-14

G. Allô, allô! It is important to pronounce numbers as clearly as possible, especially phone numbers. Ask the switchboard for each of the following numbers. Then listen to the speaker to check your response.

1. Allô, le 01.39.23.36.12, s'il vous plaît.

2. Allô, le 02.35.31.11.27, s'il vous plaît.

3. Allô, le 02.22.13.15.04, s'il vous plaît.

4. Allô, le 03.19.18.21.33, s'il vous plaît.

Les mots et les phrases

CD1-15

A. Singulier ou pluriel? Listen to the article and decide if each noun is singular (**S**) or plural (**P**). Circle your answer.

YOU HEAR: les livres
YOU CIRCLE: **P** for **pluriel** because you hear the plural article **les**.

1. S (P)
2. (S) P
3. (S) P
4. (S) P
5. S (P)
6. S P

CD1-16

B. Mettez au pluriel. Make each noun plural. Remember not to sound the final **s** of the plural form.

YOU HEAR: le jour
YOU SAY: les jours
YOU CHECK: les jours

1. le chien _les chiens_
2. le professeur _les professeurs_
3. le livre _les livres_
4. l'étudiant _les étudiants_
5. l'affiche _les affiches_

CD1-17

C. Masculin ou féminin? Listen to the article that precedes each word and decide if the word is masculine (**M**) or feminine (**F**). Circle your answer.

YOU HEAR: le chien
YOU CIRCLE: **M** for **masculin** because you heard the masculine article **le**.

1. (M) F
2. M (F)
3. M (F)
4. M (F)
5. (M) F
6. (M) F

CD1-18

D. Et l'article? Repeat each noun you hear with the appropriate article, **le**, **la**, or **l'**.

YOU HEAR: chien
YOU SAY: le chien
YOU CHECK: le chien

1. fleur
2. étudiante
3. stylo
4. chat

À l'écoute de... ════════════════

In this section you will listen to French people talking to each other about various topics. You are not expected to understand every word because here, just as in real life, people will use words you haven't studied yet. Instead, try to get the gist of the conversation and to find the specific information asked for in each activity.

CD1-19

A. Qui est-ce? Listen to each greeting and decide if a man or a woman is being addressed. Circle **M** for man or **W** for woman.

YOU HEAR: Au revoir, mademoiselle.
YOU CIRCLE: **W** because **mademoiselle** refers to a woman.

1. (M)   W   3. M   (W)   5. M   (W)
2. M   (W)   4. (M) W   6. (M) W

CD1-20

B. Qui parle? You will hear four brief dialogues. In the blank, write the number of the dialogue that goes best with each picture.

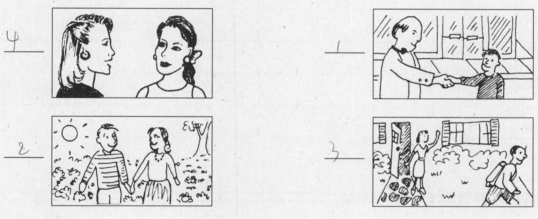

4 ___

1 ___

2 ___

3 ___

CD1-21

C. Les saisons. Listen to the short dialogue and decide which season they are talking about. Circle your answer.

l'hiver   le printemps   l'été   (l'automne)

CD1-22

D. La date aujourd'hui? Jean-Michel is writing a letter, but he isn't sure of the date. Listen and circle the date he put on the letter after talking to his wife Élise.

lundi 6 avril   mardi 6 avril   (lundi 8 avril)   mardi 8 avril

CD1-23

E. Quelle carte pour Évelyne? Listen to the conversation and circle the card that you think Michèle is going to buy for her friend Évelyne.

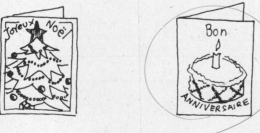

Nom _____ Cours _____ Date _____

CD1-24

F. Inventaire de la classe de français à Laval. The secretary in the registrar's office at **Université Laval** in Quebec City is organizing the class rosters for the first day of class. First listen as the speaker reads the names of the cities where the students come from: Chicago, Liverpool, Montreal, Rome, San Francisco, Toronto, Vancouver. Then, fill in the chart to calculate how many students of each nationality will be enrolled this term.

Étudiants américains	4 + 3 = 7
Étudiants canadiens	2 + 18 + 20 = 40
Étudiants anglais	2
Étudiants italiens	4

CD1-25

G. Quelle salle de classe? The secretary is now organizing classrooms for the first day of class. Listen and fill in the chart. You may have to listen twice.

Professeur	Combien d'étudiants?	Numéro de la salle de classe
M. Larivière	8	2
Mme Lavallée	12	4
Mlle Planchon	5	23
M. Casimir	7	37

Le français parlé

CD1-26

A. Une rencontre. Listen to the conversation between two students who have just met and circle the correct answers.

1. His name is: Pierre / Michel
2. Her name is: Pierrette / Michèle
3. She is from: Montréal / Marseille
4. He is from: Montréal / Marseille
5. She likes: Montréal / Marseille
6. He loves: Montréal / Marseille
7. They will see each other again: never / soon / tomorrow

CD1-27

B. Du français parlé au français écrit. When people speak in an informal way, they tend to omit words or sounds. Here are some examples from spoken French written to reflect speech. What would their written form be?

Modèle: J'm'appelle Anne.
Je m'appelle Anne.

1. T'aimes les chats? _____
2. J'comprends. _____

Leçon 2

Comment êtes-vous?

Les sons du français

CD1-28

A. La voyelle /e/. French /e/ is a clear, brief vowel sound that resembles the vowel sound in English words such as *may* or *pay*. However, there is no glide or diphthong in the French vowel. Here are some words you already know that contain the vowel sound /e/. Listen and repeat.

1. étudiant
2. les cahiers
3. américain
4. Émile
5. vous aimez
6. détester

CD1-29

B. La voyelle /i/. You have already practiced the pronunciation of the vowel /i/ in Lesson 1 (**lundi, mardi**). This French vowel sound resembles the i-sound in the English word *police,* but without the diphthong. Here are some words you already know that contain the vowel sound /i/. Listen and repeat.

1. merci
2. Michel
3. égoïste
4. qui
5. petite
6. Candide

CD1-30

C. Une comptine. Here is a counting-out rhyme that French children use. (The word **nez** means *nose.* The last line is a play on words: **10 nez = dîner** or *dinner*). Listen to it until you have the rhythm. Then try to say it along with the speaker.

1 nez, 2 nez, 3 nez, 4 nez, 5 nez, 6 nez, 7 nez, 8 nez, 9 nez, 10 nez!

Les sons et les mots

The feminine form of adjectives is presented on pages 37–39 of your textbook. You may want to review those pages before doing these activities.

CD1-31

A. Portraits. As you listen to the following descriptions, put a check next to each category that is referred to. Indicate also if each person is female (**F**) or male (**M**).

	Jacques M	Paolo M	Marie F	Anne F	Claude F	Luc M
hair	✓		✓		✓	
size		✓		✓	✓	✓
nationality	✓		✓	✓	✓	✓
personality	✓	✓	✓			
male/female						✓

CD1-32

B. Quelle nationalité? Listen to each conversation and circle the nationality you hear.

1. américain   (français)   3. américain   (français)

2. (américaine)   canadienne   4. (américaine)   française

CD1-33

C. De quoi parle-t-on? *(What are they talking about?)* Match the subject of each conversation fragment to the corresponding picture by writing in the number.

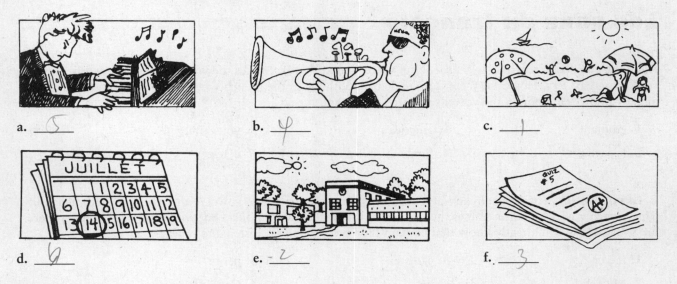

a. ___5___   b. ___4___   c. ___1___

d. ___6___   e. ___2___   f. ___3___

CD1-34

D. Vous aimez? Now, for each picture in Exercise C, say whether you like, don't like, or hate each item pictured. The numbers you will hear refer to the correct number for each picture based on the correct answers to Exercise C. After a pause for your answer, you will hear one possible answer, which may or may not correspond to what you said.

1. ...b...   3. ...c...   5. ...f...

2. ...a...   4. ...a...   6. ...d...

CD1-35

E. Comparons. Decide if each conversation is comparing someone to someone else (**oui**) or not (**non**). Circle your answer.

1. oui   (non)   3. oui   (non)   5. (oui)   non

2. (oui)   non   4. oui   (non)   6. (oui)   non

CD1-36

F. Comparez. Julien and Guillaume are two very different French students. Compare Guillaume to Julien, using **plus** or **moins** and the information given. After a pause, you will hear one possible answer.

1. Julien est très intelligent. Et Guillaume?
   Guillaume...

2. Julien est timide et pas très sociable. Et Guillaume? Il n'est pas du tout timide, lui!
   Guillaume...

3. Julien n'est pas très travailleur, mais Guillaume...
   Guillaume...

4. Julien est très sportif. Guillaume, lui, n'est pas sportif du tout!
   Guillaume...

Les mots et les phrases

CD1-37

A. Daniel ou Danielle? As you listen to each sentence, decide if the speaker is talking about **Daniel** (a young man) or **Danielle** (a young woman). Circle your response.

1. Daniel   Danielle   4. Daniel   Danielle

2. Daniel   Danielle   5. Daniel   Danielle

3. Daniel   Danielle   6. Daniel   Danielle

CD1-38

B. Décrivez les jumeaux. Michel and Michèle are twins. Use the information given to tell what they are like.

YOU HEAR AND SEE: Michel / intelligent
YOU SAY: Michel est intelligent.
YOU CHECK: Michel est intelligent.

1. Michèle / travailleur   4. Michel / mince

2. Michèle / sociable   5. Michèle / gros

3. Michèle / sérieux   6. Michel / sympathique

CD1-39

C. Oui ou non? As you listen to each sentence, indicate if it is an affirmative (**A**) or a negative (**N**) sentence. Circle your answer.

1. A   N   3. A   N   5. A   N

2. A   N   4. A   N   6. A   N

CD1-40

D. Laurence et Line. Line is not at all like her friend Laurence. Say this, using the suggestions given.

YOU HEAR AND SEE: Laurence est grande.
YOU SAY: Line n'est pas grande.
YOU CHECK: Line n'est pas grande.

1. Laurence est brune.

2. Laurence est mince.

3. Laurence est généreuse.

4. Laurence est naïve.

5. Laurence est sportive.

CD1-41

E. Un, deux, trois, quatre... Listen to the conversation. How many times do you hear a form of the verb **être** used? Listen again. How many times do you hear a form of the verb **aimer** used?

être   _____

aimer   _____

CD1-42

F. À votre tour! Answer the questions according to what you are like. Use either the feminine or the masculine form of the adjective where appropriate.

YOU HEAR: Tu es bête ou tu es intelligent?
YOU ANSWER: Je suis intelligent(e).

1. …	3. …	5. …	7. …
2. …	4. …	6. …	8. …

À l'écoute de…

CD1-43

A. Lequel des deux? Laquelle des deux? You are going to overhear some conversations. Draw lines to match the subject of each conversation to its number.

conversation 1   someone sick

conversation 2   someone who does not play sports

conversation 3   someone tall and blond

conversation 4   someone shy

CD1-44

B. Tu l'aimes, toi? Decide if the people discussed in each conversation are liked (**oui**) or not liked (**non**) by the people talking. Circle your answer.

1. oui	non	3. oui	non
2. oui	non	4. oui	non

CD1-45

C. Mes copines de l'université. Muriel is talking to her sister about her three roommates at school (**Françoise**, **Nancy**, and **Christine**). Listen to what she has to say and label each picture. Then, listen again and complete the chart with as many details as you can.

_____   _____   _____

	size	nationality	personality, likes or dislikes
Françoise		*belge*	
Nancy			
Christine		╳	

CD1-46

D. Voilà Nathalie. Nathalie is a newly arrived exchange student from Canada. Take notes as you hear her being described by her friends.

appearance: _____

likes: _____

personality: _____

CD1-47

E. Nathalie cherche une camarade de chambre. Nathalie is looking for a roommate for the year. She is talking to herself as she reads ads for roommates. (Read the ads first, then listen to the CD.) Put a **1** next to the ad she reads first, a **2** next to the one she reads second, and so on.

_____ Française, étudiante en biologie.
Travailleuse, mais aime les fêtes et
le rock. Sociable, amusante, sympa.

_____ Étudiant belge, un peu timide, généreux
et intelligent. Étudiant en mathématiques.

_____ Jeune fille canadienne, travailleuse et intelligente,
très généreuse et raisonnable, aime philosophie,
art moderne, musique classique. Déteste rock.

_____ Étudiant parisien, timide et déprimé, grand et
beau, malheureux et bizarre. Aime jazz et rock.
Déteste fêtes, étudiants sportifs et étudiants sociables.

CD1-48

F. Nathalie choisit. Listen to Nathalie one more time as she goes through the ads. Which ad will she answer for a roommate? Justify your answer.

_____

_____

_____

Le français parlé

CD1-49

A. Pour une petite annonce *(For a personal ad).* Sébastien would like to meet someone special and his friend Marie-Laure helps him write a personal ad. Listen to their conversation and circle all the items that are true:

1. Sébastien est:

petit   grand   brun   blond   mince   gros   bête   intelligent   amusant   déprimé   sérieux

paresseux   pénible   timide   sociable   sportif

2. Sébastien aime beaucoup:

les voitures   la musique classique   le rock   l'université   le sport   les cours   les fêtes

les chats   les chiens   les vacances   les week-ends

CD1-50

B. Du français parlé au français écrit. As you saw in Lesson 1, when people speak in an informal way, they tend to omit words or sounds. They can also pronounce words in a different way. Here are some examples from spoken French written to reflect speech. What would their written form be?

Modèle: ouais
   oui

1. T'adores la musique? _____

2. T'es pénible! _____

3. Chuis heureux. _____

Leçon 3

Comment est votre chambre?

Les sons du français

CD2-2

A. La voyelle /u/. The French /u/ sound in words such as **vous** or **bonjour** resembles the English **u**-sound in words like *boot* and *too,* but it is not identical to it. To pronounce the French /u/ sound, keep your tongue firmly behind your lower teeth, and purse your lips as if you were going to blow out a candle. Be careful not to glide the vowel sound and produce a diphthong. Here are some words you have already learned that contain the sound /u/. Listen and repeat.

1. v<u>ou</u>s
2. un c<u>ou</u>rs
3. pas du t<u>ou</u>t
4. a<u>oû</u>t
5. à t<u>ou</u>t à l'heure
6. <u>Où</u> êtes-v<u>ou</u>s?
7. V<u>ou</u>s aimez?

CD2-3

B. L'intonation. You have already learned that you can make a sentence into a question by raising your voice (**Ça va? Oui, ça va, et toi?**). Now you are going to learn the intonation pattern used in affirmative statements in French. In these kinds of statements your voice should begin at a relatively high pitch and fall as it reaches the end. Listen.

—Tu es fatigué?

—Oui, et toi?

—Oui, moi aussi.

Longer statements will tend to have one or more rising-falling intonation patterns with a final falling intonation on the last word in an affirmative statement and a final rising intonation in a question. Listen.

—Il y a un ordinateur?

—Oui, il est dans la chambre.

Now, listen to the dialogue. Use an arrow pointing up (↗) to indicate the ends of sentences that have a rising intonation. Use an arrow pointing down (↘) to indicate the ends of sentences that have a falling intonation. The first two lines have already been done for you.

↗
—Et tu aimes la chambre?

↘
—Oh oui, beaucoup.

—Ah, tu es heureuse, alors?

—Oui, très.

—Elle est grande, la chambre?

—Non, mais elle est claire et confortable.

—Il y a un bureau?

—Oui, avec une chaise et une lampe. Et il y a un fauteuil, un placard, un lavabo, des rideaux...

—De quelle couleur ils sont, les rideaux?

—Rouges, et les murs sont blancs. J'aime bien.

—Il n'y a pas de télévision, n'est-ce pas?

—Heu..., non, mais j'ai une chaîne hi-fi et des CD.

—Oui, ça, ça va! Mais la télévision, hein, ça, je n'aime pas!

—Oui, je sais...

CD2-4

C. Français/anglais. Words that are similar in English and French may be difficult to pronounce. In French, word stress falls on the last syllable of the word. This may or may not be the case in English. Compare the pronunciation of the word *weekend* in English (stress on the first syllable) and **week-end** in French (stress on the last syllable). Listen and repeat.

1. un restaurant   3. un gadget   5. un poster

2. le week-end   4. le football   6. le chewing-gum

CD2-5

D. Mots nouveaux. Listen and underline the word or phrase that is said. Then repeat the word or phrase you heard and listen for it one more time.

1. un miroir   une armoire   4. Mets la chaîne hi-fi.   J'ai une belle radio.

2. un fauteuil   un réveil   5. Ouvre le tiroir.   Ouvre l'armoire.

3. une étagère   une fenêtre

CD2-6

E. Ne pas confondre: sur / sous. Listen carefully to find out where things are. Try to hear the difference between **sur** /syr/ and **sous** /su/ by listening to the vowel sounds. Circle your answer.

1. sur   sous   3. sur   sous

2. sur   sous   4. sur   sous

CD2-7

F. Une comptine. Here is another French counting-out rhyme. Listen and underline all the /u/ sounds you hear.

La tour Eiffel

A trois cents mètres.

Pour y monter

Il faut payer

Tous les millions

Qu'elle a coûtés.

Les sons et les mots

CD2-8

A. Inventaire. As you listen to each sentence, decide which picture it refers to and write the number of the sentence below it.

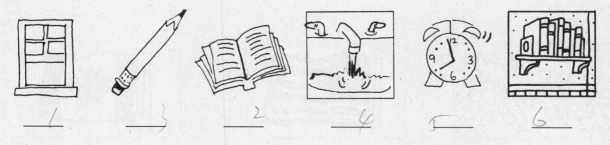

_1_   _3_   _2_   _4_   _5_   _6_

CD2-9

B. Qu'est-ce que c'est? Now, look at each picture in Exercise A and say what it is. Here is how to do the first one.

YOU HEAR: Qu'est-ce que c'est le numéro 1?
YOU SAY: C'est une étagère.
YOU CHECK: Oui, c'est une étagère.

1. …   3. …   5. …
2. …   4. …   6. …

CD2-10

C. Les objets parlent. You are going to hear six noises. Write the number of the first noise you hear next to the object you associate with it. Do the same with the rest of the noises.

____5__ une porte   ___2___ un réveil   ___4___ une clé

___1___ un téléphone   ___3___ un lavabo

CD2-11

D. Qu'est-ce que c'est que ça? Now, identify what object is making each noise by saying its name. Check your answer with the one on the CD.

1. …porte   3. … clé   5. … lavabo
2. … telephone   4. … réveil

CD2-12

E. La vie en rose? Decide whether each brief description you hear is about something **agréable** or something **désagréable.** Circle your answers. Do your answers agree with those on the CD?

1. (agréable)   désagréable   4. (agréable)   désagréable

2. agréable   (désagréable)   5. agréable   (désagréable)

3. (agréable)   désagréable   6. (agréable)   désagréable

CD2-13

F. Les couleurs. You will hear six sentences. As you listen, decide which picture each sentence corresponds to. Write the number of the sentence below each picture.

4   1   6

5   2   3

Les mots et les phrases

CD2-14

A. Quel article? Listen and fill in the missing articles (le, la, l', les, un, une, des, de).

1. Candide adore _les_ chiens.   4. Où est _le_ livre?

2. Il n'y a pas _le_ lit!?   5. Alceste n'aime pas _les_ chiens.

3. Marc est _le_ étudiant sérieux.   6. C'est _une_ cahier.

CD2-15

B. Au contraire! Alceste is reporting to Candide about a not-too-well-equipped vacation cottage they were thinking of renting. Play the role of Alceste.

YOU HEAR CANDIDE ASK: Il y a un placard?
YOU (PLAYING THE ROLE OF ALCESTE) SAY: Non, non, il n'y a pas de placard!
YOU LISTEN TO CANDIDE'S REACTION: Il n'y a pas de placard!

1. Il y a un téléphone?   4. Il y a une télévision?
2. Il y a une chaîne hi-fi?   5. Il y a une radio?
3. Il y a des lavabos dans les chambres?   6. Il y a des armoires?

CD2-16

C. *Avoir* ou *être*? Listen to each sentence. If you hear a form of the verb **être**, circle **être**. If you hear a form of the verb **avoir**, circle **avoir**.

1. avoir	être	**3.** avoir	être	**5.** avoir	être
2. avoir	être	**4.** avoir	être	**6.** avoir	être

CD2-17

D. Les possessions. Say or ask what each person owns. Then check your answer with the one on the CD.

YOU SEE AND HEAR: Valérie / des CD de rock
YOU SAY: Valérie a des CD de rock.
YOU LISTEN AND CHECK: Valérie a des CD de rock.

1. Éric / un chat noir

2. Nous / un répondeur

3. Tu / un réveil?

4. Jean-Luc et Claudine / un lecteur de DVD

5. Vous / un ordinateur?

6. Je / un téléphone blanc

CD2-18

E. Mais on n'a pas… Now say or ask what these same people do not have. Check your answer with the one on the CD.

1. Éric / de chien

2. Nous / de téléphone portable

3. Tu / de radio?

4. Jean-Luc et Claudine / d'ordinateur

5. Vous / de crayon rouge?

6. Je / de télévision

À l'écoute de…

CD2-19

A. C'est normal ou c'est bizarre? M. and Mme Durand are in charge of cleaning students' rooms at the end of each term. They're talking about what they found in various rooms as they made their rounds this morning. Listen and complete the chart. You may have to listen more than once to get all the details.

numéro de la chambre	objets
30	
20	pas de lit
15	2 lits et
19	3 télévisions et
13	dans la corbeille à papier, il y a
8	q

CD2-20

B. Dans une chambre d'étudiant. Since there were some thefts last year, M. and Mme Durand have decided to develop a room contents checklist for students to fill out before they leave for vacation. Listen and write in the missing words on their lists.

La liste de M. Durand

Alors, il y a... deux _____, deux tables de nuit, un _____,

des rideaux, _____ commodes, un fauteuil, _____ réveil,

_____ affiches, des _____, un ordinateur, une calculatrice et...

La liste de Mme Durand

Oui, et il y a aussi... des _____, _____ chaises, un réfrigérateur,

un radio-réveil, une _____, une télévision, un téléphone, _____

corbeille à papier, des _____, une lampe, un miroir, deux _____ et...

CD2-21

C. Quelle chambre? Marc is looking for a room to rent. (Read these ads first.) Listen and put a **1** next to the ad he reads first, a **2** next to the one he reads second, and a **3** next to the one he reads last.

_____
> **À louer: chambre formidable: grande et claire. Téléphone et télévision. 3 fenêtres, près université et bibliothèque. Animaux et cigarettes interdits. 400 € par mois.**

_____
> Petite chambre, chaude et confortable, indépendante, avec lavabo. Pas de chiens. 300 €. S'adresser Mme Durand, 15 rue de l'École de Médecine tous les jours sauf dimanche.

_____
> Grande chambre pour 3–4 étudiantes, lavabo, téléphone, télévision. 2 lits individuels, 1 lit double, plus grand placard. 500 € par mois. Animaux possibles. Près station métro pour centre Paris.

CD2-22

D. Quelle chambre pour Marc? Listen to a brief description of Marc, then look at the ads again. Circle the room Marc will probably rent.

la chambre 1   la chambre 2   la chambre 3

Le français parlé

CD2-23

A. Deux chambres. Listen to Marie and Jean-Philippe as they talk about their rooms and say if the following statements are true (**V**) or false (**F**).

1. Marie aime beaucoup sa *(her)* chambre.   V   F

2. La chambre de Marie est claire.   V   F

3. Marie n'aime pas le vert.   V   F

4. Les murs de la chambre de Jean-Philippe sont bleus.   V   F

5. Il y a deux fenêtres dans la chambre de Jean-Philippe.   V   F

6. Il n'y a pas de fenêtre dans la chambre de Marie.   V   F

7. Il n'y a pas de rideaux dans la chambre de Marie.   V   F

8. Il y a un fauteuil confortable dans la chambre de Marie.   V   F

9. Il n'y a pas de bureau dans la chambre de Marie.   V   F

10. Marie a un lit, mais il n'est pas très confortable.   V   F

CD2-24

B. Du français parlé au français écrit. When people speak in an informal way, they may omit whole words, such as **ne** in a negative sentence. What words are missing in the conversation? Write the whole sentences as they would appear in their written form.

1. Chais pas. _____

2. … j'aime pas ma chambre! _____

3. … y a deux fenêtres. _____

4. … y a pas d'rideaux. _____

5. J'comprends pas! _____

6. Chuis pas heureuse! _____

Leçon 4

Quest-ce que vous aimez?

Les sons du français

A. La voyelle /y/. The French /y/ sound in words such as **tu** and **musique** has no counterpart in English. To pronounce the French /y/, first, say the sound /i/ as in **timide**. Keep your lips very tense, as if you were making an exaggerated smile. Now, bring your lips forward and round them as if you were going to whistle or make a kissing sound. Listen and try to imitate the speakers as they contrast the sounds /i/ and /y/.

1. ti – tu   **2.** si – su   **3.** di – du   **4.** li – lu

B. Les voyelles /u/ et /y/. The sound /u/ is pronounced very much like the sound /y/. Both vowels are produced with the lips rounded as if for whistling. But the tongue is in a different position in the mouth. First, say the sound /u/. As you are saying /u/, move your tongue up and slightly back, toward the roof of your mouth. You are now saying the sound /y/. Listen and imitate the speakers as they contrast the sounds /u/ and /y/.

	/u/	/y/			/u/	/y/
1.	tou	tu		3.	dou	du
2.	sou	su		4.	lou	lu

C. Cherchez les voyelles. Now, see if you can tell the difference between the three French vowels (/i/, /u/, and /y/) that you have learned. Listen as the speaker says a series of words that contain these vowels. If the speaker reads the words in the same order as they are written, put a check on the line. If the order on the CD is different from the order below, leave blank.

1. si	su	sous	_____
2. vu	vie	vous	_____
3. loue	lu	lit	_____
4. rit	rue	roue	_____

D. Une comptine. Here is another counting-out rhyme. This one is about a hen sitting on a wall. The hen is pecking at some stale, hard bread. Then she puts her tail up in the air and jumps down from the wall. Try to say the rhyme along with the speaker. Pay attention to the underlined vowels, which represent the vowels /i/, /u/, and /y/.

Une poule sur un mur
qui picote du pain dur,
picoti, picota,
lève la queue et
saute en bas!

Les sons et les mots

CD2-29

A. Associations. Listen as you hear several sentences, each of which refers to one of the following pictures. Although you will probably not understand everything you hear, you should be able to pick out words that indicate what is being talked about. Write the number of each sentence you hear under the drawing it refers to.

___2___   ___3___   ___1___   ___2___   ___3___   __3/4?__

CD2-30

B. Quel verbe? Say the verb that comes to mind when you think of each of the following. Then, listen for a suggested response.

1. une soprano
2. une radio
3. un livre de mathématiques
4. une pizza
5. une cigarette
6. Fred Astaire
7. Amtrak
8. un cadeau
9. un problème

CD2-31

C. Qui est-ce? You will hear the names of categories to which the persons or objects below belong. Choose the person or thing that belongs to that category and say it aloud. Then, check your answer with the suggested response.

YOU HEAR: un homme
YOU SAY: Monsieur Lagache
YOU CHECK: Monsieur Lagache

Madame Dubois   Jacqueline   Meryl Streep
Monsieur Lagache   le tennis   le petit Dubois
un chat   Madrid   Londres

CD2-32

D. Complétez. As you hear each verb, choose a plausible continuation for it from the list below. Check your answer with the answer on the CD.

un film / un cadeau / la radio / espagnol / le dimanche / la chambre / en France / le père et la mère

1. ...   3. ...   5. ...   7. ...
2. ...   4. ...   6. ...   8. ...

CD2-33

E. C'est amusant? Is it fun or not? React to each of the statements you hear by saying **c'est amusant** or **ce n'est pas amusant.** Then compare your answer with the CD.

YOU HEAR: regarder la télévision?
YOU SAY: c'est amusant *or* ce n'est pas amusant
YOU COMPARE: c'est amusant

1. ...   3. ...   5. ...
2. ...   4. ...   6. ...

Les mots et les phrases

CD2-34

A. Combien de personnes? For each of the sentences you hear, decide if one person or more than one person is being talked about. Circle your answer.

YOU HEAR: Elles aiment beaucoup la musique.

YOU CIRCLE: *more than one* because you heard **elles aiment** and not **elle aime**
/z/

1. one   (more than one)   5. one   more than one
2. (one)   more than one   6. (one)   more than one
3. one   (more than one)   7. one   (more than one)
4. one   (more than one)   8. one   (more than one)

CD2-35

B. Qui parle? Identify the subject of each of the following sentences by circling the pronoun you hear. The first one has been done for you.

1. je	tu	il	elle	nous	(vous)	ils	elles	on
2. je	tu	il	elle	(nous)	vous	ils	elles	on
3. je	tu	il	(elle)	nous	vous	ils	elles	on
4. je	(tu)	il	elle	nous	vous	ils	elles	on
5. je	tu	il	elle	nous	vous	(ils)	elles	on
6. je	tu	il	elle	nous	vous	ils	(elles)	on
7. je	(tu)	il	elle	nous	vous	ils	elles	on
8. je	tu	il	elle	nous	vous	ils	elles	(on)

CD2-36

C. Une amie de Céline Dubois. Céline is talking about her friend. Listen to what she has to say and, for each statement, decide if she is using an (**A**) affirmative (**elle est**) or an (**N**) negative (**elle n'est pas**) sentence. Circle your answer.

1. A   N   5. A   N
2. A   N   6. A   N
3. A   N   7. A   N
4. A   N   8. A   N

CD2-37

D. Et toi, tu… Olivier and his roommate have not been getting along. Use the following suggestions to play the role of Olivier as he complains to his roommate about his bad habits. Then, check your answer with the response on the CD.

YOU HEAR: ne pas travailler

YOU SAY: Tu ne travailles pas!

YOU CHECK: Tu ne travailles pas!

1. manger beaucoup   5. regarder trop la télévision
2. parler au téléphone   6. ne pas écouter
3. ne pas ranger la chambre   7. parler trop
4. écouter des CD d'Elvis Presley

CD2-38

E. Et vous, vous… Now a third student moves in with Olivier and his roommate! This new roommate is a carbon copy of the other one. Help Olivier tell *both of them* what they do that drives him crazy.

YOU HEAR: ne pas travailler
YOU SAY: Vous ne travaillez pas!
YOU CHECK: Vous ne travaillez pas!

1. manger beaucoup
2. parler au téléphone
3. ne pas ranger la chambre
4. écouter des CD d'Elvis Presley

5. regarder trop la télévision
6. ne pas écouter
7. parler trop

CD2-39

F. Et eux, ils… Obviously, complaining has done no good. Olivier is now talking to the person in charge of room assignments and telling him why he needs to change rooms immediately.

YOU HEAR: ne pas travailler
YOU CHECK: Ils ne travaillent pas!
YOU SAY: Ils ne travaillent pas!

1. manger beaucoup
2. parler au téléphone
3. ne pas ranger la chambre
4. écouter des CD d'Elvis Presley

5. regarder trop la télévision
6. ne pas écouter
7. parler trop

CD2-40

G. Mais c'est à qui? M. Laurent would like to clean up the house, but since he is not sure what belongs to whom, he has to ask his wife. Answer each question, following the model. Then, check with the CD.

YOU HEAR: C'est le livre de Christine?
YOU SAY: Oui, oui, c'est son livre!
YOU CHECK: Oui, oui, c'est son livre!

1. C'est le cahier de Marie-Sophie?

   Oui, oui,…

2. Ce sont les photos de Jean-Pierre?

   Mais non,…

3. C'est la radio de Patrick?

   Oui, oui,…

4. Ce sont les CD de Patrick et de Renaud?

   Mais non,…

5. Ce sont tes clés?

   Oui, oui,…

CD2-41

H. Styles de vie. A group of French students has been visiting a North American university and talking to students there about campus life. Here are some excerpts from their conversations. For each, decide if you are listening to a question (**Q**) or a statement (**S**). Circle your answer.

1. Q   S
2. Q   S
3. Q   S

4. Q   S
5. Q   S
6. Q   S

7. Q   S
8. Q   S

CD2-42

I. Préparations. The same group of French students is coming to your campus. Use the suggestions below to describe university life. Then listen to the answer on the CD. Do you agree?

YOU HEAR: adorer sortir
YOU SAY: Nous adorons sortir.
YOU CHECK: Nous adorons sortir.

1. manger à l'université

2. ne pas travailler beaucoup le week-end

3. regarder les sports à la télévision

4. ne pas fumer dans les classes

5. écouter la radio dans les chambres

6. détester les examens

7. voyager au printemps

8. travailler en été

9. aimer danser, boire et rire

CD2-43

J. Et vous, vous… ? Now, use the following expressions to ask about life on French campuses. Use either **vous + est-ce que** or **vous + intonation** as indicated. Listen to the answer on the CD to check your response.

1. (est-ce que) manger à l'université

2. (intonation) ne pas travailler beaucoup le week-end

3. (intonation) regarder les sports à la télévision

4. (est-ce que) fumer dans les classes

5. (est-ce que) écouter la radio dans les chambres

6. (intonation) détester les examens

7. (intonation) voyager au printemps

8. (est-ce que) travailler en été

9. (intonation) aimer danser, boire et rire

CD2-44

K. Les parents ne sont jamais contents! Jean-Marc's parents are not happy with him today. What do they want him to do? Listen, and then tell Jean-Marc what to do. Check your answers with the answers on the CD.

YOU HEAR: ranger sa chambre
YOU SAY: Range ta chambre!
YOU CHECK: Range ta chambre!

1. …   4. …

2. …   5. …

3. …

À l'écoute de...

CD2-45

A. Opinions... Jean-Paul has an opinion on everything. Do you agree with him? If you do, say: **Moi, je pense que oui.** If you don't, say: **Moi, je pense que non.**

1. ...   3. ...   5. ...

2. ...   4. ...   6. ...

CD2-46

B. La famille Simonard. Listen as the various members of the Simonard family are described to you by Julie, the youngest in the family. Then, fill in the chart with *who they are* to her (*her mother, her sister,* etc.—in French of course! Don't forget the possessive adjective), *ONE* thing that they are like (one adjective) and *ONE* thing that they are not like (another adjective), and *ONE* thing that they like *or* don't like. You may need to listen more than once.

Jennifer Simonard: c'est _____.

Elle est _____

et elle n'est pas _____.

Elle _____.

Philippe Simonard: c'est _____.

Il est _____

et il n'est pas _____.

Il _____.

Charlotte Simonard: c'est _____.

Elle est _____

et elle n'est pas _____.

Elle _____.

Martin Simonard: c'est _____.

Il est _____

et il n'est pas _____.

Il _____.

CD2-47

C. Et les Dubois? Listen as the various members of the Dubois family talk about their lives. For each one, fill in the chart with the things they like and don't like. You may need to listen more than once.

| | **Vincent Dubois** | **Thérèse Dubois** | **Céline Dubois** | **Jean-Marc Dubois** |

	Ils aiment	**Ils n'aiment pas**
Vincent Dubois	*rire, sortir, manger et boire*	
Thérèse Dubois		
Céline Dubois		
Jean-Marc Dubois		

Le français parlé

CD2-48

A. Vincent n'est pas sérieux! Thérèse and Vincent are at home and there is a problem. Find out why by listening to the two short conversations and decide if the following statements are true (**V**) or false (**F**).

1. Vincent fume une cigarette dans la maison.   V   F

2. Thérèse n'aime pas les cigarettes dans la maison.   V   F

3. Thérèse pense que Vincent est raisonnable.   V   F

4. Vincent pense que Thérèse est amusante.   V   F

5. Maintenant, Vincent n'est pas heureux.   V   F

6. L'ami de Vincent comprend bien Vincent.   V   F

CD2-49

B. Du français parlé au français écrit. Thérèse is explaining her problem to her friend Nathalie and she is using words (fillers) to express feelings, hesitations and pauses, as is often the case when people talk to each other. Now, imagine that she is writing an email to Nathalie instead of speaking to her. What would her email be like? Don't forget other characteristics of oral French that you have learned.

Nathalie, ça va pas avec Vincent! J'aime pas les cigarettes dans la maison et euh... Vincent aime pas fumer dehors *(outside)* en hiver. Ben, j'sais bien qu'il fume dans la maison et euh... j'aime pas ça! Chuis pas pénible, mais euh... j'comprends pas Vincent...

_____

_____

Leçon 5

Les âges de la vie

Les sons du français

CD3-2

A. La voyelle /ɛ/. The French /ɛ/ closely resembles the sound of *e* in the English word *set*. To produce the French sound /ɛ/, say *set* and then tense your lips and tongue: you are now saying the French word **sept**. Listen as you hear pairs of English and French words. Try to hear the difference between the two words. Then replay the CD and repeat the words along with the speaker to feel for yourself how the pronunciation of the two sounds differs.

English	French
1. set	sept
2. led	laide
3. bet	bête
4. bell	belle

CD3-3

B. /e/ ou /ɛ/? The sound /e/ usually occurs in open syllables, that is, when a syllable ends with a vowel sound. The sound /ɛ/ usually occurs in closed syllables, that is, when a syllable ends with a consonant sound. Listen and repeat the following pairs of words.

/e/ in open syllable	/ɛ/ in closed syllable
1. les	laide
2. chez	chaise
3. été	elle
4. premier	première

CD3-4

C. La liaison. Liaison, or linking, occurs when the silent consonant that ends one word is linked with the vowel beginning the following word, as in **vous avez**. Listen to each sentence and mark the liaisons that you hear the speaker make.

1. Il y a des enfants dans la maison.

2. Vous avez un stylo?

3. Vous êtes fatigué?

4. Elles ont un ordinateur.

CD3-5

D. *Ils ont* ou *ils sont*? Because of liaison, you will hear a z-sound in **ils/elles ont**. There is an s-sound in **ils/elles sont**. Listen to the following sentences and decide if you hear **ont** or **sont**. Circle your answers.

1. Ils ont	Ils sont	3. Ils ont	Ils sont	5. Elles ont	Elles sont
2. Ils ont	Ils sont	4. Ils ont	Ils sont	6. Elles ont	Elles sont

CD3-6

E. Les chiffres. Listen and mark the liaisons that you hear.

1. un enfant   un chat
2. deux enfants   deux chats
3. trois enfants   trois chats
4. quatre enfants   quatre chats
5. cinq enfants   cinq chats

6. six enfants   six chats
7. sept enfants   sept chats
8. huit enfants   huit chats
9. neuf enfants   neuf chats
10. dix enfants   dix chats

CD3-7

F. Une comptine. In this French counting-out rhyme you will be counting wings (**les ailes**). Can you get the play on words at the end? Listen first, then replay the CD and read along with the speaker.

Une aile, deux ailes, trois ailes, quatre ailes, cinq ailes, six ailes, sept ailes! (C'est elle.)

Les sons et les mots

CD3-8

A. Le prix, s'il vous plaît. Listen to the cashier as she rings up the items people have bought. Circle the price of each item.

1. 5€   50€   15€
2. 18€   68€   78€
3. 29€   89€   20€

4. 62€   72€   12€
5. 47€   87€   27€
6. 75€   65€   95€

CD3-9

B. Quel est le prix? Now you are the cashier. Add up each order, then listen to the speaker to check your addition.

YOU READ: 14 + 5 + 25 =
YOU SAY: 14 et 5 et 25, 44
YOU CHECK: 14 et 5 et 25, 44

1. 23 + 5 =
2. 31 + 20 =
3. 44 + 6 =
4. 81 + 2 + 7 =
5. 73 + 7 =
6. 12 + 30 + 6 + 4 =

CD3-10

C. C'est quelle page, s'il vous plaît? M. Salam always starts his French class by telling his students what page to turn to in their books. Write down the number of the page the class started on each day last week. Then, listen and write down the assignment for next Monday.

lundi: _____   mercredi: _____   vendredi: _____

mardi: _____   jeudi: _____

Pour lundi: _____, _____, _____ et _____ à _____.

CD3-11

D. Des adresses pour étudier le français. Here are some addresses that might be useful if you want to study French in France. Listen and complete them.

1. Université d'Aix-Marseille III – I.E.F.E.E. _____, rue Gaston de Saporta, 13625 Aix-en-Provence.

2. Centre d'Études Linguistiques d'Avignon. _____, rue Sainte Catherine, 84000 Avignon.

3. Institut d'Enseignement de la Langue Française sur la Côte d'Azur. _____, avenue de Toulon, 83400 Hyères.

4. Université de Nice Sophia Antipolis. _____, boulevard Édouard Herriot, 06200 Nice.

5. Cours de Civilisation Française de la Sorbonne. _____, rue des Écoles, 75005 Paris.

6. Institut Parisien de Langue et de Civilisation Françaises. _____, boulevard de Grenelle, 75015 Paris.

CD3-12

E. Pour téléphoner à l'étranger. Here are the area codes used in France to telephone someone outside of the country. Imagine that you're filling in on an emergency basis for a telephone operator handling overseas calls. Tell the people on the phone what the country code is.

pays demandés	numéro
Australie	61
Chine (Rép. pop. de)	86
Espagne	34
États-Unis (excepté Alaska et Hawaï)	1
Mexique	52
Norvège	47
Sri-Lanka	94

YOU HEAR: L'Espagne, s'il vous plaît.
YOU SAY: C'est le 34, monsieur.
YOU CHECK: Le 34, merci.

CD3-13

F. Un chat, un chien et un oiseau. Look at the picture. Then decide if the sentences you hear on the CD are **vrai** *(true)* or **faux** *(false)* and circle the appropriate word.

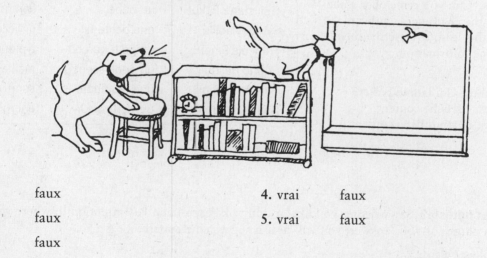

1. vrai   faux   4. vrai   faux

2. vrai   faux   5. vrai   faux

3. vrai   faux

CD3-14

G. Et maintenant? What happened? Look at the picture again and answer the questions you hear on the CD. Compare your answer with the answer on the CD. Your answer does not need to be as detailed as the answer on the CD.

1. ...   3. ...

2. ...   4. ...

Les mots et les phrases

CD3-15

A. Mais qui donc? Listen to the following sentences and decide if each one is about only one person or more than one person. Circle your answers.

1. one   more than one
2. one   more than one
3. one   more than one
4. one   more than one

5. one   more than one
6. one   more than one
7. one   more than one
8. one   more than one

CD3-16

B. Qui part quand? Use the verb **partir** to say who's leaving when for Christmas vacation.

Marc	**16 décembre**
Jean-Pierre	**10 décembre**
Janine et Éric	**13 décembre**
les professeurs	**20 décembre**
vous	**17 décembre**

YOU HEAR: Qui part le 16 décembre?
YOU SAY: Marc part le 16 décembre.
YOU CHECK: Oui, oui, Marc part le 16 décembre.

CD3-17

C. Qualités et défauts. You are going to hear some students discussing their professors. For each, decide if the professor is male or female and circle your answer.

1. un homme   une femme
2. un homme   une femme
3. un homme   une femme

4. un homme   une femme
5. un homme   une femme
6. un homme   une femme

CD3-18

D. Présentez-les. Can you remember some characteristics of the characters you were introduced to in this lesson? Describe them using the following information.

Guillaume Firket	un bébé	content
Sylvie Mabille	une petite fille	difficile
François Pinel	un petit garçon	typique
Cédric Rasquin	un adolescent	malheureux
Suzanne Mabille	une étudiante	sportive
Béatrice Dubois	un professeur	énergique

YOU HEAR: Qui est Guillaume Firket?
YOU SAY: C'est un bébé content.
YOU CHECK: Oui, c'est un bébé content.

1. ...   3. ...   5. ...
2. ...   4. ...

CD3-19

E. On aime ou on déteste? Say whether you like or don't like each item. Pay attention to where you put the adjective. After a pause for your answer, you will hear a suggested response.

YOU HEAR: les films / vieux
YOU SAY: J'aime les vieux films. *or* Je n'aime pas les vieux films.

1. ...   3. ...   5. ...
2. ...   4. ...   6. ...

CD3-20

F. Moi aussi! Are you like the people in the following activity? If so, say **Moi aussi!** If not, say **Pas moi!**

YOU HEAR: Daniel aime les films français.
YOU SAY: **Moi aussi!** (if you like French films) *or* **Pas moi!** (if you don't).

1. …   3. …   5. …   7. …
2. …   4. …   6. …   8. …

À l'écoute de...

CD3-21

A. Photos de famille. Listen as Christine describes old pictures of her family. Write a caption under each photo indicating when the photo was taken.

1. Gaby et Esther

_____

2. Maurice, Harold et Gaby

_____

_____

3. Jean, Martine et Janine

_____

_____

CD3-22

B. Ils sont comment? Now, listen to the description of the photos again. This time, write a few details on the chart. You might have to listen more than once.

Who?	Age?	Other details?
1. Esther	X	Elle est très sympathique, très _____, très _____ et très _____.
2. Gaby	____	Il est _____ et très _____, mais aussi un peu _____ (parfois).
3. Harold	X	C'est le vrai _____! Il aime _____, _____ et _____.
4. Maurice	X	Il est très sérieux sur la photo. Mais il est très_____, très _____ et toujours _____.
5. Jean	____	Il est un peu _____, mais il n'est pas _____ _____ et il est _____ (avec les enfants).
6. Martine	X	Elle est très _____ et très _____, et elle est toujours _____.
7. Janine	____	Elle est un peu grosse mais très _____. Elle est très _____ mais aussi très _____.

CD3-23

C. Vrai ou faux? Listen again to the description of the photos. Are the following statements true (**vrai**) or false (**faux**)?

1. Harold est le père d'Esther.	vrai	faux
2. Harold est professeur.	vrai	faux
3. Harold n'est pas très sérieux!	vrai	faux
4. Maurice est psychanalyste.	vrai	faux
5. Maurice est sévère avec les enfants.	vrai	faux
6. Jean habite à Paris.	vrai	faux
7. Jean parle trois langues.	vrai	faux
8. Martine n'a pas d'enfants.	vrai	faux
9. Martine aime beaucoup la musique classique.	vrai	faux
10. Janine ne travaille pas.	vrai	faux
11. Janine et Jean ont quatre enfants.	vrai	faux
12. Janine ne parle pas beaucoup.	vrai	faux

Le français parlé

CD3-24

A. Des photos. Listen to the conversation between Mariam and her friend Delphine and circle all the correct answers:

1. La sœur de Mariam s'appelle: Dina   Sima   Gina

2. La mère de Mariam est de: Téhéran   Oran   Perpignan

3. Le père de Mariam est: iranien   marocain   français

4. La sœur de Mariam a: 22 ans   24 ans   32 ans

5. La sœur de Mariam est: bavarde   élégante   belle   ennuyeuse   intelligente   égoïste   sympathique   triste

6. La sœur de Mariam est: étudiante   médecin

7. Dans la famille de Delphine, il y a: deux enfants   trois enfants   quatre enfants

CD3-25

B. Du français parlé au français écrit. When people speak, they only use complete sentences when necessary. If a speaker spoke in complete sentences, it would be quite annoying to listeners. In writing, however, complete sentences are normally used. If Mariam were writing an email about Delphine's brothers, what would she write? Transform the following conversation into a narrative:

—Oui, j'ai deux frères… Regarde…
—Ils s'appellent comment?
—Fabien et Xavier.
—Ils sont plus âgés que toi?
—Non, plus jeunes.
—Ils habitent chez tes parents, alors?
—Oui, oui, à Perpignan.
—Ils sont sympas.
—Oui, mais un peu pénibles aussi! Et souvent pas drôles!

Delphine a deux frères. Ils s'appellent _____

_____

_____ .

Leçon 6

L'espace et le temps

Les sons du français

CD3-26

A. Le son /o/. The French sound /o/ as in the word **trop** is similar to the sound heard in the English words *bone* or *own*, but without a glide or diphthong. To pronounce /o/, round your lips and push them forward as you did to pronounce /u/ as in **vous**. Then push your tongue back and bunch it up in the back of your mouth. You will be saying the sound /o/ as in **vos**. Listen and repeat the following words containing /o/. Note the various spellings of /o/.

1. numér<u>o</u>
2. b<u>eau</u>
3. Cl<u>au</u>de

4. ch<u>au</u>d
5. anim<u>au</u>x

CD3-27

B. Anglais ou français? Listen as the speaker first pronounces a word in English and then a word in French. Compare the glided vowel of English to the single vowel sound of French.

anglais	français		anglais	français
1. dough	dos		4. mow	animaux
2. beau	beau		5. sew	seau
3. foe	faux		6. show	chaud

CD3-28

C. L'élision. Élision is the dropping of the final **e** or **a** of words like **le, la,** and **je** when followed by a word beginning with a vowel. Listen and underline where **élision** occurs.

1. Ils ne sont pas à l'hôpital.
2. J'aime l'ami d'Élise.
3. Nous n'avons pas beaucoup d'amis.

4. Voilà l'appartement d'Anne.
5. Est-ce qu'elle va à l'école?

CD3-29

D. Une chanson à dormir. Here is a French lullaby. The little brother, Colas, is told to "go beddy-bye" (**fais dodo**). If he does, he'll get some milk (**du lolo** [in baby talk]). Mommy is upstairs making a cake and Daddy is downstairs making chocolate. Listen and underline all the /o/ sounds you hear.

Fais dodo, Colas mon p'tit frère,
Fais dodo, t'auras du lolo!
Maman est en haut qui fait du gâteau,
Papa est en bas qui fait du chocolat.
Fais dodo, Colas mon p'tit frère,
Fais dodo, t'auras du lolo!

Les sons et les mots

CD3-30

A. Les mots nouveaux. Circle the word you hear in each sentence.

1. briller	nager	skier
2. église	poste	piscine
3. journée	jour	jouer
4. trouver	terminer	préférer
5. commencer	au soleil	soir
6. montagne	champ	campagne

CD3-31

B. *Dans* ou *en*? Do you hear **dans** or **en**? Circle your answer.

1. dans	en	**4.** dans	en
2. dans	en	**5.** dans	en
3. dans	en	**6.** dans	en

CD3-32

C. Répondez! Answer each question using **dans** or **en** plus the words suggested. Follow the model and check your answer with the CD.

YOU HEAR: Où es-tu à neuf heures et demie?
YOU SAY: En classe.
YOU CHECK: En classe.

1. ville

2. un petit restaurant

3. ma chambre

4. juillet

5. hiver

6. son bureau

CD3-33

D. Horaires de train. The trains are leaving! Listen and circle the four departure times you hear.

Numéro	**EC** 21	**EC** 21	**EC** 23	**EC** 25	**EC** 27/427
Places assises	1-2	1-2	1-2 ★	1-2 ★	1-2 ★
Restauration	🍽	🍽	🍽	🍽	🍽
Jours de circulation	③	④			
Paris-Gare de Lyon	6.55	7.14	12.25	14.20	18.06
Dijon		8.52	14.03	15.58	19.46
Dole		9.16		16.21	|
Frasne		10.11		17.11	21.03
Pontarlier					21.21
Neuchâtel					22.04
Bern					22.37
Vallorbe		10.32	15.32	17.32	21.23
Lausanne arr.	10.55	11.06	16.06	18.06	21.57
Milano	—	14.40	19.45	21.45	—

③ Sauf samedis, dimanches et fêtes. ④ Les samedis, dimanches et fêtes.

CD3-34

E. De Paris à Lausanne. Look again at the schedule in Exercise D. Can you answer these questions about the train schedule for the Paris-to-Lausanne line? Compare your answers to those suggested on the CD. An **express** is a train that makes no more than one stop.

1. ...   3. ...

2. ...   4. ...

CD3-35

F. Plan de la ville. Say if the following are places that can or cannot be found in this part of Livreville. Circle **oui** or **non**.

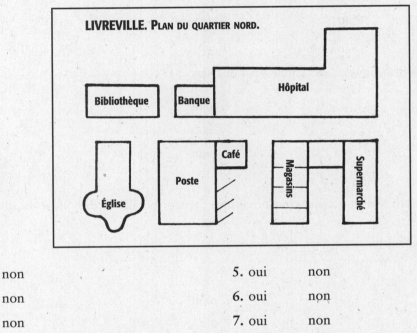

LIVREVILLE. Plan du quartier nord.

1. oui   non   5. oui   non

2. oui   non   6. oui   non

3. oui   non   7. oui   non

4. oui   non   8. oui   non

CD3-36

G. Où est? Now, refer to the map in Exercise F and say what each place is next to. Then listen to some possible answers.

YOU HEAR: le supermarché
YOU SAY: à côté des magasins

1. ...   3. ...   5. ...

2. ...   4. ...   6. ...

CD3-37

H. Sensations! Vous avez chaud? Vous avez froid? Vous avez sommeil? React to the following situations, then check your answer with the answer on the CD.

YOU HEAR: Il est minuit et vous étudiez dans votre chambre.
YOU SAY: J'ai sommeil!
YOU CHECK: J'ai sommeil!

1. ...   3. ...   5. ...

2. ...   4. ...   6. ...

Les mots et les phrases ===========

CD3-38

A. Quel verbe? Circle the verb you hear in each sentence. Then replay the CD and write the correct form of the verb on the line. The first one is done for you.

1. (aller) avoir être *vas* _____

2. aller avoir être _____

3. aller avoir être _____

4. aller avoir être _____

5. aller avoir être _____

6. aller avoir être _____

CD3-39

B. On va en ville. Everyone has plans in town this afternoon. Say what each person is doing, following the model. Then check your answers with those on the CD.

YOU SEE AND HEAR: Claude / à la poste
YOU SAY: Claude va à la poste.
YOU CHECK: Claude va à la poste.

1. Nous / au restaurant   4. Les copains / au cinéma

2. Tu / en ville avec nous?   5. Je / à la banque

3. Paul / à l'hôpital   6. Vous / au supermarché?

CD3-40

C. Tu ne m'écoutes pas! Alceste is only half listening to Candide. As a result, his answers don't always make sense. Listen and circle **oui** if Alceste's answer makes sense. Circle **non** if it doesn't.

1. oui   non   3. oui   non

2. oui   non   4. oui   non

À l'écoute de... ===========

CD3-41

A. Emploi du temps. Here is Anne's schedule. Listen as she talks with Jean-Pierre. Circle **oui** if she is following her schedule, **non** if she is not.

8h	Histoire
9h – 12h	Bibliothèque
12h	Déjeuner (cafétéria)
2h – 4h	Étudier (chambre)
5h – 6h	Café
6h – 10h	Étudier

1. oui   non   4. oui   non

2. oui   non   5. oui   non

3. oui   non

CD3-42

B. Le plan de l'université. Jean-Luc, a newly arrived exchange student, has a campus map, but the legend is missing. Listen as he asks another student for help and write the number of each building next to its name. The first one has been done for you. You may have to replay and listen several times to get all the information.

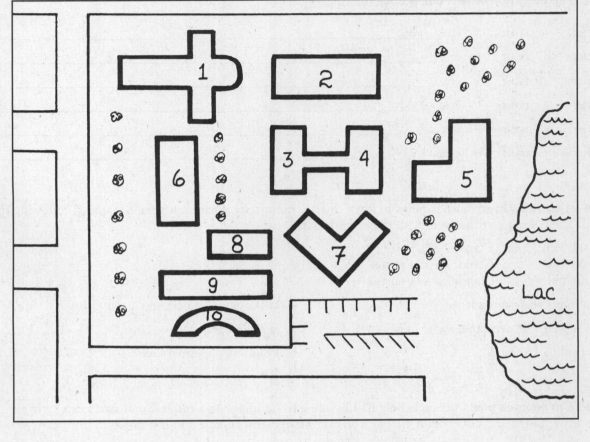

_____ la bibliothèque   _____ la Faculté d'Histoire

_____ la Maison Internationale   _____ l'Institut des Langues Modernes

_1_ l'église   _____ la Faculté de Chimie

_____ l'École de Médecine   _____ le musée

_____ la Faculté de Physique   _____ l'Institut des Langues Orientales

Le français parlé

CD3-43

A. Deux amies. Listen to the conversation between two friends, Florence and Christine, and circle the correct answers.

1. Florence habite à: Orléans / Toulouse / Paris

2. Christine habite à: Orléans / Toulouse / Paris

3. Christine cherche: un gâteau / un cadeau / son chien

4. La maman de Christine: est malade / va bien / est triste

5. Christine va au restaurant à: 11h30 / 12h / 12h30

6. L'après-midi, Christine va: dans un magasin / chez sa mère / à la piscine

7. Le soir, Florence est: chez sa sœur / chez sa mère / chez elle

8. Christine part: demain matin / demain après-midi / demain soir

9. Christine va aller chez Florence: le soir / demain matin / demain après-midi

10. Christine va chez Florence: seule / avec des amis / avec sa famille

11. Christine ne sait pas: que c'est l'anniversaire de Florence / comment aller chez Florence / à quelle heure aller chez Florence

CD3-44

B. Du français parlé au français écrit. In spoken French, questions are often more informal than in writing. Here are four questions from the conversation which are typical of oral French. To make them more formal, rewrite the questions by using inversion or **est-ce que**. Note that in one case, you will have to add a verb.

1. Tu habites où, maintenant? _____

2. Et toi, toujours à Orléans? _____

3. Elle va bien, ta maman? _____

4. Tu as un moment? _____

5. Tu pars quand? _____

Leçon 7

Famille, familles...

Les sons du français

CD4-2

A. Le son /ɔ/. The French sound /ɔ/ as in the word **bonne** is approximately intermediate between the English vowel sound in words like *caught* and the sound in words like *cot*. Try to imitate the speaker as you repeat the following words.

1. une p<u>o</u>mme
2. une n<u>o</u>te
3. m<u>o</u>rt
4. une éc<u>o</u>le
5. Elle est f<u>o</u>lle.
6. Tu s<u>o</u>rs?

CD4-3

B. Le son /o/ ou le son /ɔ/? In general, the sound /o/ is found in open syllables (those that end with a vowel sound) and before the sound /z/, while the sound /ɔ/ is found in closed syllables (those that end with a consonant sound). Listen and repeat after the speaker.

le son /o/	le son /ɔ/
1. all<u>ô</u>	une p<u>o</u>rte
2. un cad<u>eau</u>	un eff<u>o</u>rt
3. b<u>eau</u>	b<u>o</u>nne
4. b<u>eau</u>coup	télép<u>o</u>ne
5. f<u>au</u>teuil	espagn<u>o</u>l
6. r<u>o</u>se	sp<u>o</u>rtif

CD4-4

C. Le son /a/. The sound /a/ in French is intermediate between the vowel sound in the English word *pat* and the one in the word *pot*. Listen and repeat after the speaker.

1. Ils <u>a</u>rrivent <u>à</u> midi.
2. Voilà p<u>a</u>p<u>a</u>!
3. Voilà le g<u>â</u>teau.
4. C'est l<u>a</u> f<u>e</u>mme de P<u>a</u>trick.

Les sons et les mots

CD4-5

A. La météo. Here are some excerpts from a French weather report. As you listen, verify the information by referring to the weather map. If what you hear is true, circle **vrai**. If what you hear is false, circle **faux**.

Lille

PARIS   Strasbourg

Nantes

Limoges

Biarritz

Nice

Marseille

☀	ENSOLEILLÉ
☁	COUVERT
🌧	PLUIE
⇨	VENT
❄	NEIGE

1. vrai   faux   3. vrai   faux   5. vrai   faux

2. vrai   faux   4. vrai   faux   6. vrai   faux

CD4-6

B. À vous. Play the role of weather person. Look at the map again and tell what the weather is like in each city. Then listen for a suggested response.

1. À Paris…   2. À Marseille…   3. À Lille…   4. À Strasbourg…

CD4-7

C. Trois familles: les photos. Here are family photographs of three families. You will hear one person from each family talk about his or her family. As you listen, decide which family each speaker belongs to.

les Durand   les Martin   les Leupin

1. C'est Olivier qui parle. C'est la famille _____.

2. C'est Marie-Camille qui parle. C'est la famille _____.

3. C'est Joseph qui parle. C'est la famille _____.

CD4-8

D. Trois familles: écoutez bien. Here is some more information about the three families in Exercise C. As you listen, jot down notes to help you remember who belongs to what family. You may want to write the names of family members next to their pictures. You will need this information for Exercise E also.

1. C'est Christine Martin qui parle. Il y a _____ personnes dans la famille. Christine Martin, c'est la _____. Elle a deux _____: le petit s'appelle _____ et le grand s'appelle _____. Il n'y a pas de _____ dans la famille.

2. C'est Paul Durand qui parle. Il y a _____ personnes dans la famille. Paul Durand, c'est le _____. Il a une _____ qui s'appelle Marie-Camille, une _____ qui s'appelle Laurie et un _____ qui s'appelle Patrick. Laurie a beaucoup d(e) _____ et Patrick est très _____.

3. C'est Mathilde Leupin qui parle. Il y a _____ personnes dans la famille. Le _____ de Mathilde s'appelle Joseph. Sophie est la _____ de Mathilde et de Joseph et elle habite avec eux parce que ses _____ sont morts.

CD4-9

E. Trois familles: à vous. Using the information you've gathered in Exercises C and D, give the family relationships. You will hear a suggested response after your answer.

YOU HEAR AND SEE: Olivier / Luc
YOU SAY: Olivier est le frère de Luc.
YOU CHECK: Olivier est le frère de Luc.

1. Mathilde / Joseph
2. Patrick / Marie-Camille
3. Marie-Camille / Laurie et Patrick
4. Mathilde / Sophie
5. Laurie / Patrick
6. Sophie / Joseph

Les mots et les phrases

CD4-10

A. *Il fait* ou *ils font*? Circle the verb you hear.

1. fait   font
2. fait   font
3. fait   font
4. fait   font
5. fait   font

CD4-11

B. Chez les Martin. Listen once without writing to find out how household chores are taken care of at the Martins'. Then, replay to listen a second time and fill in the missing words.

C'est Christine Martin qui parle.

Moi, je travaille de huit heures du matin jusqu'à cinq heures du soir. C'est impossible de tout _____ moi-même et nous ne sommes pas riches. Pas de femme de ménage chez nous!

Je _____ et je _____ le soir. On n'est pas à la

maison à midi et le matin, c'est vite fait. Clivier et Luc _____ lit et, en

principe, ils _____ chambre, mais en réalité... Alors, le soir, Olivier

_____ et le week-end nous _____ tous _____.

CD4-12

C. Singulier ou pluriel? Circle the verb form you hear in each sentence.

1. veux   voulez   4. veux   voulez

2. veut   veulent   5. veut   veulent

3. veux   voulons

CD4-13

D. Qu'est-ce qu'ils veulent? Use the verb **vouloir** to say what each person wants. Then listen for the suggested answer.

1. Luc et Olivier / ne pas vouloir / faire le ménage le week-end

2. Mathilde Leupin / vouloir / dormir

3. Je / vouloir / sortir le soir

4. Tu / vouloir / sortir le soir

CD4-14

E. *Le* ou *le*? Do you hear an article (**un article**) or a direct object pronoun (**un pronom d'objet direct**)? Circle your answers.

1. article   pronom d'objet direct   5. article   pronom d'objet direct

2. article   pronom d'objet direct   6. article   pronom d'objet direct

3. article   pronom d'objet direct   7. article   pronom d'objet direct

4. article   pronom d'objet direct   8. article   pronom d'objet direct

CD4-15

F. Masculin ou féminin? Are the following people talking about something masculine (**le**), something feminine (**la**), or is it impossible to tell (**l'**)? Circle your answers.

1. le   la   l'   4. le   la   l'   7. le   la   l'

2. le   la   l'   5. le   la   l'   8. le   la   l'

3. le   la   l'   6. le   la   l'   9. le   la   l'

CD4-16

G. Singulier ou pluriel? Are these people referring to one thing (**le, la, l'**) or to more than one thing (**les**)? Circle your answers.

1. le, la, l'   les   4. le, la, l'   les   7. le, la, l'   les

2. le, la, l'   les   5. le, la, l'   les   8. le, la, l'   les

3. le, la, l'   les   6. le, la, l'   les   9. le, la, l'   les

CD4-17

H. Des ordres! Say that yes, you're going to do what you were asked to do. Then compare your answers with those on the CD.

YOU HEAR: Range ton dictionnaire!
YOU SAY: Oui, oui, je vais le ranger.

YOU HEAR: Ne regarde pas la télévision!
YOU SAY: Non, non, je ne vais pas la regarder.

1. ...   3. ...   5. ...

2. ...   4. ...   6. ...

CD4-18

I. Qu'est-ce que vous aimez? Now say what you like and don't like. Use direct object pronouns to avoid being repetitious. Then listen to the speaker. You don't have to say as much as the speaker does.

YOU HEAR: Tu aimes les chiens, toi?
YOU SAY: Oui, je les aime. *or* Non, je ne les aime pas.
YOU CHECK: Ah oui, je les aime, j'adore les animaux!

1. ...   3. ...   5. ...

2. ...   4. ...

À l'écoute de...

CD4-19

Quelles nouvelles? Two old friends have met for the first time in years. Listen as they catch up with each other's lives.

CD4-20

A. Qui? Listen again and fill in the missing information.

Sylvie:		
où elle travaille	_____	
âge des enfants	Julien:	_____
	Marie:	_____
nom du mari	_____	

Pierre:	
où il travaille	*chez Peugeot* _____
où il habite	_____
nom de sa femme	_____
il a des enfants?	_____
temps qu'il fait	en hiver: _____
	en été: _____

CD4-21

B. Vrai ou faux? Listen again to the conversation between Sylvie and Pierre and decide if the following statements are true (**vrai**) or false (**faux**).

1. Sylvie travaille le matin mais pas l'après-midi.   vrai   faux

2. Sylvie travaille avec des personnes âgées.   vrai   faux

3. Pierre aime beaucoup la ville où il habite.   vrai   faux

4. L'hiver est pénible à Montréal parce qu'il n'y a pas beaucoup de soleil.   vrai   faux

5. La plus belle saison, c'est l'été.   vrai   faux

6. Les parents de Sylvie vont bien.   vrai   faux

7. Le mari de Sylvie cherche un nouveau *(new)* travail.   vrai   faux

8. La femme de Pierre est professeur dans un lycée.   vrai   faux

9. Pendant les vacances, Pierre et sa femme aiment bien rester à la maison.   vrai   faux

10. La femme de Pierre aime bien écrire.   vrai   faux

Le français parlé

CD4-22

A. Retrouvailles. Béatrice hadn't seen Frédéric in many years when one day, she saw him in the street. Listen to the conversation between them, and circle the correct answers.

1. Béatrice et Frédéric ne se sont pas vus depuis *(haven't seen each other for)*: 6 ans / 10 ans

2. Béatrice est mariée avec: Jean / Paul

3. Béatrice habite à: Paris / Toulouse

4. Paul est: grand / petit

5. Béatrice a: deux enfants / trois enfants

6. François est le fils de Béatrice et de: Paul / Jean

7. Frédéric habite: au Canada / en France

8. Frédéric est: marié / célibataire

9. Frédéric est: heureux / malheureux

CD4-23

B. Du français parlé au français écrit. In French, an elision occurs when a vowel is dropped at the end of a word when that word is followed by a word starting with a vowel. This happens with the vowels **a** and **e** in the definite articles (**le, la**), the negation word **ne**, the subject pronoun **je** and the word **que**, for example. It is indicated in writing by an apostrophe:

J'aime mieux lire *qu'écrire.*

Je *n'aime* pas *l'école.*

In informal oral French, there are elisions that don't exist in written French. For example, the **u** of **tu** is often dropped in front of a word starting with a vowel, although this is never the case in written French. Here is the continuation of Béatrice and Frédéric's conversation, as it would be heard in informal oral French. How would it appear if their conversation was in print? Pay attention to elision and words that may be missing in oral French but appear in writing.

Oral French

—Donc, t'aimes Toronto?

—Ah oui, j'adore! Mais j'aime pas

beaucoup l'hiver! Y a trop d'neige!

—Et t'habites dans une maison?

Written French

_____?

_____

_____!

_____?

Leçon 8

Vous êtes artiste ou sportif?

Les sons du français

CD4-24

A. Le son /ø/. The sound /ø/ has no near equivalent in English. It is the sound you hear in the French words **un peu** or **je veux.** To pronounce /ø/, first say the sound /e/ as in **dé.** Then, while saying /e/, try to round your lips to say /ø/. Repeat each pair of words after the speaker.

/e/ as in *dé*	/ø/ as in *deux*
1. vé	veut
2. gé	jeux
3. pé	peux

CD4-25

B. *Deux* ou *douze*? The difference in sound between **deux** and **douze** is frequently difficult for English speakers. Listen to the following sentences. Circle either **deux** or **douze** according to what you hear.

1. deux	douze		4. deux	douze
2. deux	douze		5. deux	douze
3. deux	douze		6. deux	douze

CD4-26

C. Le son /œ/. There is no near English equivalent for /œ/ in French. The sound /œ/ is the sound you hear in words like **jeune** or **seul.** /œ/ is pronounced very much like the sound /ø/ but the jaw is dropped slightly. Listen and repeat the following words that contain the sound /œ/.

1. leur	4. Quelle heure est-il?
2. ils veulent	5. Il est neuf heures.
3. elles peuvent	6. Voilà des fleurs.

CD4-27

D. Le son /ø/ ou le son /œ/? In general, /ø/ is found in open syllables (syllables that end with a vowel sound), and /œ/ is found in closed syllables (syllables that end with a consonant sound). Listen and repeat each pair of words after the speaker.

/ø/	/œ/
1. bleu	fleur
2. vieux	couleur
3. il veut	ils veulent
4. elle peut	elles peuvent

CD4-28

E. Un, deux, trois… This **comptine** tells about going to the woods to gather red cherries in a new basket. Try to say it along with the CD.

1, 2, 3
J'irai dans les bois
4, 5, 6
Cueillir des cerises
7, 8, 9
Dans mon panier neuf
10, 11, 12
Elles seront toutes rouges.

Les sons et les mots

CD4-29

A. Les jeux et les sports. What are people talking about? Write the number of the sentence under the appropriate picture.

_____

_____

_____

_____

_____

_____

CD4-30

B. Qu'est-ce qu'ils font? Use **faire** to say what the following people are doing. Compare your answers with those on the CD.

CD4-31

C. Appréciations. Are the reactions you hear on the CD positive or negative? Circle your answers.

1. positive   négative   4. positive   négative

2. positive   négative   5. positive   négative

3. positive   négative

CD4-32

D. Réagissez! Use one of the following expressions to react to each suggestion on the CD. Compare your answer with those on the CD. Do you agree or not?

c'est merveilleux / c'est ennuyeux / c'est fatigant / c'est formidable

1. …   3. …   5. …

2. …   4. …   6. …

CD4-33

E. Quel sujet? For each dialogue you hear, circle the topic of conversation.

1. Love of competition   2. Going swimming   3. Playing an evening game

   Having a racing bike   Playing tennis   Belonging to a good team

   Competing in races   Pool or beach?   Playing soccer for fun

CD4-34

F. L'orthographe! Listen and fill in the blanks with **sais, c'est,** or **cet.**

—_____ examen est difficile!

—Oui, _____ un examen difficile!

—_____ quand, l'examen?

—Moi, je ne _____ pas, et toi?

Les mots et les phrases ═══════════

CD4-35

A. Quel verbe? What verb do you hear? Circle the appropriate infinitive.

1. pouvoir	vouloir	devoir		4. pouvoir	vouloir	devoir
2. pouvoir	vouloir	devoir		5. pouvoir	vouloir	devoir
3. pouvoir	vouloir	devoir		6. pouvoir	vouloir	devoir

CD4-36

B. On doit, mais on ne peut pas! Here are the things various people ought to do but are unable to do. Say this, using **devoir** and **pouvoir**. Then compare your answers with those on the CD.

YOU SEE AND HEAR: Marine / parler anglais
YOU SAY: Marine doit parler anglais mais elle ne peut pas.
YOU CHECK: Marine doit parler anglais mais elle ne peut pas.

1. Jacques / trouver un travail

2. Christine et sa sœur Stéphanie / être plus gentilles

3. Je / parler plus souvent en classe

4. Vous / aller chez le dentiste?

CD4-37

C. Questions ou réponses? Are the following sentences questions or answers? Circle **Q** for **question** and **R** for réponse.

1. Q R	3. Q R	5. Q R
2. Q R	4. Q R	6. Q R

CD4-38

D. Comment? The connection's really bad. Ask questions to get the information you couldn't hear. Then listen to the answer on the CD.

YOUR HEAR: Avec Marie mmmmmm
YOU SAY: Avec qui?
YOU LISTEN: Avec Marie Merteuil.

1. …	3. …
2. …	4. …

CD4-39

E. La bonne réponse. Answer each question on the CD with one of the suggested responses. Then check your answer with the CD.

1. demain	2. à Paris	3. de ma mère	4. avec mes amis
mon ami	à personne	d'un vélo	avec mon sac et un livre
l'anglais	de rien	de mes grands-parents	avec personne

CD4-40

F. Et la question? As you came in the room, you picked up only the last part of the answer to a question. Say what you think the question might have been. Then, compare your answer to the one suggested on the CD.

YOU HEAR: … à mon père
YOU SAY: À qui est-ce que tu parles?
YOU HEAR: À qui est-ce que tu parles?

1. … à ma sœur

3. … avec mes amis

2. … mes clés

4. … de rien

CD4-41

G. Les changements. Listen. Are the following people changing their habits or not? Circle **oui** or **non**. (HINT: Listen for **ne… plus.**)

1. oui   non

4. oui   non

2. oui   non

5. oui   non

3. oui   non

6. oui   non

CD4-42

H. Changeons! Make some changes in your lifestyle. Say what you're going to do or not going to do anymore. Compare your answers with those on the CD. Do you agree or not?

YOU SEE AND HEAR: faire de l'exercice
YOU SAY: Je vais faire de l'exercice. *ou*
                   Je ne vais plus faire d'exercice.

1. regarder la télévision

3. rester dans ma chambre le soir

2. sortir le mercredi soir

4. faire du jogging

À l'écoute de...

CD4-43

Interview avec un étudiant français. Here is an interview with a French student named Julien, who lives in Grenoble, in the French Alps. What do you think he will talk about?

_____

_____

CD4-44

A. Au sujet de… Listen to the entire interview. Use English or French to identify the topic of each part of the interview.

Segment 1 _____

Segment 2 _____

Segment 3 _____

CD4-45

B. Des détails. Listen to the interview again segment by segment and fill in the information in the grid.

Numéro un

Études	À la Fac des Sciences:
Quand il y a des examens	
Où il habite	
Jours de classe	

Numéro deux

Activités après les cours	Il travaille dans sa chambre ou il _____ _____.
De quoi est-ce qu'on parle?	De politique, de _____, de _____, de _____, des _____, des _____, mais pas beaucoup des _____.
Il étudie où?	Chez lui ou _____ ou _____.
Quel sport fait-il?	Du _____.
Il est dans l'équipe de l'université?	
Quelle est sa musique préférée?	

Numéro trois

Activités préférées du samedi soir?	
Activité préférée du dimanche (en hiver)?	
Activités des vacances d'été?	Avec sa famille: _____ Avec ses copains: _____
Qu'est-ce qu'il ne veut pas faire en été?	

CD4-46

C. La vie étudiante. Write three sentences to describe French students' life according to what you have just learned about it.

1. _____

2. _____

3. _____

Le français parlé

CD4-47

A. Une visite. Matthieu's father is calling him to announce his visit. Listen to the conversation between them, and decide if the following statements are true (**V**) or false (**F**).

1. Le père de Matthieu arrive demain soir.   V   F

2. Le père de Matthieu aime bien les musées.   V   F

3. Ils vont manger chez Matthieu à midi.   V   F

4. Le père de Matthieu veut regarder un match de football le soir. V   F

5. Matthieu a d'autres projets pour le soir.   V   F

6. Matthieu n'a pas le choix: il va changer ses projets pour le soir. V   F

7. Ils vont manger des spaghetti le soir.   V   F

8. Ils vont regarder le match avec les amis de Matthieu.   V   F

9. Le père de Matthieu va rester dormir chez son fils.   V   F

CD4-48

B. Du français parlé au français écrit. As you have already seen in Lesson 6, questions are often more informal in spoken French than in writing. Here are five questions from the conversation which are typical of oral French. Rewrite the questions to make them more formal. You may use inversion or **est-ce que.**

1. Tu arrives? Mais quand?

_____

2. Tu dois pas trop étudier?

_____

3. Tu voudrais faire quoi?

_____

4. Tu sors? Avec qui?

_____

5. Ils aiment pas le foot, tes amis?

_____

Leçon **9**

Qu'est-ce qu'on mange?

Les sons du français

CD5-2

A. Le _h_ aspiré. Most French words beginning with an **h** act as though they began with a vowel and allow **élision** (l'hôtel) and **liaison** (les hôtels). Words beginning with an *aspirate* **h**, however, block both **élision** and **liaison**. Listen and repeat after the speaker.

_h_ non-aspiré	_h_ aspiré
1. les histoires	les haricots verts
2. l'hôtel	le hockey
3. en hiver	en haut *(upstairs)*

CD5-3

B. Les consonnes /p/, /t/ et /k/. Compare your pronunciation in English of the pairs _pit/sip_, _tab/bat_, and _kite/tick_. If you hold your hand in front of your mouth, you will notice a small puff of air after /p/, /t/, /k/ when they begin a word but not when they end one. The French sounds /p/, /t/, /k/ are never produced with a puff of air even when they begin a word. Listen and repeat after the speakers.

—Paul, où est Papa?
—Il téléphone à Thomas!
—À qui? À Catherine?
—Non, pas à Catherine! À Thomas!

CD5-4

C. Une comptine. Listen once. Then replay and try to say the rhyme along with the CD. (**Pomme de reinette** and **pomme d'api** are varieties of apples.)

Pomme de reinette et pomme d'api
Petit tapis rouge
Pomme de reinette et pomme d'api
Petit tapis gris.

Les sons et les mots

CD5-5

A. C'est mangeable? Are the following things edible or not? Circle your answers.

1. oui	non	4. oui	non	7. oui	non
2. oui	non	5. oui	non	8. oui	non
3. oui	non	6. oui	non	9. oui	non

CD5-6

B. Ça se mange ou ça se boit? Do you eat (**manger**) or drink (**boire**) the following items? Circle your answers.

1. manger	boire	**4.** manger	boire	**7.** manger	boire
2. manger	boire	**5.** manger	boire	**8.** manger	boire
3. manger	boire	**6.** manger	boire	**9.** manger	boire

CD5-7

C. Les couleurs et les boissons. What beverages do you associate with each color? Compare your answers to those suggested on the CD.

1. blanc

2. brun

3. noir

4. rouge

CD5-8

D. Fruits, légumes ou viande? Circle the category of each food item.

1. fruit	légume	viande	**5.** fruit	légume	viande
2. fruit	légume	viande	**6.** fruit	légume	viande
3. fruit	légume	viande	**7.** fruit	légume	viande
4. fruit	légume	viande	**8.** fruit	légume	viande

CD5-9

E. C'est bon pour la santé? Are the following items good or bad for your health? Compare your answers to those given by the CD. Do you agree or not?

YOU HEAR: le beurre
YOU SAY: C'est mauvais pour la santé. *or*
      C'est bon pour la santé.
YOU CHECK: Le beurre? C'est mauvais pour la santé!

1. ...	4. ...	7. ...
2. ...	5. ...	8. ...
3. ...	6. ...	9. ...

CD5-10

F. La carte. Listen and say where on a menu you would find each item you hear. Choose among: **les entrées / les viandes / les poissons / les desserts / les boissons.** Check your answer with the CD.

1. ...	5. ...	9. ...
2. ...	6. ...	10. ...
3. ...	7. ...	11. ...
4. ...	8. ...	12. ...

Les mots et les phrases

CD5-11

A. Habitudes! Circle the verb you hear in each of the following statements, which describe personal habits. Then write the correct form of the verb. The first one is done for you.

1. (boire) prendre _boit_

2. boire prendre _____

3. boire prendre _____

4. boire prendre _____

5. boire prendre _____

6. boire prendre _____

7. boire prendre _____

8. boire prendre _____

9. boire prendre _____

CD5-12

B. Quantités. Can you count each of the following things or not? Circle your answers.

1. oui non
2. oui non
3. oui non

4. oui non
5. oui non
6. oui non

7. oui non
8. oui non
9. oui non

CD5-13

C. Qu'est-ce qu'on boit? What do you think these people might drink with their meals? Give your answer, then compare it with the one on the CD. Do you agree or not?

YOU SEE AND HEAR: ta petite sœur
YOU SAY: Elle boit du lait / de l'eau minérale, etc.

1. tes copains (ils…)
2. ton professeur (il…)

3. moi (tu/vous…)
4. tes parents (ils…)

5. toi (je…)
6. nous (nous…)

CD5-14

D. Qu'est-ce qu'on prend? Now, what do these people have for breakfast? Compare your answer to the one on the CD.

YOU SEE AND HEAR: ta petite sœur
YOU SAY: Elle prend du pain / des croissants, etc.

1. tes copains (ils…)
2. ton professeur (il…)

3. moi (tu/vous…)
4. tes parents (ils…)

5. toi (je…)
6. nous (nous…)

CD5-15

E. Qu'est-ce que les Français mangent? Say two things that you think the French eat at each meal. Then compare your answers to those given on the CD.

1. au petit déjeuner
2. au déjeuner

3. au goûter
4. au dîner

CD5-16

F. On n'a plus faim! If you eat dinner in a French home, your hosts will certainly offer you seconds. Practice saying no politely.

YOU HEAR: Encore *(More)* du pain?
YOU SAY: Non, plus de pain, merci.

1. Encore du poulet?
2. Encore de la glace?

3. Encore du vin?
4. Encore de l'eau?

5. Encore de la viande?
6. Encore du café?

CD5-17

G. Alceste refuse tout. Alceste hates to eat and drink and he is not very polite either. Play his role. Then, check your answer with the CD.

YOU HEAR: —De la glace?

YOU SAY: —Non, pas de glace. Je déteste la glace!

1. Du yaourt?

2. De la bière?

3. Des épinards?

4. Du café?

5. De l'eau?

6. Des frites?

À l'écoute de...

CD5-18

Au restaurant

1. It is dinner time in the **Restaurant du Lac** in France. Look at the menu and select what you are going to order by putting a cross in front of each item.

❖❖❖❖❖❖❖❖ **RESTAURANT DU LAC** ❖❖❖❖❖❖❖❖

CARTE

Entrées froides
Cocktail de crevettes
Gâteau de saumon
Salade de tomates et de mozzarella au basilic frais
Melon au porto

Entrées chaudes
Quiche au jambon
Soupe de poisson
Tarte aux fruits de mer
Tarte aux légumes de Provence

Poissons
Poisson du lac grillé
Saumon grillé aux épinards
Thon à la provençale
Curry de crevettes sur son lit de riz

Viandes
Mouton aux herbes de Provence
Poulet aux asperges
Rôti de porc aux champignons
Steak au poivre

Garniture au choix: frites, gratin dauphinois, légume du jour

Fromage
Assiette de fromages et sa petite salade

Desserts
Les glaces: vanille, chocolat, fraise, thé vert
Les sorbets: pomme verte, pêche, citron, melon, lavande
Tarte aux poires maison
Tarte Tatin
Gâteau au chocolat
Crème caramel
Assiette de fruits de saison

Boissons
Perrier, Évian, vin de pays, café, chocolat, thé, tisanes

---

2. Now, listen to a conversation between the waiter and two customers. Circle each item that they order.

3. Listen again. Now, write down the order on this page of the waiter's notepad. Use the menu to help you identify the orders.

Table: 4	Client	Cliente
apéritif	un Martini	un jus de tomates
entrée		
plat principal	avec _____	avec _____
dessert		
boissons	pendant le repas: après le repas:	pendant le repas: après le repas:

Le français parlé

CD5-19

A. Chez le docteur. Monsieur Delvaux is at his doctor's and learns that he has to go on a diet. Listen to the conversation and circle all the correct answers.

1. M. Delvaux doit faire un régime parce qu'il a trop de:

   triglycérides / sucre / tension / cholestérol

2. Au petit-déjeuner, le docteur dit qu'il peut prendre:

   un croissant / un yaourt / un peu de beurre / un peu de confiture / un fruit

3. Au déjeuner, le docteur dit qu'il peut régulièrement prendre:

   un steak / des frites / une pomme de terre à l'eau / des pâtes / du riz / de la viande / du poisson / des légumes / un peu de beurre / beaucoup d'eau / beaucoup de vin / des fruits / du gâteau / un peu de glace

4. Entre les repas, il peut prendre:

   des choses sucrées / un peu de chocolat / un bonbon / des crackers

5. À l'apéritif, il peut prendre:

   de l'eau minérale / un peu d'alcool / des chips

6. Au dîner, le docteur dit qu'il peut prendre:

   de la soupe / des crudités / un peu de mayonnaise / de la salade / de l'huile d'olive / un peu de pain / un peu de pâtes / un peu de charcuterie / un œuf par jour *(every day)*

7. De temps en temps *(sometimes)*, il peut aller manger dans un restaurant:

   français / chinois / italien / américain

CD5-20

B. Du français parlé au français écrit. When speaking informally, the French often abbreviate words. For example, M. Delvaux says **resto** instead of **restaurant**. Can you guess what the following word abbreviations stand for?

1. On va au **ciné** ce soir?   _____

2. Je cherche un bon **dico** français-anglais.   _____

3. Je ne mange rien au **p'tit-déj,** mais je bois du café.   _____

4. Thérèse Dubois est **psy** pour enfants et **ados** en difficulté.   _____ ,

   _____ .

5. Nous cherchons un **appart** pas trop loin du centre-ville.   _____

Leçon 10

Qu'est-ce que vous portez?

Les sons du français

CD5-21

A. Les voyelles nasales. Nasal vowels are pronounced by diverting air through the nasal cavities. English has nasal vowels, but since they don't signal a difference in meaning, you are probably unaware of their existence. Pinch your nose shut and alternately pronounce *cat* and *can*. Can you feel the blocked nasal vibrations of *can*? Now, listen and repeat after the speaker these familiar French expressions containing a nasal vowel.

1. en hiver
2. très bien
3. dans le bureau
4. jeudi, vendredi
5. je comprends
6. trois poissons

CD5-22

B. Les voyelles nasales du français. French has four nasal vowels. Listen and repeat.

1. La voyelle /ã/   vendredi, janvier, septembre, temps, banque
2. La voyelle /ɛ̃/   examen, pain, matin, sympathique, faim, vingt
3. La voyelle /õ/   maison, poisson, montagne
4. La voyelle /œ̃/   un, lundi, brun

CD5-23

C. Voyelle orale ou voyelle nasale? As you listen to each word, decide if the underlined vowel is an oral or a nasal vowel and check the appropriate column.

	orale	nasale			orale	nasale
1. dans	____	____	5. ans		____	____
2. homme	____	____	6. semaine		____	____
3. bon	____	____	7. année		____	____
4. bonne	____	____	8. quand		____	____

CD5-24

D. Une comptine. Listen once. Then replay and try to say the rhyme along with the CD. (Here, a person wishes that some boys who were stealing his apples would go to prison.)

ZON ZON ZON ZON ZON
Allez en prison
En prison petits bonshommes
Qui volaient toutes mes pommes!
ZON ZON ZON ZON ZON
Allez en prison!

Les sons et les mots

CD5-25

A. Quels vêtements? Are the following people wearing the items you hear on the CD? Circle **oui** or **non**.

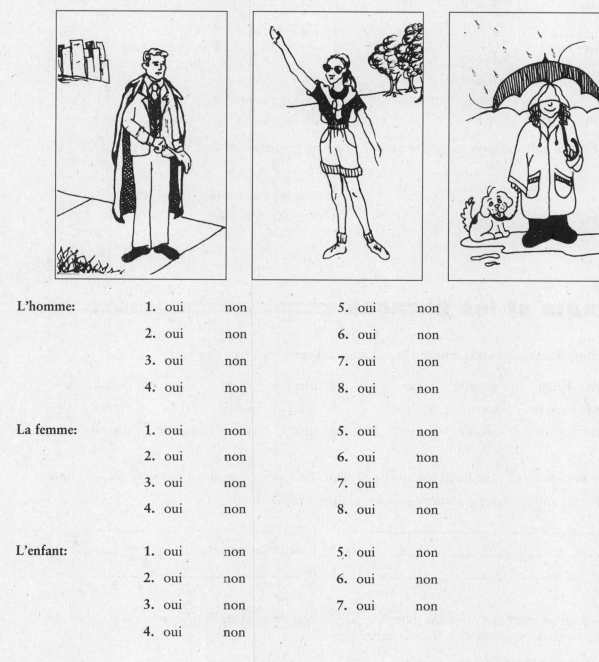

L'homme:

1. oui	non	5. oui	non
2. oui	non	6. oui	non
3. oui	non	7. oui	non
4. oui	non	8. oui	non

La femme:

1. oui	non	5. oui	non
2. oui	non	6. oui	non
3. oui	non	7. oui	non
4. oui	non	8. oui	non

L'enfant:

1. oui	non	5. oui	non
2. oui	non	6. oui	non
3. oui	non	7. oui	non
4. oui	non		

CD5-26

B. Ça va? Is the following clothing appropriate for each situation? Circle your answers.

Une interview en juin:

1. oui	non	5. oui	non
2. oui	non	6. oui	non
3. oui	non	7. oui	non
4. oui	non	8. oui	non

Une partie de tennis:	1. oui	non	5. oui	non
	2. oui	non	6. oui	non
	3. oui	non	7. oui	non
	4. oui	non	8. oui	non

Un dîner dans un restaurant élégant:	1. oui	non	5. oui	non
	2. oui	non	6. oui	non
	3. oui	non	7. oui	non
	4. oui	non	8. oui	non

CD5-27

C. Et vous? What will you wear in each situation? Compare your answers with those on the CD. Do you agree or not?

1. Il pleut.

2. Il neige.

3. Pour faire du tennis

4. Pour aller à la plage

Les mots et les phrases

CD5-28

A. Quel verbe? It's Alceste and Candide again. Listen and circle the verbs you hear.

1. dormir   finir   grossir   sortir   4. partir   sortir   maigrir   choisir

2. dormir   grossir   sortir   maigrir   5. dormir   sortir   finir   choisir

3. dormir   finir   grossir   partir   6. finir   sortir   grossir   dormir

CD5-29

B. Écrivez! Replay the CD and listen to Exercise A again. This time, write down the verb form you hear.

POSSIBLE VERBS: **sortir / partir / dormir / grossir / maigrir / finir / choisir**

1. tu _____   4. on _____

2. tu _____   5. Je ne peux pas _____ / _____ !

3. tu vas _____   6. tu _____

CD5-30

C. Qu'est-ce qu'on met? Say what the following people wear often and what they never wear, then check your answers with those on the CD. Do you agree?

YOU HEAR: votre grand-mère?
YOU SAY: Elle met souvent des chapeaux, elle ne met jamais de short.
YOU CHECK: Elle met souvent une robe, elle ne met jamais de jeans.

1. votre grand-père?   4. les personnes qui font du ski?

2. votre professeur de français en classe?   5. vous pour aller en classe?

3. les enfants de huit ans?   6. nous, pour aller à la plage?

CD5-31

D. Passé ou présent? Are the actions happening now (**présent**) or have they already happened (**passé**)? Circle your answers.

1. présent   passé   4. présent   passé   7. présent   passé
2. présent   passé   5. présent   passé   8. présent   passé
3. présent   passé   6. présent   passé   9. présent   passé

CD5-32

E. Mais quand au juste? Listen to each dialogue. Are people talking about present, past, or future actions? Circle your answers.

1. présent   passé   futur   4. présent   passé   futur
2. présent   passé   futur   5. présent   passé   futur
3. présent   passé   futur   6. présent   passé   futur

CD5-33

F. Moi, j'ai... Candide is talking about what he did yesterday. Say what he says, adding one or more details about his activities. Then compare your answers with those on the CD.

YOU HEAR: acheter une nouvelle voiture
YOU SAY: J'ai acheté une nouvelle voiture rouge.
YOU CHECK: J'ai acheté une nouvelle voiture, une petite Peugeot rouge!

1. manger au restaurant   4. boire du vin
2. prendre sa nouvelle voiture   5. parler
3. mettre sa nouvelle cravate   6. faire une promenade après le dîner

À l'écoute de...

Présentation de mode

CD5-34

A. Un défilé de mode (A fashion show). Listen to the commentary and identify the model being described.

Mannequin 1

Nom: _____

Présentation # _____

Mannequin 2

Nom: _____

Présentation # _____

Mannequin 3

Mannequin 4

Nom: _____

Nom: _____

Présentation # _____

Présentation # _____

CD5-35

B. Combien ça coûte? Replay the CD and listen again. How much does each item of clothing cost?

Présentation numéro 1:

la jupe _____ les chaussettes _____

le chemisier _____ les chaussures _____

le pull _____

Présentation numéro 2:

le pantalon _____ la chemise d'homme _____

la veste _____ la cravate _____

Présentation numéro 3:

la salopette _____ le polo _____

Présentation numéro 4:

le tee-shirt _____ la veste _____

le short _____

Le français parlé

CD5-36

A. Tu ne sors pas comme ça? Sébastien and Aurélie are going out tonight, but Aurélie isn't happy about the way Sébastien is dressed. Listen to their conversation and decide if the following statements are true (**V**) or false (**F**).

1. Maintenant, Sébastien porte un nouveau jean.	V	F
2. Il porte aussi un tee-shirt.	V	F
3. Ce soir, ils vont manger chez des amis	V	F
4. Ce soir, Sébastien va porter un pantalon beige.	V	F
5. Il va aussi porter une veste et une cravate.	V	F
6. Il va porter une chemise rose.	V	F
7. Et il va porter ses tennis noires.	V	F

CD5-37

B. Du français parlé au français écrit. In this conversation, as is the case in spoken language, complete sentences aren't used when the speaker doesn't think they are necessary for comprehension. However, in the following cases, if the speaker had wanted to insist (and probably annoy his/her partner in the process), he/she might have chosen to speak in complete sentences. What would he/she have said had he/she chosen to speak in complete sentences?

Conversation	Conversation with complete sentences
—Tu sors pas comme ça?	—Tu sors pas comme ça?
—Ben si...	—Ben si, je _____!
—Ah non, ça va pas, ça va pas du tout!	—Ah non, ça va pas, ça va pas du tout!
—Ben, pourquoi pas?	—Ben, pourquoi _____?
—Et une cravate peut-être? Non, non, pas question!	—Et je _____ peut-être? Non, non, il n'est pas question de mettre une cravate!
—Bon, bon, d'accord, pas d'veste et pas d'cravate...	—Bon, bon, d'accord, tu _____.

Leçon **11**

Où est-ce que vous habitez?

Les sons du français

CD6-2
A. Les syllabes. A spoken syllable that ends with a vowel sound is called an open syllable (English *through*; French **vous**—Note that the final consonants in both languages are not sounded). A spoken syllable that ends with a consonant sound is a closed syllable (English *bite*; French **musique**—Note that even though the words end with a mute **e**, the last sound heard is that of a consonant). Listen to the following words and try to determine whether they end with a vowel or a consonant sound.

1. animal
2. laboratoire
3. guitare
4. fatigué
5. commencer
6. radio
7. cinéma
8. mademoiselle

CD6-3
B. Les groupes rythmiques. In spoken French, utterances are divided into **groupes rythmiques** (units of basic meaning). The last syllable of each **groupe rythmique** is stressed. Listen and repeat after the speaker.

1. Patrick aime Annie.
2. Patrick aime Annie, / et Jean aussi.
3. Patrick aime Annie, / et Jean aussi, / mais Annie aime Paul.
4. Je vais en ville.
5. Je vais en ville / cet après-midi.
6. Je vais en ville / cet après-midi / pour faire les courses.
7. Je vais en ville / cet après-midi / pour faire les courses / et je passe à la poste.

CD6-4
C. Une comptine. Listen once. Then replay and try to say the rhyme along with the CD. (Here, a little mouse who is in the chapel making lace for the ladies of Paris has told a woman what time it is.)

Bonjour, madame,

Quelle heure est-il?

Il est midi.

Qui est-ce qui l'a dit?

La petite souris.

Où donc est-elle?

Dans la chapelle.

Qu'est-ce qu'elle y fait?

De la dentelle.

Pour qui?

Pour les dames de Paris!

Les sons et les mots

CD6-5

A. Qu'est-ce que c'est? Are the following words associated with the house, food, or clothing? Circle your answers.

1. maison   nourriture   vêtements

2. maison   nourriture   vêtements

3. maison   nourriture   vêtements

4. maison   nourriture   vêtements

5. maison   nourriture   vêtements

6. maison   nourriture   vêtements

7. maison   nourriture   vêtements

8. maison   nourriture   vêtements

9. maison   nourriture   vêtements

10. maison   nourriture   vêtements

CD6-6

B. Où trouver? Candide has been redecorating! Alceste is going around the house checking on where things are now. Play his role, following the model. Say **Ça va** if things are normal, **Ça ne va pas,** if they aren't. Do your answers agree the ones on the CD?

YOU HEAR: Des plantes dans le piano…
YOU SAY: Ça ne va pas!

1. …   3. …   5. …   7. …

2. …   4. …   6. …   8. …

CD6-7

C. Mais qu'est-ce que c'est? What place or thing is the speaker talking about? Listen and write the word that corresponds to the description. Then check your answer with the one on the CD.

1. _____

2. _____

3. _____

4. _____

5. _____

6. _____

7. _____

8. _____

CD6-8

D. Où se trouve… ? Use the following table of contents to say where certain information can be found.

YOU HEAR: La population
YOU SAY: au cinquième chapitre

TABLE DES MATIÈRES

1. Géographie physique
2. Le climat
3. La végétation
4. Les rivières
5. La population
6. Les villes
7. L'économie
8. L'agriculture

9. L'industrie
10. Les grandes régions
11. La circulation
12. Le tourisme
13. Le commerce
14. La France et le Marché commun
15. Départements d'outre-mer
16. La France et le Tiers Monde

---

1. …   3. …   5. …
2. …   4. …   6. …

CD6-9

E. Travaux. You need work to be done in your house. Circle the figure given by each contractor.

1. 3.580 €   3.549 €   3.590 €
2. 5.750 €   5.560 €   5.760 €
3. 8.200 €   8.100 €   8.209 €
4. 11.500 €   11.105 €   11.505 €
5. 50.500 €   50.600 €   50.700 €
6. 120.000 €   100.000 €   105.000 €

CD6-10

F. Vous savez combien? Madame Lenoir is asking you for a variety of information. Listen to the questions and answer using the information given. Then, listen to the CD to see if you said it correctly.

YOU HEAR: Un billet pour New York? (899 euros)
YOU SAY: Huit cent quatre-vingt-dix-neuf euros, madame.
YOU HEAR: Huit cent quatre-vingt-dix-neuf euros, madame.

1. Une Peugeot? (22.000 euros)
2. Une maison de campagne? (130.000 euros)
3. La date de la Révolution Française? (1789)
4. La population française? (60.000.000)
5. Les morts annuels? (800.000)
6. La population de Strasbourg? (265.000)
7. La consommation annuelle de pain par personne? (65 kg)
8. La production de tabac en France? (49.000 tonnes)

CD6-11

G. D'accord, pas d'accord. Are the following people agreeing (**d'accord**) or disagreeing (**pas d'accord**)? Circle your answers.

1. d'accord   pas d'accord   4. d'accord   pas d'accord

2. d'accord   pas d'accord   5. d'accord   pas d'accord

3. d'accord   pas d'accord   6. d'accord   pas d'accord

CD6-12

H. *Devoir* ou *devoir*? Are the following people using the verb **devoir** to talk about what they have to do or about something they owe someone? Circle your answers.

1. have to do   owe   5. have to do   owe

2. have to do   owe   6. have to do   owe

3. have to do   owe   7. have to do   owe

4. have to do   owe   8. have to do   owe

Les mots et les phrases

CD6-13

A. Qui donc? Circle the pronoun that represents the subject in each sentence.

1. je   tu   il   elle   nous   vous   ils   elles

2. je   tu   il   elle   nous   vous   ils   elles

3. je   tu   il   elle   nous   vous   ils   elles

4. je   tu   il   elle   nous   vous   ils   elles

5. je   tu   il   elle   nous   vous   ils   elles

6. je   tu   il   elle   nous   vous   ils   elles

CD6-14

B. Les actions et les lieux. What do you do in each place? Compare your answers with those on the CD.

attendre / répondre / descendre / prendre / regarder / monter / faire / parler / marcher / mettre / manger

YOU HEAR: dans la salle de classe / je
YOU SAY: Je réponds au professeur et je parle français.

1. dans la cuisine / nous   5. sur la terrasse / nous

2. dans la rue / on   6. dans une banque / je

3 dans l'escalier / nous   7. dans la salle à manger / nous

4. dans le bureau du professeur / je   8. dans une gare / on

CD6-15

C. *Avoir* ou *être*? Circle the helping verb, **ont** or **sont**, used in each sentence.

1. ont   sont
2. ont   sont
3. ont   sont

4. ont   sont
5. ont   sont
6. ont   sont

CD6-16

D. Quand? For each exchange, decide if people are talking about the present, the past, or the future. Circle your answers.

1. passé   présent   futur
2. passé   présent   futur
3. passé   présent   futur
4. passé   présent   futur

5. passé   présent   futur
6. passé   présent   futur
7. passé   présent   futur
8. passé   présent   futur

CD6-17

E. Et après? Say what each person probably did. Then compare your answers to those on the CD.

YOU HEAR: Après la classe de français, le professeur (aller / bureau)...
YOU SAY: Il est allé au bureau.

1. Avant l'examen d'anglais, les étudiants (étudier / la bibliothèque)...

2. Après l'examen, les étudiants (aller / chez Suzanne)...

3. Avant le film, Vincent et Thérèse Dubois (manger / au restaurant)...

4. Après le film, Vincent et Thérèse (aller / boire un verre)...

5. Avant de jouer au tennis, Céline Dubois (téléphoner / Anne)...

6. Après le match de tennis, Céline (regarder / un match de tennis à la télévision)...

CD6-18

F. L'été dernier. Say whether or not you did the following things last summer. Then listen to the CD to find out what the speaker did last summer.

YOU HEAR: faire le ménage
YOU SAY: Oui, j'ai fait le ménage. *or* Non, je n'ai pas fait le ménage.
YOU CHECK: Non, je n'ai pas fait le ménage! Je ne fais jamais le ménage!

1. faire la cuisine

2. jouer au tennis

3. parler français

4. aller à la plage

5. étudier les maths

6. sortir avec mes amis

7. tomber de vélo

8. regarder la télévision

9. perdre mes clés

À l'écoute de...

À Bruxelles

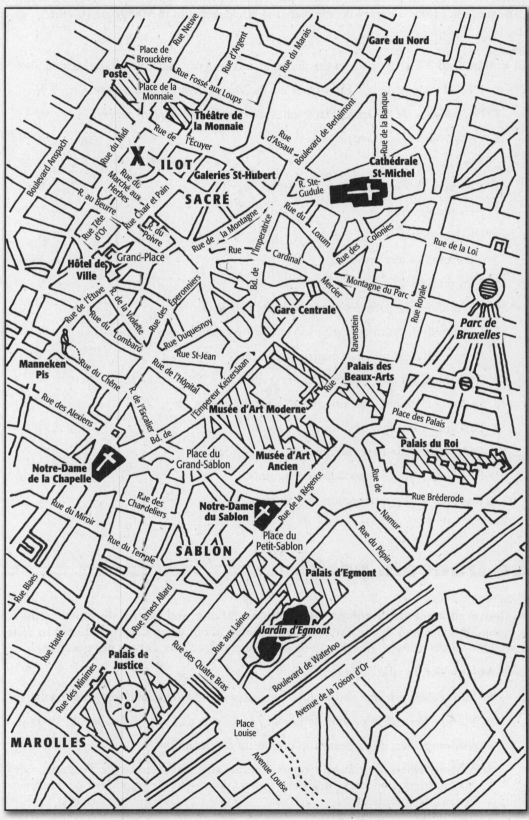

CD6-19

A. Visite du centre-ville. Fabien and Sophie, from Montreal, are visiting Brussels. Their first stop is at the **Office du Tourisme, 61 rue du Marché aux Herbes** (indicated with a cross on the map). As you listen to the dialogue, trace their itinerary on the map and circle each site they're going to visit.

CD6-20

B. Vrai ou faux? Listen again to the dialogue and see how much you have learned about Brussels.

1. L'hôtel de ville de la Grand-Place est du Moyen-Âge *(Middle Ages)*.   V   F

2. Les maisons de la Grand-Place sont du dix-huitième siècle *(century)*.   V   F

3. Ce sont des spécialités belges:

   – le vin   V   F

   – la bière   V   F

   – les moules-frites   V   F

   – le fromage   V   F

   – les tomates aux crevettes   V   F

   – les pralines   V   F

4. Les pralines, ce sont des petits poissons délicieux.   V   F

5. La cathédrale Saint-Michel, c'est une église gothique.   V   F

6. Le Sablon, c'est un beau quartier moderne.   V   F

7. Au Sablon, on peut trouver des antiquités.   V   F

8. Le Manneken Pis, c'est un tableau dans un musée.   V   F

9. Le Mannenken Pis, c'est un petit garçon.   V   F

10. Les magasins de l'avenue Louise sont très élégants.   V   F

11. Rue Neuve, il y a beaucoup de magasins.   V   F

12. Rue Neuve, il y a beaucoup de voitures.   V   F

Le français parlé

CD6-21

A. Conversation dans un refuge de montagne. Manon and Olivier are sitting across from each other in a mountain lodge and they strike up a conversation about where they live. Listen to their conversation and circle the correct answers (there may be more than one correct answer per question).

1. Montpellier, la ville de Manon

   a. Montpellier est: une petite ville / une assez grande ville / une très grande ville

   b. Montpellier est: la 6e ville de France / la 8e ville de France / la 10e ville de France

   c. À Montpellier, il y a beaucoup d(e): retraités / étudiants

   d. À Montpellier, il y a aussi: trop de voitures au centre / un Arc de Triomphe / des vieux quartiers / des quartiers modernes / des vieux ponts / des cafés / un grand lac / des cinémas et des théâtres / un fleuve / des montagnes

   e. Montpellier est: au bord de la mer / pas loin de la mer / loin de la mer

2. Québec, la ville d'Olivier

    a. Olivier pense que Québec est: une grande ville / une belle ville

    b. Dans la ville de Québec, il y a: des vieux quartiers / un grand fleuve / un grand lac / un hôtel célèbre

    c. Le Château Frontenac, c'est: un vieil hôtel / un hôtel moderne / un musée

    d. L'hiver est agréable parce qu(e): on peut faire du sport / il y a des grands centres commerciaux / il y a un carnaval / il ne fait pas trop froid

    e. La plus belle saison, c'est: l'hiver / le printemps / l'été / l'automne

CD6-22

B. Français d'ici et d'ailleurs. In this conversation, you heard a woman from the south of France and a man from Quebec. People from different regions of France and from French-speaking countries speak with different accents and they can also use different words, just as is the case in different English-speaking countries. For example, here are a few sentences that Olivier, from Quebec, might say. Can you guess the meaning of the words in bold from context? Fill in the blanks with the words as they would be in the French used in France.

    1. Chez nous, le **dîner** est à midi et le **souper** est à 19 heures.

    Chez nous, le _____ est à midi et le _____ est à 19 heures.

    2. J'aime **prendre une marche** avec mon chien.

    J'aime _____ avec mon chien.

    3. Mes parents ont acheté un nouveau **char,** un monospace Renault pour 7 personnes.

    Mes parents ont acheté une nouvelle _____, un monospace Renault pour 7 personnes.

    4. Il est agréable de **magasiner** à Montréal en hiver parce qu'il y a beaucoup de centres commerciaux intérieurs et on ne doit pas sortir dans le froid.

    Il est agréable de _____ à Montréal en hiver...

    5. —Que fais-tu samedi?

    —Je sors avec ma **blonde,** on va au cinéma.

    —Je sors avec ma (mon) _____, on va au cinéma.

Leçon **12**

Au travail!

Les sons du français

CD7-2

A. Le son /R/. The French /R/ is a guttural sound that has absolutely nothing in common with the English /r/. To pronounce /R/, keep the tip of your tongue against your lower teeth. Say "ga." Note that the back of your tongue is raised. /R/ is produced by moving your tongue a little further back and creating a narrow air passage between the back of your tongue and the back of your mouth. Listen and repeat.

1. garage
2. orange
3. rose
4. dormir
5. radio
6. vrai

CD7-3

B. Les sons /S/, /Z/, /ʃ/ et /ʒ/. These sounds are similar to ones used in English. Listen and repeat.

1. (le son /s/) C'est ça! Si, si! Solange sort avec Pascal!
2. (le son /z/) Onze fraises grises! C'est vraiment bizarre!
3. (le son /ʃ/) Dans la chambre de Chantal, il y a des chaises, des chats et des champignons!
4. (le son /ʒ/) Je ne mange jamais de jambon.

CD7-4

C. Une comptine. Listen once. Then replay and try to say the rhyme along with the CD. Pay particular attention to the sound /R/. (This is a nonsense counting-out rhyme like *one-potato, two-potato.*)

Am stram gram
Pic et pic et colégram
Bour et bour et ratatam
Am stram gram

Les sons et les mots

CD7-5

A. À Cinet. As you hear what each person does, circle the place where that person probably works.

YOU HEAR: Monsieur Lacroix est banquier.
YOU CIRCLE: une usine (une banque) un café

1. Mlle Jacob:	un restaurant	un magasin	une usine
2. M. Derni:	un bureau	un restaurant	une banque
3. Mme Renard:	un magasin	une banque	un café
4. M. Bastin:	en ville	à la plage	à la campagne
5. Mlle Collin:	une usine	un café	un magasin

CD7-6

B. Les métiers. Give the profession(s) that involves the following people or objects. Compare your answers with those on the CD.

YOU HEAR: les malades
YOU SAY: les médecins, les infirmiers et les infirmières

1. l'argent

2. les repas

3. les vêtements

4. la maison

5. les alcools

6. les criminels

7. les ordinateurs

CD7-7

C. Qualités professionnelles. Write the profession you hear. Then, circle the qualities that are important for each profession. Finally, compare your answers with those on the CD.

1. un _____	honnête	drôle	efficace	sérieux
2. un _____	fort	dynamique	intéressant	compréhensif
3. un _____	responsable	fort	intellectuel	efficace
4. un _____	amusant	intelligent	gentil	responsable
5. un _____	gentil	honnête	enthousiaste	dynamique
6. un _____	occupé	fort	motivé	responsable

CD7-8

D. Comment est? Say what each person is like. Then compare your answers with the CD. Do you agree or not? You may use the adjectives from Exercise C.

1. M. Lacroix est banquier. Il est...

2. Mlle Jacob est ingénieur. Elle est...

3. M. Derni est cuisinier. Il est...

4. Mme Renard est commerçante et elle a un magasin de vêtements. Elle est...

5. M. Bastin est agriculteur. Il est...

6. Mlle Collin est serveuse. Elle est...

7. Thérèse Dubois est psychologue. Elle est...

CD7-9

E. Trouver un emploi. What kind of job is each person best suited for? Write your answers in the blanks. Choose from: **cuisinier / chef d'entreprise / institutrice / médecin / vendeuse / agriculteur / secrétaire / serveur.**

1. _____

2. _____

3. _____

4. _____

5. _____

6. _____

7. _____

8. _____

CD7-10

F. Devinettes. What are their occupations? Use the following descriptions to guess.

1. _____   4. _____

2. _____   5. _____

3. _____   6. _____

CD7-11

G. Associations d'actions. Circle the words you associate with each verb you hear. Then compare your answers with those on the CD.

1. de l'argent	un autobus	un match	le président
2. la table	une rue	une leçon	une cravate
3. le téléphone	ses clés	ses lunettes	un mur
4. un ordinateur	une école	du bruit	une entreprise
5. des fleurs	une leçon	un arbre	un problème

Les mots et les phrases

CD7-12

A. Présent ou imparfait? Are the verbs you hear in the **présent** or the **imparfait?** Circle your answers.

1. présent   imparfait   4. présent   imparfait

2. présent   imparfait   5. présent   imparfait

3. présent   imparfait   6. présent   imparfait

CD7-13

B. Action ou description? Are the following people describing how things were (**imparfait**) or saying what happened (**passé composé**)? Circle your answers.

1. how things were   what happened   5. how things were   what happened

2. how things were   what happened   6. how things were   what happened

3. how things were   what happened   7. how things were   what happened

4. how things were   what happened   8. how things were   what happened

CD7-14

C. Cédric à huit ans. Do you remember Cédric Rasquin, the unhappy product of a broken family that you met in Lesson 5? Here he is again. He's thinking back to the days before his parents got divorced. Use the following words to play the part of Cédric. Since he's talking about the way things used to be, put the main verbs in the **imparfait.** Then compare your answers to those on the CD.

1. je / habiter / avec ma mère et mon père à Paris

2. nous / être / heureux

3. je / avoir / beaucoup d'amis

4. papa et maman / travailler / et / gagner beaucoup d'argent

5. on / sortir / en famille le week-end

6. la vie / être / beau

CD7-15

D. À dix ans... Use the suggestions given to say what your life was like when you were ten. Then listen to the CD to find out what the speaker's life was like at that age.

1. écouter mes parents
2. boire de la bière
3. travailler
4. avoir une voiture

5. fumer
6. rester à la maison le samedi soir
7. acheter mes vêtements
8. être innocent

CD7-16

E. *Qui* ou *que*? Circle the relative pronoun, **qui** or **que**, that you hear.

1. qui   que   3. qui   que   5. qui   que
2. qui   que   4. qui   que   6. qui   que

CD7-17

F. Mais de qui est-ce qu'on parle? Candide's memory is giving him problems and Alceste has to remind him who is who. Play the role of Alceste.

YOU HEAR: CANDIDE: Mais quel homme? (l'homme / tu as rencontré à la banque hier)
YOU SAY: ALCESTE: L'homme que tu as rencontré à la banque hier!

YOU HEAR: CANDIDE: Mais quelle femme? (la femme / veut sortir avec toi)
YOU SAY: ALCESTE: La femme qui veut sortir avec toi!

1. le dentiste / tu as attendu des heures
2. l'avocate / est sortie avec toi la semaine dernière
3. ton client / n'était pas content
4. le serveur / a oublié de te donner le dessert
5. l'agriculteur / tu as pris en voiture avec toi
6. l'employée de banque / a perdu son travail
7. le vendeur / tu détestes
8. le policier / tu ne veux surtout pas rencontrer

À l'écoute de... ===========================

CD7-18

A. Trois interviews. Listen to these people talk about what they do for a living and guess their professions. You may use English.

Interview 1: _____

Interview 2: _____

Interview 3: _____

CD7-19

B. Quelques détails. Listen again and fill in the boxes in French.

	Interview 1	**Interview 2**	**Interview 3**
Métier		kinésithérapeute	boulanger
Où est-ce qu'il/elle travaille?			dans une boulangerie
Études? (oui/non)			
Avec qui est-ce qu'il/elle travaille?			

CD7-20

C. Vous avez bien compris? Listen a third time and decide if the following statements are true or false.

Interview 1:

1. Le matin, elle va toujours à l'école avec les enfants.   V   F
2. Elle fait ses courses le samedi.   V   F
3. Elle a un bébé à la maison.   V   F
4. Elle est très seule parce que ses parents habitent loin.   V   F
5. Elle travaille l'après-midi, mais pas le matin.   V   F
6. Elle a quatre enfants.   V   F

Interview 2:

1. Ses clients peuvent avoir des problèmes pour marcher, par exemple.   V   F
2. Ses clients doivent faire de l'exercice.   V   F
3. Elle travaille chez elle.   V   F
4. Elle a fait quatre ans d'études spécialisées.   V   F
5. Ses clients sont surtout des accidentés ou bien des personnes âgées.   V   F
6. Elle n'aime pas beaucoup son métier.   V   F

Interview 3:

1. Dans sa famille, on est boulanger de père en fils.   V   F
2. Il y a beaucoup moins de travail maintenant qu'avant.   V   F
3. Sa journée de travail commence à quatre heures du matin.   V   F
4. Sa femme travaille dans leur magasin.   V   F
5. Ils prennent deux semaines de vacances au mois d'août.   V   F
6. Ils travaillent beaucoup le dimanche.   V   F
7. Il a fait des études pour être boulanger.   V   F
8. Il aime être indépendant, mais il trouve que son métier est très dur.   V   F

Le français parlé

CD7-21

A. Jérémy cherche du travail. Jérémy is looking for a summer job and has an interview with a placement agency. Listen to the conversation and say if the following statements are true (**V**) or false (**F**).

1. Jérémy voudrait travailler dans un magasin.   V   F
2. Il voudrait travailler à Montréal.   V   F
3. Il est canadien.   V   F
4. Son père est français.   V   F
5. Il a de l'expérience comme serveur.   V   F
6. Il peut commencer à travailler après le 15 mai.   V   F
7. Il est un peu timide.   V   F
8. Il peut travailler beaucoup.   V   F
9. Il va travailler cinq jours par semaine.   V   F
10. Il va travailler le soir.   V   F
11. Les serveurs de ce restaurant sont très occupés.   V   F
12. Jérémy est interessé par le travail proposé.   V   F

CD7-22

B. Du français familier au français plus recherché. In this conversation, Jérémy and the woman interviewing him are using a higher register of language than Jérémy would use with his friends. For example, they use **vous**, they don't use slang, they don't abbreviate words, and the questions they ask may be a little more formal. Imagine that the following conversation between Jérémy and his French friend Damien was taking place between Jérémy and a teacher instead. How could it go? Remember that this still would be spoken French, but at a higher register.

Jérémy et Damien

DAMIEN: T'as trouvé un job pour l'été?

JÉRÉMY: Ouais, j'vais bosser à Montréal!

DAMIEN: Tu vas faire quoi?

JÉRÉMY: Serveur dans un resto.

DAMIEN: Tu pars quand?

JÉRÉMY: Chais pas… La nana d'l'agence doit m'téléphoner.

Jérémy et son professeur

PROFESSEUR: _____

JÉRÉMY: _____

PROFESSEUR: _____

JÉRÉMY: _____

PROFESSEUR: _____

JÉRÉMY: _____

_____

Leçon **13**

Une invitation chez les Dumas

Les sons du français

CD8-2

A. L'alphabet phonétique. Each sound or symbol in the phonetic alphabet represents one sound. It is useful when you want to make distinctions that the traditional spelling system obscures. Here are the symbols used to represent French sounds along with their most common spellings. Listen and repeat.

/a/	ami, là, théâtre	/b/	bébé
/e/	chez, étudier, mai	/t/	tante, thé
/ɛ/	elle, mère, treize, Noël	/d/	date
/i/	merci, il y va, égoïste, dîne	/k/	sac, quel, kilo
/o/	trop, hôtel, haut, beau	/g/	gâteau, golf, gros
/ɔ/	école, bonne, pomme	/f/	famille, téléphone
/y/	tu, salut, sûr	/v/	vert
/u/	vous, où	/s/	son, ce, garçon, dessert, nation
/ø/	bleu, vieux, œufs	/z/	rose, zéro
/œ/	fleur, œuf, neuf	/ʃ/	chat
/ə/	je, vendredi	/ʒ/	déjeuner, Georges
/ã/	quand, attendre, septembre	/l/	lac, elle
/ɛ̃/	examen, vingt, fin, faim, bain	/R/	rue, cher, Paris
/œ̃/	lundi, parfum	/m/	maison, homme
/õ/	maison, sombre	/n/	nouveau, bonne
/j/	rien, travaille, payer	/ɲ/	champagne
/w/	oui, jouer, voilà, voyage	/ŋ/	parking
/ɥ/	fruit, lui	/ks/	taxi, excellent
/p/	papa	/gz/	examen

CD8-3

B. Lire en phonétique. Here is a phonetic transcription of a brief exchange. Listen to the CD as you read along. Then, replay the CD and read along with the speaker.

—ty va ã vil?

—wi, ty vø vəniR?

—ʒdwa ale a la pɔst e pase a la bãk, tu matã?

—dakɔR, mɛ fɛ vit. ʒe œ̃ Rãdevu a tRwa zœR ʒyst.

Les sons et les mots

A. Les magasins. As you listen to the following words, circle the names of stores.

un cahier / un supermarché / une boulangerie / une pomme de terre /

une terrasse / une charcuterie / une épicerie / un manteau / une pâtisserie /

une fourchette / une église / une boucherie / une ouvrière / une usine /

une pharmacie / un médicament / une aspirine / une ferme / une gare

B. Associations. What stores or places do the following words evoke for you? Compare your answers with those on the CD.

1. un chèque
2. un gâteau
3. du pain
4. des fruits

5. une boîte de petits pois
6. du bœuf
7. un serveur
8. du jambon

C. Classons. You will hear several words connected with food and eating. For each, decide whether it belongs to the category tableware (T), food (F), or store (S), and circle your answer. The first one is done for you.

1. (T)	F	S		13. T	F	S
2. T	F	S		14. T	F	S
3. T	F	S		15. T	F	S
4. T	F	S		16. T	F	S
5. T	F	S		17. T	F	S
6. T	F	S		18. T	F	S
7. T	F	S		19. T	F	S
8. T	F	S		20. T	F	S
9. T	F	S		21. T	F	S
10. T	F	S		22. T	F	S
11. T	F	S		23. T	F	S
12. T	F	S		24. T	F	S

D. Faire les courses. Say where you would go to buy each item in France. Then compare your answers to those on the CD. Of course, you could also buy all these items at a **supermarché!**

1. des haricots verts
2. du pain
3. du jambon

4. une bouteille de vin
5. une tarte aux fraises
6. du poulet

7. des croissants
8. un rôti de bœuf
9. du fromage

CD8-8

E. Où est-ce que ça se passe? Listen and decide where the following people are. Write your answers on the appropriate lines.

SUGGESTIONS: à la boucherie / à la boulangerie / dans la cuisine / à l'épicerie / à la charcuterie / à la bibliothèque / à la pâtisserie / chez le médecin / dans le bureau du professeur / dans une voiture

1. _____   5. _____

2. _____   6. _____

3. _____   7. _____

4. _____   8. _____

CD8-9

F. Que faire? These people have problems! Listen and make a suggestion as to what should be done. Then listen for the suggestion on the CD. Was your answer similar or not?

YOU HEAR: Oh, je n'ai plus de pain...
YOU MIGHT SAY: Oh, attends, je vais aller à la boulangerie.

1. ...   3. ...   5. ...
2. ...   4. ...

Les mots et les phrases

CD8-10

A. *Venir* à tous les temps. Circle the tense you hear in the following sentences.

1. présent   imparfait   passé composé
2. présent   imparfait   passé composé
3. présent   imparfait   passé composé
4. présent   imparfait   passé composé
5. présent   imparfait   passé composé

CD8-11

B. D'où vient… ? Say where each person comes from. Then compare your answers with those on the CD.

YOU HEAR: D'où vient Jean-Luc? (Nice)
YOU SAY: Il vient de Nice.

1. D'où vient Alceste? (Lille)   4. D'où viennent leurs grands-parents? (Toulouse)

2. D'où vient Candide? (Marseille)   5. D'où viens-tu? (Paris?)

3. D'où viennent leurs cousins? (Lyon)

CD8-12

C. *Fait* ou *à faire*? Did each thing just happen (**venir de** + infinitive) or is each thing going to happen (**aller** + infinitive)? Circle your answers.

1. just happened   going to happen   6. just happened   going to happen
2. just happened   going to happen   7. just happened   going to happen
3. just happened   going to happen   8. just happened   going to happen
4. just happened   going to happen   9. just happened   going to happen
5. just happened   going to happen   10. just happened   going to happen

CD8-13

D. Sophie et Alain. Sophie doesn't think that Alain is doing his share. Play the part of Alain. Compare your answers with those on the CD.

YOU HEAR: Tu n'as pas acheté de fromage!
YOU SAY: Si, je viens d'acheter du fromage!

1. Tu n'es pas allé à la banque!
2. Tu n'as pas fait le ménage!
3. Tu n'as pas fait la vaisselle!
4. Tu n'as pas rangé la maison!
5. Tu n'as pas fait le lit!
6. Tu n'as pas téléphoné à ma mère!

CD8-14

E. Qu'est-ce que vous prenez? Are the following people ordering something solid or something liquid? Even if you can't tell exactly what they're ordering, you can still decide by identifying the container or quantity you hear. Circle your answers.

1. solide   liquide
2. solide   liquide
3. solide   liquide
4. solide   liquide
5. solide   liquide
6. solide   liquide

CD8-15

F. Combien vous en voulez? Listen and write down what each person is offering or asking for.

YOU HEAR: Il a l'air très bon, ce jambon. Je voudrais deux grosses tranches, s'il vous plaît.
YOU WRITE: deux tranches de jambon

1. _____
2. _____
3. _____
4. _____
5. _____
6. _____

CD8-16

G. À vous! Now, order for yourself. Say exactly how much you want of each item. Compare your answers with those on the CD. Are you like that person or not?

1. du jus d'orange
2. du fromage
3. du gâteau au chocolat
4. du vin
5. du café
6. du riz

CD8-17

H. Quel temps? What tense is the verb **voir** in? Circle your answers.

1. présent   imparfait   passé composé
2. présent   imparfait   passé composé
3. présent   imparfait   passé composé
4. présent   imparfait   passé composé
5. présent   imparfait   passé composé
6. présent   imparfait   passé composé
7. présent   imparfait   passé composé
8. présent   imparfait   passé composé

CD8-18

I. De la fenêtre… Say what these people see from their windows. Compare your answers with those on the CD.

YOU HEAR: Michel / le jardin
YOU SAY: Michel voit le jardin.

1. Danielle / un chien et un chat
2. Nous / des voitures dans la rue
3. Tu / des enfants qui jouent au foot
4. Je / une piscine
5. Vous / le balcon de M. et Mme Durand
6. Mes sœurs / des arbres

À l'écoute de… ═══════════════════

CD8-19

A. Tu fais les courses? Two students are going shopping for food. Before you start, think of a few things that French people might take on a picnic. Don't forget something to drink.

_____

_____

Now listen to their conversation as they decide on their menu and write down their shopping list.

Un gros morceau de fromage, 12 _____ de _____,

_____ tranches de _____, des _____,

12 _____, _____ pain (_____ baguettes),

_____ de vin rouge, _____ eau (_____ d'Évian),

_____ kilo de _____, une bonne _____

champagne, des _____ et des serviettes.

Nom _____ Cours _____ Date _____

CD8-20
B. Une bonne soirée!

1. **Retour à la maison.** Your roommate is coming home late after an evening in a special restaurant. What will you ask her or him? Prepare three questions.

a. _____

b. _____

c. _____

2. **Un bon restaurant!** When Claude got back late last night, her roommate had some questions for her. Listen, and then reconstruct what Claude and her friend had to eat that evening from their conversation.

	Elle	Lui
entrée		
plat principal		
dessert		
boissons	un petit apéritif et… et…	un petit apéritif et… et…

3. **Quel restaurant?** Now listen to the end of the dialogue to verify the following information:

où?	Rue Saint-Jean, en face _____
nom?	Aux _____
téléphone?	Le 02 . _____ . _____ . _____ . _____

Le français parlé

CD8-21

A. Au restaurant Hippopotamus. M. Delvaux, who you met in Lesson 9, is ordering lunch in the restaurant Hippopotamus. Listen to his conversation with the waiter and say if the following statements are true (**V**) or false (**F**).

1. Il y a un dessert avec le menu Hippo malin.	V F
2. M. Delvaux va choisir le menu Hippo malin.	V F
3. Le tarama, c'est des œufs de poisson.	V F
4. Pour commencer, il va prendre des œufs pochés.	V F
5. D'après M. Delvaux, la bavette, c'est mauvais pour le cholestérol.	V F
6. En plat principal, il va prendre du poisson.	V F
7. Et comme légume, il va prendre des haricots verts.	V F.
8. Il va aussi prendre une sauce.	V F
9. Et pour le dessert, il va prendre de la glace.	V F
10. Comme boisson, il va prendre une bouteille d'eau.	V F

CD8-22

B. Du français parlé au français écrit. When ordering, M. Delvaux changes his mind several times, which is normal when speaking. However, it looks awkward in writing. Imagine that M. Delvaux is writing an email to a friend describing his meal at the restaurant Hippopotamus. What would he write? You might want to listen to the conversation again to check what M. Delvaux ordered. (To help you, you may also look at the items on the 21,90 euro menu in your book on p. 296.)

Mots utiles: il y avait…, j'ai pris, j'ai choisi, je voulais prendre mais… alors j'ai pris…

Aujourd'hui, j'ai déjeuné au restaurant Hippopotamus. Pour commencer, _____

_____

_____

_____

_____

C'était très bon, mais ce soir, je suis au régime!

Leçon 14

Que faire un jour de pluie?

Les sons du français

A. Le son /j/. The sound /j/ is the glide or semi-voyelle heard in **fille** or **prem**i**er**. It is similar to the English sound in <u>y</u>ear but is pronounced with greater muscular tension. Listen and repeat as the speaker contrasts the clear vowel sound /i/ with the glide /j/.

/i/	/j/
1. lit	Lyon
2. étudie	étudier
3. fils	fille
4. oublie	oublier

B. Le son /ɥ/. This glide can be heard in **h**ui**t** or **s**ui**s**. Listen and repeat as the speaker contrasts the clear vowel sound /y/ with the glide /ɥ/.

/y/	/ɥ/
1. lu	lui
2. nu *(naked)*	nuit
3. su *(known)*	suis

C. Le son /w/. This glide can be heard in **o**ui or **L**oui**s**. Listen and repeat as the speaker contrasts the clear vowel sound /u/ with the glide /w/.

/u/	/w/
1. ou	ouest *(west)*
2. joue	jouer
3. loue *(rent)*	Louis

D. Une comptine. This counting-out rhyme says that bottles are made in Marseille, covered with straw in Versailles, corked in Toulon, filled in Paris, and drunk in Savoie. Try to repeat along with the speaker.

À Marseille on fait les bouteilles

À Versailles on les empaille

À Toulon on met les bouchons

À Paris on les emplit

En Savoie on les boit.

Les sons et les mots

CD8-27

A. Les mots groupés. Does each word belong primarily to post office vocabulary (**la poste**), to studies (**les études**), or to media (television, magazine, and newspaper) vocabulary (**les médias**)? Circle your answers.

1. la poste	les études	les médias	5. la poste	les études	les médias
2. la poste	les études	les médias	6. la poste	les études	les médias
3. la poste	les études	les médias	7. la poste	les études	les médias
4. la poste	les études	les médias	8. la poste	les études	les médias

CD8-28

B. Associations. For each word you hear, say another related word. Compare your answers with those on the CD.

1. ...   3. ...   5. ...   7. ...
2. ...   4. ...   6. ...   8. ...

CD8-29

C. De quoi est-ce qu'on parle? What are people talking about? Write the subject of each conversation next to its number. Choose from the following subjects.

un journal / le téléphone / le courrier / l'Internet / la boîte aux lettres / le bureau de tabac

1. _____   4. _____
2. _____   5. _____
3. _____   6. _____

CD8-30

D. Complétez. Finish the sentences you hear with an appropriate word or expression. Compare your answers with those on the CD.

1. ...   3. ...   5. ...
2. ...   4. ...   6. ...

Les mots et les phrases

CD8-31

A. Identification. Match each verb form with its infinitive and number the infinitives in the order you hear them. The first one has been done for you.

décrire _____   envoyer _____   écrire ___1___

dire _____   lire _____   réussir _____

maigrir _____   choisir _____   sortir _____

CD8-32

B. Les actions. Say what action goes with the word you hear. Then compare your answers with those on the CD. Choose from: **poser / décrire / écrire / réussir / envoyer du courrier / lire.**

1. une lettre   3. le journal   5. une question
2. la boîte aux lettres   4. ses études   6. un voyage

CD8-33

C. Et vous? Answer the following questions in a complete sentence, then compare your answers with those on the CD. Watch your tenses!

1. Est-ce que vous réussissez toujours à vos examens?

2. Dites-vous toujours la vérité à vos amis?

3. Est-ce que vous avez lu beaucoup de romans en français?

4. Écrivez-vous souvent à vos professeurs?

5. Écriviez-vous des poèmes quand vous aviez quinze ans?

6. Qu'est-ce que vous lisiez quand vous aviez douze ans?

CD8-34

D. Direct ou indirect? Do you hear an indirect object pronoun or a direct object pronoun? Circle your answers.

1. indirect	direct		6. indirect	direct	
2. indirect	direct		7. indirect	direct	
3. indirect	direct		8. indirect	direct	
4. indirect	direct		9. indirect	direct	
5. indirect	direct				

CD8-35

E. Trop de questions! Vincent is asking his wife Thérèse a lot of questions. Play the role of Thérèse, following the model. Pay special attention to pronunciation when you check your answers with those on the CD.

YOU HEAR: As-tu vu mes lunettes?
YOU SAY: Oui, je les ai vues... Elles sont par terre, sur le journal.

1. As-tu écrit les cartes postales?

   Oui, je... Tu veux les lire?

2. As-tu écrit à papa?

   Non, je... Fais-le, toi!

3. C'est toi qui as ouvert la fenêtre?

   Oui, c'est moi qui... J'avais chaud, pas toi?

4. Qu'est-ce que tu as offert à tes parents pour leur anniversaire?

   Je... un beau livre sur Paris.

5. C'est toi qui as pris mes nouvelles chaussures?

   Mais non, ce n'est pas moi qui... C'est le chien! Regarde!

6. Mais où as-tu mis le journal?

   Je... sur la table de la cuisine.

7. As-tu répondu à Paulette?

   Mais oui, je... C'est toujours moi qui écris! C'est toujours moi qui fais tout dans cette famille!

À l'écoute de...

CD8-36

A. Enquête policière. There was a break-in Saturday morning at **Le Crédit Régional in Cinet**, and Mme Renglet is under suspicion! The police have already questioned her once, but they want her to account for her activities on the morning in question one more time. Use the following notes, taken during the first interview, to check for any discrepancies in the second one.

Le samedi matin, elle est allée	pour...	Oui? Non?
à la boulangerie	acheter une baguette	_____
	acheter une tarte aux pommes	_____
à l'épicerie	acheter 1 kg de tomates	_____
(chez Monsieur Vincent)	acheter une salade	_____
	acheter 10 kg de pêches	_____
	acheter des abricots	_____
à la poste	envoyer des lettres	_____
au bureau de tabac	acheter son journal	_____
	acheter des cigarettes pour son mari	_____
à la pâtisserie	acheter des gâteaux	_____
à la librairie	acheter le dernier roman de Le Clézio	_____
	acheter un livre pour sa fille	_____
à la pharmacie	acheter des aspirines	_____

CD8-37

B. Messages téléphoniques. People have called and left messages on the answering machine. Take down what they've said as accurately as possible. First, look at the message form to see what kind of information you need to get. Then, listen as many times as necessary to get the information given.

1.

Date/Jour _____ Heure _____

À l'attention de M _____

EN VOTRE ABSENCE

M _____

N° de téléphone _____

A TÉLÉPHONÉ ☒   POUVEZ-VOUS RAPPELER ☒

EST VENU VOUS VOIR ☐   VOUS RAPPELLERA ☐

URGENT ☐

Message _____

_____

_____

_____

_____

2.

Date/Jour _____ Heure _____

À l'attention de M ✗✗✗✗ _____

EN VOTRE ABSENCE

M _____

N° de téléphone _____

A TÉLÉPHONÉ ☒   POUVEZ-VOUS RAPPELER ☐

EST VENU VOUS VOIR ☐   VOUS RAPPELLERA ☒

URGENT ☐

Message _____

_____

_____

_____

_____

Nom _____ Cours _____ Date _____

3.

```
Date/Jour _____     Heure _____
À l'attention de M  Monsieur Lalande _____
                EN VOTRE ABSENCE
M _____
N° de téléphone _____
A TÉLÉPHONÉ          ☒          POUVEZ-VOUS RAPPELER  ☒
EST VENU VOUS VOIR   ❑          VOUS RAPPELLERA       ❑

              URGENT  ❑

Message _____
_____
_____
_____
_____
```

CD8-38

C. Après l'écoute. Replay and listen one more time. Where do you think each answering machine is located?

C'est le répondeur d'un ou d'une…

1. _____

2. _____

3. _____

Le français parlé

CD8-39

A. Une rencontre à l'université. On a campus somewhere in America, Ted meets Kevin. Listen to their conversation and decide if the following statements are true (**V**) or false (**F**).

1. Kevin est français.   V   F

2. Ted parle français parce qu'il l'étudie.   V   F

3. Ted aime beaucoup Paris.   V   F

4. Kevin étudie l'histoire américaine.   V   F

5. Kevin étudie aussi l'anglais.   V   F

6. L'université est à Washington.   V   F

7. Kevin a choisi cette université pour étudier avec un professeur célèbre.   V   F

8. Pour Kevin, New York, c'est vraiment l'Amérique.   V   F

9. Pour Kevin, New York est intéressant pour la culture.   V   F

10. Kevin est triste de ne pas étudier à New York.   V   F

11. Kevin trouve la vie à l'université ennuyeuse.   V   F

12. Kevin aime beaucoup le contact avec les professeurs américains.   V   F

13. Kevin déteste la nourriture à l'université.   V   F

14. Kevin et Ted veulent rester en contact.   V   F

CD8-40

B. Du français parlé au français écrit. When Kevin talks, he repeats himself often. This is normal in spoken French, but would look awkward in writing. Read the following conversation excerpt and imagine that, instead of speaking, Kevin is writing in his blog to explain his reasons for studying at an American university. What would the blog entry look like?

—Ben, j'étudie, chuis étudiant en histoire, j'étudie l'histoire américaine.

—Ici?

—Oui, pour un an… Et j'fais d'l'anglais aussi… L'anglais, c'est important pour moi… Oui, c'est vraiment important quand on étudie l'histoire américaine…

—Mais pourquoi est-ce que tu as choisi d'étudier ici et pas à New York ou, je n'sais pas moi, à Boston ou à Washington… hein, pour l'histoire américaine?

—Ben oui, mais ici, y a un prof célèbre. Elle écrit beaucoup, elle a écrit beaucoup de bouquins et d'articles. J'voulais étudier avec elle, tu comprends, c'est vraiment intéressant pour moi d'étudier avec elle!

_____

_____

_____

_____

_____

_____

_____

Leçon 15

Chez les Hanin

Les sons du français

CD9-2
A. Prononcez bien! English words like *nation* are pronounced with a **sh**-sound. Similar words in French are pronounced using the glide /j/. Listen and repeat.

1. C'est une déci<u>sion</u> difficile.
2. Faites atten<u>tion</u>!
3. Quelle ques<u>tion</u>!
4. Voilà une sugges<u>tion</u>.

CD9-3
B. Le son /l/. To say /l/, put the tip of your tongue behind your top teeth as for /t/ or /d/. Listen and repeat.

1. C'est le lit de Lulu.
2. On achète des livres à la librairie.
3. Qui est là, Luc ou Louise ou bien Lucie?

CD9-4
C. Prononcez bien! The English sound /l/ at the end of words like *peal* is called the dark l and is pronounced differently from the /l/ at the beginning of *leap*. There is no dark l sound in French. Keep your tongue firmly behind your top teeth as you repeat after the speaker.

1. Isabelle est belge, n'est-ce pas?
2. Et elle est très belle!
3. Oui, elle habite en Italie avec Laurent!

CD9-5
D. Une comptine. Try to repeat along with the CD. Pay attention to l-sounds.

Caramel mel mel
Au chocolat lat lat
La rose est si belle
Violette, violette
La rose est si belle
Qu'on la cueillera.
Violette, vous êtes belle,
Sortez, mademoiselle.

Les sons et les mots

CD9-6

A. Normal ou bizarre? Members of the Hanin family are doing the following things. Are their actions normal or bizarre? Circle your answers.

1. normal   bizarre
2. normal   bizarre
3. normal   bizarre
4. normal   bizarre
5. normal   bizarre
6. normal   bizarre

CD9-7

B. Associations. Which parts of the body do you associate with each of the following items? Compare your answers with those on the CD.

1. de la musique
2. du parfum
3. du shampooing
4. des lunettes
5. une pomme
6. des chaussures
7. un stylo
8. du lait solaire *(sun lotion)*
9. un chapeau
10. un pantalon

CD9-8

C. Ça ne va pas très bien... In whose office might the following bits of conversation be heard? First read the categories. Then listen to the CD. Write the number in the blank that fits. The first one has been done for you.

dentist _____   plastic surgeon _____   psychologist _____

dietitian _____   marriage counselor _____   dermatologist _____

physical therapist _____   eye doctor _____   masseuse ___1___

CD9-9

D. Toujours de bonnes excuses. Circle the reason each person gives for what went wrong.

1. un train   un réveil   des clés
2. une fête   un camarade de chambre   la tête
3. une dent   une classe   un livre
4. un shampooing   une brosse à cheveux   le coiffeur
5. le temps   des fleurs   le dos

Les mots et les phrases

CD9-10

A. Réfléchi ou non? Are the following verbs used reflexively (**R**) or not reflexively (**NR**)? Circle your answers.

1. R   NR
2. R   NR
3. R   NR
4. R   NR
5. R   NR
6. R   NR
7. R   NR
8. R   NR
9. R   NR
10. R   NR

CD9-11
B. Voilà pourquoi. Circle the logical reason for each decision you hear.

1. Il est tard.   J'ai beaucoup de travail.   Je dois finir avant demain.

2. Il est minuit.   Il est huit heures du matin.   Je suis sale.

3. Je vais dîner en ville.   Je suis en classe.   Je suis au lit.

4. Il y avait du soleil.   Je viens de manger.   Il y avait beaucoup de vent.

5. Je vais manger.   Je vais chez le dentiste.   Je vais à la bibliothèque.

6. Il fait beau.   J'ai beaucoup de travail.   Je dois étudier.

7. Je comprends tout!   Je ne comprends rien!   J'ai réussi!

8. J'adore jouer aux cartes!   J'ai la grippe.   Je suis tout seul.

CD9-12
C. Quand? Say when you do each of the following. Then compare your lifestyle to the speaker's. How alike are you?

YOU HEAR: se lever
YOU SAY: Je me lève à huit heures.
YOU HEAR: Je me lève à onze heures du matin.

1. se réveiller   4. se laver les cheveux   7. se brosser les dents
2. se laver   5. se coucher   8. s'ennuyer
3. s'habiller   6. se promener   9. s'énerver

CD9-13
D. Nous à l'université... Listen as the speaker describes typical activities for French students. Are their lives similar to yours? Give your opinion, then check with the answer on the CD.

YOU HEAR: Ils se lèvent assez tôt parce qu'ils habitent parfois loin de l'université.
YOU SAY: Pas nous! Nous nous levons assez tard. *or* Nous aussi, nous nous levons assez tôt.
YOU CHECK: Pas nous! Nous nous levons tard parce que nous habitons à l'université.

1. ...   3. ...   5. ...
2. ...   4. ...

CD9-14
E. Qui le fait? Say who from the following list you think would be most likely to do each thing. Then compare your answers with those on the CD. Do you agree or not?

mes grands-parents / mon père / ma mère / ma sœur / mon frère / mon chien / mon professeur de français / les étudiants / les Français / les Canadiens / les Américains

YOU HEAR: se lever à six heures du matin
YOU SAY: Ma mère se lève à six heures du matin.

1. se coucher à dix heures du soir
2. ne pas se laver les cheveux tous les jours
3. s'amuser beaucoup le vendredi soir
4. s'énerver quand il a faim
5. se regarder toujours dans le miroir
6. se promener dans les rues du vieux Québec
7. s'arrêter devant tous les arbres quand il se promène
8. se coiffer avant de sortir dans la rue

CD9-15

F. Dernières recommandations. Write the number of each item underneath the picture it describes.

_____   _____   _____

_____   _____   _____

CD9-16

G. Quelques suggestions plus ou moins amicales. First, read the sentences below. On the CD, you will hear some commands. Next to each item, write the number of the command that seems appropriate. The first one is done for you.

Ils vont arriver… un peu de patience…   _____

Tu es vraiment sale, alors!   _____

Voilà une brosse à dents.   _____

Attention, il y a un stop!   _1_

Il est minuit et tu as l'air fatigué.   _____

Il est l'heure de partir et tu es en short!   _____

CD9-17

H. Et vous? What would you say in the following circumstances if you were in charge? Read the sentence, then react using one of the suggested verbs in the imperative. Finally, listen to what the speaker says. Are your reactions alike or different?

se changer / ne pas s'énerver / se coucher / se promener / se laver les mains / bien s'amuser / se lever

YOU READ AND HEAR: Il est minuit et vos copains sont fatigués.
YOU SAY: Couchez-vous!

1. Il est huit heures du matin et vos amis ont un cours à neuf heures!

2. Vos amis partent en pique-nique.

3. Votre petit frère et votre petite sœur jouent dans le jardin, mais c'est l'heure de manger.

4. Il fait un beau soleil.

5. Vos frères sont impatients.

6. Vous allez dîner en ville ce soir mais vos amis portent des jeans.

À l'écoute de...

Une vieille amie...

CD9-18

A. Est-ce qu'elle a changé? How do people change over a long period of time? Think of some things you would ask about the life of a friend you haven't seen in a long time and jot down some notes.

_____

_____

Now listen to the conversation between two women talking about a mutual friend whom they haven't seen in years, Nadine Séloron. Has she changed a little, a lot, or not at all over the years? Put a cross in the corresponding column for each item.

Qu'est-ce qui a changé?	un peu	beaucoup	pas du tout
le poids *(weight)*			
comment elle s'habille			
les cheveux			
où elle habite			
les enfants			
le mari			
le caractère *(personality)*			

CD9-19

B. Et maintenant? How is she now? Listen again. Are the following statements true or false?

1. Elle est très mince.   V   F

2. Elle est très élégante.   V   F

3. Elle aime mieux porter des jupes que des pantalons.   V   F

4. Elle a les cheveux bruns.   V   F

5. Elle a 66 ans.   V   F

6. Elle habite à Strasbourg.   V   F

7. Ses enfants sont adultes maintenant.   V   F

8. Son mari a l'air très vieux.   V   F

9. On ne l'aime pas beaucoup parce qu'elle est trop élégante.   V   F

CD9-20

C. Après l'écoute. Est-ce qu'elles aiment cette personne? Pourquoi? Donnez deux raisons.

_____

_____

_____

Le français parlé

CD9-21

A. Virginie, joueuse de tennis. On the same American campus as in Lesson 14, Ted, who is a reporter for the campus newspaper, interviews Virginie, a French tennis player who is on the university team. Listen to their conversation and circle the correct answers (there may be more than one correct answer per question).

1. **Son match d'aujourd'hui**

   Virginie est contente parce qu(e): l'autre joueuse était excellente / Virginie avait mal au pied / elle ne pensait pas gagner aujourd'hui / elle était un peu malade

2. **Pourquoi elle est venue étudier en Amérique**

   Virginie est venue étudier dans une université américaine parce qu(e): elle voulait vivre en Amérique / en France, on ne peut pas étudier à l'université et faire du sport de compétition / elle adore l'Amérique / elle avait envie de faire du tennis de compétition et d'étudier à l'université

3. **Sa vie à l'université**

   a. Sa vie n'est pas facile parce qu(e): elle est très occupée / elle ne parle pas bien l'anglais / elle doit beaucoup travailler / les cours sont difficiles

   b. Le matin, elle fait du tennis: à 5 heures / à 6 heures / à 7 heures / à 8 heures

   c. Le week-end, en saison, il y a: des compétitions / des fêtes / des voyages pour les matchs / des sorties tard le soir

   d. Pour s'amuser, en dehors de la saison, elle aime bien: danser toute la nuit / voir ses amis / sortir / faire du sport

   e. Elle étudie beaucoup parce qu(e): c'est la condition pour pouvoir faire du tennis / elle veut avoir des bonnes notes

4. **Son rêve**

   Le rêve de Virginie, c'est: d'aller aux jeux Olympiques / d'être la meilleure joueuse de l'université / d'être joueuse de tennis professionnelle après l'université

CD9-22

B. Du français parlé au français écrit. As you know, when people speak in an informal way, they can omit words or sounds, they can pronounce words in a different way, and they can ask questions in a very informal way. Here are a few sentences from Virginie's interview as they reflect spoken French. What would their written form be?

1. ... j'fais vraiment quequ'chose que j'avais envie d'faire!

   _____

2. ... le week-end, c'est différent, y a des compétitions...

   _____

3. Faut être en forme le matin.

_____

4. ... mais y faut!

_____

5. C'est quoi, ton rêve?

_____

Leçon 16

Une histoire d'amour

Les sons du français

CD9-23

A. Le *e* caduc, /ə/. This is the sound heard in j<u>e</u> or v<u>e</u>nir. In spoken French, the /ə/ can usually be deleted if it will not cause three or more consonants to come together in a word. Listen and repeat.

pronounced	deleted
1. vendredi	samedi
2. premier	fenêtre
3. probablement	enveloppe

CD9-24

B. En parlant. In normal spoken French, the sound /ə/ is frequently dropped. Listen to the speaker and cross out each /ə/ that is dropped. Then replay the CD and repeat after the speaker.

1. Je ne sais pas.

2. Est-ce que c'est Patrick?

3. Je te dis la vérité!

4. Parce que je te le dis!

CD9-25

C. Les mots en *qu-*. Words like **qui** or **que** are always pronounced as if they began with a k-sound. Listen and repeat.

1. Qu'est-ce <u>que</u> tu dis?

2. Attends! Ne <u>qu</u>itte pas, il y a <u>quelqu</u>'un à la porte.

3. Comment? <u>Qu</u>and? <u>Qu</u>elle date? Le <u>qu</u>atorze? Non, le <u>qu</u>inze, d'accord!

Les sons et les mots

CD9-26

A. S'aimer ou non? Do the following words relate to love or not? Circle your answers.

1. s'aimer	ne pas s'aimer		**4.** s'aimer	ne pas s'aimer
2. s'aimer	ne pas s'aimer		**5.** s'aimer	ne pas s'aimer
3. s'aimer	ne pas s'aimer		**6.** s'aimer	ne pas s'aimer

CD9-27

B. Quel verbe? Which verbs in the following list are related in meaning to the words you hear on the CD? Compare your answers with those on the CD. Do they agree or not?

se marier / s'adorer / s'entendre bien / se quitter / sortir ensemble / se séparer / s'aimer / s'entendre mal / se disputer / s'embrasser

1. ...   3. ...
2. ...   4. ...

CD9-28

C. C'est l'amour ou c'est la guerre? Is it love or war? Listen and circle your answers.

1. l'amour	la guerre	6. l'amour	la guerre
2. l'amour	la guerre	7. l'amour	la guerre
3. l'amour	la guerre	8. l'amour	la guerre
4. l'amour	la guerre	9. l'amour	la guerre
5. l'amour	la guerre	10. l'amour	la guerre

CD9-29

D. Les étapes d'amour. Listen and say what "stage" each relationship is in. Then, compare your answers with those on the CD. Choose from the following suggestions:

Ils se rencontrent. / C'est la lune de miel. / Ils se disputent. / On est jaloux. / Ils se séparent. / Ils divorcent. / Ils se réconcilient.

1. ...   5. ...
2. ...   6. ...
3. ...   7. ...
4. ...

CD9-30

E. *Pendant que* ou *pendant*? Are two events happening at the same time (**actions simultanées / pendant que**) or is the speaker talking about how long something took (**durée / pendant**)? Circle your answers.

1. actions simultanées	durée	4. actions simultanées	durée
2. actions simultanées	durée	5. actions simultanées	durée
3. actions simultanées	durée	6. actions simultanées	durée

CD9-31

F. Pendant combien de temps? Use pendant along with the suggestions given to say how long each person has been doing the thing mentioned. Then compare your answers with those on the CD.

YOU HEAR: Paul / parler au téléphone / deux heures
YOU SAY: Paul a parlé au téléphone pendant deux heures.
YOU CHECK: Paul a parlé au téléphone pendant deux heures hier soir! Ça va coûter cher!

1. Colette / étudier le piano / 3 ans

2. Jean-Pascal / travailler à la bibliothèque / toute la nuit

3. Nous / rester au bord de la mer / les vacances

4. Je / marcher sous la pluie / une heure

CD9-32

G. *Quelqu'un* ou *quelque chose*? Are these people talking about people or things? Circle your answers.

1. quelqu'un   quelque chose   4. quelqu'un   quelque chose

2. quelqu'un   quelque chose   5. quelqu'un   quelque chose

3. quelqu'un   quelque chose   6. quelqu'un   quelque chose

Les mots et les phrases

CD9-33

A. Réciproque ou non? Are the following verbs reciprocal or not? Circle your answers.

1. réciproque   non-réciproque   5. réciproque   non-réciproque

2. réciproque   non-réciproque   6. réciproque   non-réciproque

3. réciproque   non-réciproque   7. réciproque   non-réciproque

4. réciproque   non-réciproque   8. réciproque   non-réciproque

CD9-34

B. Les problèmes de ménage. Is there any hope for Nicolas and Aurélie? Complete each item. Then listen to the speaker on the CD. Do you agree?

1. Ils se disputent parce qu'Aurélie…

2. Et aussi parce que Nicolas…

3. Ils veulent se séparer parce qu'ils…

4. Et aussi parce qu'ils…

5. Ils vont se réconcilier parce qu'ils…

6. Et aussi parce qu'ils…

CD9-35

C. Quand est-ce que ça s'est passé? Are the things the speaker is talking about happening now (**présent**), have they already happened (**passé**), or are they going to happen (**futur**)? Circle your answers.

1. présent   passé   futur   6. présent   passé   futur

2. présent   passé   futur   7. présent   passé   futur

3. présent   passé   futur   8. présent   passé   futur

4. présent   passé   futur   9. présent   passé   futur

5. présent   passé   futur   10. présent   passé   futur

CD9-36

D. Racontez. The people you are going to hear are being asked to tell what happened on their first date, but the recorded interviews have been mixed up. Does each item make sense or not? Circle your answers.

1. oui   non   6. oui   non

2. oui   non   7. oui   non

3. oui   non   8. oui   non

4. oui   non   9. oui   non

5. oui   non   10. oui   non

CD9-37

E. De quoi parle-t-on? What are they talking about? Circle your answers.

1. la mère de Marc   le père de Marc   nager

2. où habite Pierre   le père de Marc   les parents de Marc

3. quand Paul et Marc arrivent   les sœurs de Marc   la ville de Paris

4. la ville de New York   le prof d'espagnol   où est Marc

CD9-38

F. Je sais tout? Use **savoir** to say what you know or don't know. Then compare your answers to those on the CD.

YOU HEAR: le présent du verbe «savoir»?

YOU SAY: Oui, je le sais! *ou* Non, je ne le sais pas!

1. ...   2. ...   3. ...   4. ...

CD9-39

G. Et je connais tout le monde? Use **connaître** in the present to say whom you know or don't know.

YOU HEAR: les parents de ma grand-mère?

YOU SAY: Oui, je les connais. *ou* Non, je ne les connais pas.

1. ...   2. ...   3. ...   4. ...

CD9-40

H. Écoutez bien. Listen once and circle the verb that you hear. Then listen a second time and circle the tense it is in.

1. savoir	connaître	imparfait	passé composé
2. savoir	connaître	imparfait	passé composé
3. savoir	connaître	imparfait	passé composé
4. savoir	connaître	imparfait	passé composé
5. savoir	connaître	imparfait	passé composé
6. savoir	connaître	imparfait	passé composé
7. savoir	connaître	imparfait	passé composé
8. savoir	connaître	imparfait	passé composé

À l'écoute de...

CD9-41

A. The Dating Game. Imagine that you're a contestant on a French version of *The Dating Game*. What kind of information would you want to have before you made a choice? Prepare four questions.

1. _____

2. _____

3. _____

4. _____

CD9-42

B. On joue... Listen as Marie-Laure plays a French version of the *The Dating Game*. You have part of the answers. What were the questions asked by Marie-Laure? To which man is each question directed? Note that you don't have to write the questions the exact way they were asked. You will fill the column on the right while doing Activity C below.

Question de Marie-Laure	Jeune homme	Réponses	Un détail
Il est beau?	1	Oui.	Il est grand.
		Il travaille dans une banque.	
		Il sort avec des copains.	
		Dans un petit studio en ville.	
		Elle doit être jolie.	
		Il ne sait pas si la femme idéale existe.	
	2	Pas du tout!	
	2	Oui, c'est toujours lui qui décide.	
		Oui, quatre.	
		D'abord, ils vont aller prendre l'apéritif au café.	

CD9-43

C. Des détails. Listen again and give one more detail for each answer. The first one has been done for you.

CD9-44

D. À la place de Marie-Laure... If you were Marie-Laure, which young man would you choose? Why? Write down your reasons.

_____

_____

_____

_____

Le français parlé

CD9-45

A. Une rencontre. Listen to this story of a true encounter that happened a long time ago. Are the following statements true (**V**) or false (**F**)?

1. C'est l'histoire d'une femme qui faisait de l'auto-stop avec une amie.	V	F
2. C'était au printemps.	V	F
3. Les deux amies allaient à la mer.	V	F
4. C'était dans les années soixante-dix.	V	F
5. Elles avaient 16, 17 ans.	V	F
6. Un homme jeune et beau s'est arrêté.	V	F
7. Elles étaient contentes parce que c'était difficile de trouver une voiture.	V	F
8. L'homme était surpris parce que les jeunes femmes faisaient de l'auto-stop.	V	F
9. L'homme était surpris parce que la jeune femme ne savait pas qui il était.	V	F
10. L'homme, qui s'appelait Johnny Hallyday, était très célèbre parce que c'était un chanteur de rock.	V	F
11. La jeune femme ne le connaissait pas parce qu'elle n'habitait pas en France.	V	F
12. La jeune femme détestait la chanson française.	V	F
13. Ils ont beaucoup parlé de musique.	V	F
14. Après, ils se sont souvent revus (*saw each other's again often*).	V	F

CD9-46

B. Du français parlé au français écrit. This story is told in the context of a conversation, in a spoken French style, where the story, which is told in the past, is interrupted by the speakers' comments in the present, and where segments of conversations that took place in the past can be told in the present as well. If you write a synopsis of the story, however, all the verbs will be in the past, including those in the comments made by the speakers. Here is a summary of the story you just heard. Note that you will have to write a similar type of summary in the next lesson. Here, however, all you have to do is complete the summary with verbs in the **imparfait** or the **passé composé**.

C'est l'histoire de deux jeunes femmes qui _____ (partir) en vacances dans le sud de

la France en auto-stop. Quelqu'un _____ (s'arrêter) et elles _____

(monter) dans la voiture. Elles _____ (commencer) à parler avec le jeune homme,

mais il _____ (avoir) l'air surpris et elles _____ (se demander)

pourquoi. Alors, il leur _____ (demander) si elles _____ (savoir)

qui il _____ (être). Elles _____ (répondre) que non, elles

_____ (ne pas le connaître). C'est seulement quand elles _____ (savoir)

qui il _____ (être) qu'elles _____ (comprendre)!

Leçon 17

Une soirée devant la télévision

Les sons du français

CD10-2

A. Les Français parlent. In rapid, informal speech, words tend to be shortened and to run together. In English, for example, you might say, *I don' know, How 'bout you?* or *Whatcha doin' t'night?* Similar things happen when people speak French. Listen.

carefully spoken French	informal, rapid French
1. Moi, je ne sais pas.	Moi, chais pas.
2. Tu as vu l'accident?	T'as vu l'accident?
3. Il y a six pommes.	Y'a six pommes.
4. Tu es sûr?	T'es sûr?
5. Qu'est-ce qu'il dit?	Qu'est-c'qu'i dit?
6. Oui, ce n'est pas mal!	Ouais, c'est pas mal!
7. Je suis de Paris.	Chuis d'Paris.

CD10-3

B. Perfectionnez votre français! Remember that French vowels are clear sounds, even when spoken rapidly as in **A** above! Repeat after the speaker.

1. Quelle heure est-il?
2. Il est six heures et demie.
3. D'où es-tu?
4. Je suis de Paris.
5. Vous parlez anglais?
6. Non, nous parlons italien.

CD10-4

C. Les sigles. Acronyms are common in French. Here are a few:

SMIC	salaire minimum interprofessionnel de croissance
OVNI	objet volant non identifié
PCV	paiement contre vérification *(collect call)*
PDG	président-directeur général
TGV	train à grande vitesse
BU	bibliothèque universitaire
CAPES	Certificat d'aptitude au professorat de l'enseignement du second degré

Now, listen and write the acronym you hear in each conversation.

1. —À qui tu veux parler?

   —Au _____, il est là?

2. —Tu vas à Paris en voiture?

   —Non, je vais prendre le _____, c'est plus rapide.

3. —J'adore les films de science-fiction.

   —Oh, moi, les histoires d'_____, c'est pas mon fort.

4. —Je n'ai pas assez d'argent pour téléphoner à mes parents.

   —Alors, tu n'as qu'à leur téléphoner en _____.

5. —Est-ce que tu gagnes beaucoup d'argent?

   —Non, le _____, tu sais, c'est tout.

6. —Allô, maman… je vais rentrer tard ce soir. Je vais étudier à la _____.

   —D'accord, mais pas trop tard.

7. —T'as entendu?

   —Non, quoi?

   —Bernard a réussi au _____ et maintenant il est prof dans un lycée.

   —Lui? C'est pas vrai!

Les sons et les mots

CD10-5

A. De quoi parle-t-on? Are the following people talking about television, radio, or the movies? Circle your answers.

1. télévision	radio	cinéma	**3.** télévision	radio	cinéma
2. télévision	radio	cinéma	**4.** télévision	radio	cinéma

CD10-6

B. Associations. Listen to the speaker and say if each word is associated with radio (**la radio**), television (**la télévision**), and/or the movies (**le cinéma**). Then compare your answers with those on the CD.

1. …	4. …	7. …
2. …	5. …	8. …
3. …	6. …	9. …

CD10-7

C. Qu'est-ce que c'est? What are the following people talking about? Identify each item using a word or phrase from the list.

un film policier / un magazine / une comédie romantique / une pièce de théâtre / une série américaine / un jeu

1. _____ 4. _____

2. _____ 5. _____

3. _____ 6. _____

CD10-8

D. Il n'est jamais trop tard pour bien faire. It's never too late to do better. Say this, following the model. Then, compare your answers with those on the CD.

YOU HEAR: Vous n'avez pas compris le problème?
YOU SAY: Non, mais je vais le comprendre demain.

1. Tu n'as pas appris tes leçons aujourd'hui?   5. Tu n'es pas revenu hier?

2. Son père ne lui a pas permis de sortir hier soir?   6. Les enfants n'ont pas surpris leurs parents?

3. Vous n'avez pas mis votre nouvelle cravate hier?   7. Tu ne lui as pas promis de le faire?

4. Tu n'as pas compris le professeur aujourd'hui?   8. Candide n'est pas devenu célèbre?

Les mots et les phrases

CD10-9

A. Pronom ou nom? Do the following sentences contain the pronoun **en** or a noun? Circle your answers.

1. en   nom   3. en   nom   5. en   nom   7. en   nom

2. en   nom   4. en   nom   6. en   nom   8. en   nom

CD10-10

B. Dans le sac de Claudine. Use **en** to say what Claudine has in her purse. Compare your answers with those on the CD.

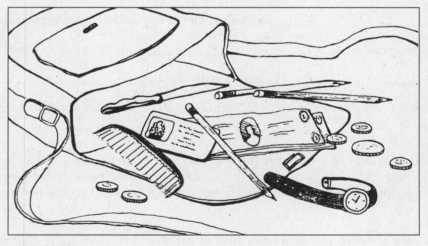

YOU HEAR: Est-ce que Claudine a une montre?
YOU SAY: Oui, elle en a une.
YOU HEAR: Est-ce qu'elle a un cahier?
YOU SAY: Non, elle n'en a pas.

1. ...   3. ...   5. ...   7. ...

2. ...   4. ...   6. ...   8. ...

CD10-11

C. Une balade en montagne. Read along as you listen to the story of Justine and Matthieu's outing in the mountains. For each blank, stop the CD and decide if the verb indicates that something happened, and in that case write (PC) for **passé composé** on the line toward the left. If the verb tells how things were, write (I) for **imparfait**. The first one has been done for you. As you listen, try to understand the gist of the story.

C'était un mercredi après-midi. Justine et Matthieu _____*(I) n'avaient pas*_____ cours ce jour-là.

Ils ne voulaient pas rester tout l'après-midi à la maison à regarder la télévision, alors ils

_____ d'aller faire une balade en montagne. Justine _____

emmener son chien avec elle mais Matthieu, lui, _____, parce que le chien se

perdait toujours dans la montagne. Donc, ils _____ tous les deux. Matthieu

_____ un garçon très sportif qui _____ beaucoup trop

vite *(fast)* pour Justine. Elle _____ d'accélérer le pas pour ne pas perdre Matthieu

de vue mais elle _____ marcher aussi vite que lui. Au bout de 45 minutes, elle

_____ dire à son ami, «Eh, Matthieu, attends, tu vas trop vite... mes pieds me font

mal.» Matthieu _____, il _____ Justine qui était assise par

terre. Il lui _____. «Pourquoi tu n'as pas mis des chaussures confortables?» Mais

tant pis! On _____ faire demi-tour maintenant. Ils se sont donc remis en route mais

Matthieu _____ marcher moins vite. Cela _____ maintenant

une heure qu'ils _____ quand, tout à coup, un orage *(thunderstorm)* a éclaté et la pluie

_____ à tomber. Quelle averse! Nos deux aventuriers _____

surpris par l'orage et ils _____ le temps de se mettre à l'abri *(under shelter)*. Matthieu

_____ furieux parce qu'il y _____ des imperméables à la maison

mais il n'avait pas eu l'idée de les prendre avant de partir cet après-midi. Quel idiot!

CD10-12

D. Une balade en montagne (fin). Replay and listen one more time to the story of Justine and Matthieu. This time, fill in the blanks with the missing verbs in the **passé composé** or **imparfait**. (Some are negative too!) Pay attention to spelling and to past participle agreement. The first one has been done for you.

CD10-13

E. Vous croyez? Use either **moi aussi** or **pas moi** to say whether you agree with the people on the CD or not. Then listen to the reactions of the speaker.

1. ...   3. ...
2. ...   4. ...

CD10-14

F. Être en forme. Listen and write the names of the people taking each class on the appropriate line: Cédric, Paulette, Christine, Jacques et Paulette, Sylvie, Suzanne et Hakim.

1. le karaté _____

2. la musculation _____

3. le tai-chi _____

4. l'aérobic _____

5. la danse moderne _____

6. la gymnastique _____

CD10-15

G. Est-ce que vous avez jamais suivi… ? Say whether or not you or the people you know have ever taken one of the following courses. Then compare your answers with those on the CD.

1. Est-ce que vous avez suivi un cours de tai-chi?

2. Est-ce que vous avez un ami qui a suivi un cours de musculation?

3. Est-ce que vous avez déjà suivi un cours d'aérobic?

4. Est-ce que vous avez un frère ou une sœur qui a suivi un cours de gymnastique?

CD10-16

H. L'année dernière. Who are the following people living with? Use the verb **vivre** to complete each sentence. Compare your answers with those on the CD.

YOU HEAR: L'année dernière je vivais avec ma sœur, mais maintenant,… (seul)
YOU SAY: … mais maintenant, je vis seul.

1. L'année dernière, je vivais avec Julien, mais maintenant,… (avec Marc)

2. L'année dernière, nous vivions avec nos parents, mais maintenant,… (seuls)

3. L'année dernière, Suzanne et Pascale vivaient avec Patrick, mais maintenant,… (ensemble)

4. L'année dernière, Patrick vivait avec Suzanne et Pascale, mais maintenant,… (avec moi).

CD10-17

I. Et vous? Use the following words to say how things were for you last year. Then compare your answers with those on the CD.

YOU HEAR: vivre avec mes parents
YOU SAY: Oui, je vivais avec mes parents. *cr* Non, je vivais avec une copine.

1. vivre avec un copain

2. vivre avec ma sœur

3. croire au Père Noël

4. vivre dans un appartement

5. suivre un cours de tennis

À l'écoute de...

CD10-18

A. Ce soir, on loue un film. Everybody rented a movie last night. What film did each person see? What kind of film was it? Did they like it or not? Listen and fill in the chart.

TITRE DU FILM		aventures	policier	film d'amour	drame	comédie dramatique	western	a aimé	n'a pas aimé
ALAIN									
JÉRÔME									
CORINNE									
LAURENCE									
CYRIL									
VÉRONIQUE									

CD10-19

B. Quel film? Which film would you pick to see tonight? Why?

Je voudrais voir _____

_____

_____

Le français parlé

CD10-20

A. Une histoire étrange. Listen to the true story that happened to the grandmother of the narrator and decide if the following statements are true (**V**) or false (**F**).

1. Aujourd'hui, la grand-mère a 90 ans.   V   F

2. L'histoire s'est passée en avril 1970.   V   F

3. La grand-mère a fait un terrible cauchemar.   V   F

4. La grand-mère s'est réveillée parce qu'elle avait très peur.   V   F

5. Elle ne savait pas pourquoi elle avait si peur.   V   F

6. C'était la nuit où Apollo 13 a eu un grave problème.   V   F

7. Le grand-père croyait que c'était un cauchemar.   V   F

8. Mais la grand-mère savait que c'était la réalité.   V   F

9. La grand-mère s'est réveillée exactement à l'heure de l'explosion.   V   F

10. La grand-mère comprend bien ce qui est arrivé.   V   F

11. Quand elle a rencontré Jim Lovell à Chicago, la grand-mère lui a raconté toute l'histoire.   V   F

CD10-21

B. Du français parlé au français écrit. Like the story in Lesson 16, this story is told in the context of a conversation, where the story is frequently interrupted by the speakers' comments. If you write a synopsis of the story, however, you will just tell the story in a linear fashion, omitting the numerous interruptions. Imagine that you heard this story and want to tell it by email to a French friend. Write a short summary of the story as you understand it.

J'ai entendu une histoire vraiment bizarre. C'est arrivé il y a longtemps à la grand-mère d'un ami.

C'était une nuit _____

_____

_____

_____

_____

_____

_____

Leçon 18

Le tour du monde en 365 jours

Les sons du français

CD11-2

A. Prononcez bien. The letter s between two vowels is pronounced /z/. Double-s is pronounced /s/. Listen and repeat.

/s/	/z/
1. Vous choisissez?	Vous avez choisi?
2. Quel dessert!	Quel désert!
3. C'est du poisson?	C'est du poison?

CD11-3

B. Écoutez bien. Do you hear the sound /s/ or the sound /z/? Circle your answers.

1. /s/	/z/	4. /s/	/z/	
2. /s/	/z/	5. /s/	/z/	
3. /s/	/z/	6. /s/	/z/	

CD11-4

C. Perfectionnez votre français! Remember that French is spoken with an even rhythm, not a singsong one as in English. Listen and repeat.

1. Voilà Mademoiselle Durand. Elle est artiste.
2. J'adore la vie à l'université mais je n'aime pas les examens.
3. Je me suis levé, je me suis habillé et je suis parti.
4. Ça ne fait rien. Je peux téléphoner.

Les sons et les mots

CD11-5

A. Alexandre et la géographie. Is geography one of Alexandre's good subjects or not? Listen and say whether he's right (**il a raison**) or wrong (**il a tort**) in what he says. Then, listen to the corrections on the CD.

1. il a tort	il a raison	4. il a tort	il a raison	
2. il a tort	il a raison	5. il a tort	il a raison	
3. il a tort	il a raison	6. il a tort	il a raison	

CD11-6

B. Masculin ou féminin? Are the following countries masculine or feminine? To decide, listen to the preposition used and then circle your answers.

1. masculin   féminin   4. masculin   féminin
2. masculin   féminin   5. masculin   féminin
3. masculin   féminin   6. masculin   féminin

CD11-7

C. Les pays. Name at least two or three countries for each continent. Compare your answers with those on the CD.

YOU HEAR: en Amérique du Nord
YOU SAY: les États-Unis, le Canada, le Mexique

1. en Europe   2. en Asie   3. en Afrique

CD11-8

D. Quel continent? Say what continent each country is in. Check your answers against those on the CD.

1. l'Espagne   4. le Sénégal
2. le Japon   5. la Belgique
3. le Mexique   6. les États-Unis

CD11-9

E. Tourisme et politesse. It's polite to follow the customs of the countries you're visiting. Say this, following the model.

YOU HEAR: les Français
YOU SAY: En France, faites comme les Français.

1. …   4. …   7. …
2. …   5. …   8. …
3. …   6. …   9. …

CD11-10

F. Moyens de transport. Circle the kind of transportation each person was using.

1. l'avion   le train   un vélo
2. le train   l'avion   le bateau
3. le train   l'avion   la voiture
4. le bateau   l'avion   la voiture

CD11-11

G. Comment y aller? Several exchange students from France have been spending the year in Los Angeles. Here's what they're going to do for spring break. What kind of transportation should they use? Compare your answers with those on the CD.

le train / le bateau / le vélo / l'autocar / la voiture / l'avion

1. Charlotte: _____

2. Amandine: _____

3. Élodie et Julie: _____

4. David: _____

5. Maxime: _____

CD11-12

H. L'heure, c'est l'heure. Circle the word that best completes each item.

1. tard	en retard		4. à l'heure	en avance
2. tôt	à bientôt		5. à l'heure	tôt
3. tard	en retard			

CD11-13

I. Accepter un compliment. There's a tendency in France to downplay compliments. Use a form of **ce** to react to each compliment. Then listen to what else the speaker has to say. (The sound **bof** can be used to downplay the importance of something.)

YOU HEAR: Quelle belle robe!
YOU SAY: Cette robe? Bof! C'est une vieille robe!

1. Quelle belle maison!   3. Quels beaux cheveux vous avez!
2. Quel beau livre!   4. Quelle jolie chambre!

CD11-14

J. On réagit! Use a form of **quel** to say how great each thing is. Then, compare your answers with those on the CD.

YOU HEAR: un professeur merveilleux
YOU SAY: Quel professeur!

1. …   4. …
2. …   5. …
3. …   6. …

Les mots et les phrases

CD11-15

A. Demain, hier ou aujourd'hui? Are the following people talking about the past, the present, or the future? Circle your answers.

1. le passé	le présent	le futur	6. le passé	le présent	le futur
2. le passé	le présent	le futur	7. le passé	le présent	le futur
3. le passé	le présent	le futur	8. le passé	le présent	le futur
4. le passé	le présent	le futur	9. le passé	le présent	le futur
5. le passé	le présent	le futur	10. le passé	le présent	le futur

CD11-16

B. Demain, je le ferai demain. For Candide, tomorrow is always soon enough. Play his role.

YOU HEAR: (Alceste) Tu travailles aujourd'hui?
YOU SAY: (Candide) Non, mais je travaillerai demain.

1. Tu finis cet après-midi?
2. Tu le sais maintenant?
3. Tu vas à la bibliothèque aujourd'hui?
4. Tu vois le médecin aujourd'hui?
5. Tu fais les courses aujourd'hui?
6. Tu es fatigué aujourd'hui?

CD11-17

C. C'est sûr! Things will happen as the following people say—really! Say this, using the suggestions given. Then compare your answers with those on the CD.

YOU HEAR: T'es sûr? Tu viendras?
YOU SAY: Oui, oui, je viendrai.

1. T'es sûr? Tu seras là quand j'arriverai?

2. T'es sûr? Tu auras de l'argent demain?

3. C'est sûr? Il prendra l'avion dans deux jours?

4. Vous êtes sûr? Nous gagnerons le match demain?

5. T'es sûr? Tu m'écriras quand tu seras en vacances?

6. T'es sûr? Tu ne m'oublieras pas?

CD11-18

D. Quel pronom? What pronoun do you hear in each sentence? Circle your answers.

1. y   en   lui   leur

2. y   en   lui   leur

3. y   en   lui   leur

4. y   en   lui   leur

5. y   en   lui   leur

6. y   en   lui   leur

7. y   en   lui   leur

8. y   en   lui   leur

CD11-19

E. Un petit tour en ville. Use the following suggestions to tell what happened when Émilie went into town yesterday afternoon. To avoid being repetitive, replace the underlined words with a pronoun. Then compare your answers with those on the CD. Do they agree or not?

YOU HEAR: Émilie / aller / en ville hier
YOU SAY: Émilie est allée en ville hier.

1. Émilie / aller / en ville très tôt

2. Pourquoi? / Parce qu'Émilie / avoir / beaucoup de choses à faire

3. Vers 5 heures / Émilie / rencontrer / son meilleur ami Régis / en ville

4. Émilie et Régis / parler / quelques minutes dans la rue

5. Puis / Émilie et Régis / aller prendre / un café à une terrasse

6. Mais après / Émilie / devoir / demander / à son ami / de payer l'addition / parce que / Émilie / ne plus avoir / d'argent

7. Heureusement / Régis / avoir / de l'argent

8. Donc Régis / dire / à Émilie qu'il / ne pas y avoir de problème

9. Et puis / Émilie / dire / au revoir / à Régis / et / Régis / dire / au revoir / à Émilie

10. Et finalement / Émilie / partir dîner / avec son autre meilleur ami David

CD11-20

F. C'est un ordre. M. Renaud's children are questioning his authority. Play his role. Then compare your answers with those on the CD.

YOU HEAR: —Je dois vraiment faire mes devoirs?
YOU SAY: —Oui, fais-les!
YOU COMPARE: —Oui, fais-les! Et après, tu pourras jouer.

YOU HEAR: —Nous ne pouvons vraiment pas regarder la télé?
YOU SAY: —Non, ne la regardez pas!
YOU COMPARE: —Non, ne la regardez pas! Il est tard, il faut aller dormir!

1. —Je dois vraiment téléphoner à grand-mère?

2. —Je ne peux vraiment pas aller au cinéma?

3. —Nous devons vraiment dire la vérité?

4. —Nous ne pouvons vraiment pas prendre de chocolat?

5. —Nous devons vraiment inviter nos cousins?

6. —Nous devons vraiment nous brosser les dents?

7. —Je dois vraiment aller à l'école aujourd'hui?

À l'écoute de…

CD11-21

A. Aujourd'hui on prend le train… You're an employee of the SNCF and today you're working at the information window. Listen to each passenger's question. Then, stop the CD, consult the train schedule, and write the number of the train or trains he or she should take in the blank. (In one case, there will not be a convenient train.) Restart the CD and listen to the train agent answer the question. Did you pick the right train?

Numéro de train		701	709	5495	5087	5495	603	4343	191	5801	7668	5801	609	657	7579	7638	5099	4387	5957
Notes à consulter		1	2	3	4	6	5	7	8	9	4	11	12	13	7	10	7	7	14
Paris Gare de Lyon	D	06.15	07.00				07.00		07.02				08.00	08.30					08.45
St. Germain des Fossés	D									10.06	10.11	10.11							11.49
Roanne	D									10.59		10.59							
Dijon - Ville	D				06.47											09.10			
Mâcon	D				07.55											10.27			
Lyon - Part - Dieu	A						09.02												
Lyon - Part - Dieu	D							09.12								16.02			
Lyon - Perrache	A				08.45								10.18	10.42			11.19		
Lyon - Perrache	D					09.14		09.22							10.55				12.05
Givors - VIlle	A							09.39							11.12				12.31
St. Chamond	A							10.00							11.38				
St. Étienne Châteaucreux	A	09.10	09.49	10.08		10.08		10.00		12.01	12.25	12.01			11.50	12.00			
Firminy	A		10.24			10.24					12.44	12.33				12.22			
Le Puy	A		11.29			11.29					13.58	13.58							

1. _____ _____   4. _____ _____

2. _____ _____   5. _____ _____

3. _____ _____

CD11-22

B. Les pays du monde en mots croisés. Here's a different kind of crossword puzzle—all the clues are on CD! Listen, decide which country each clue refers to, and fill in the puzzle.

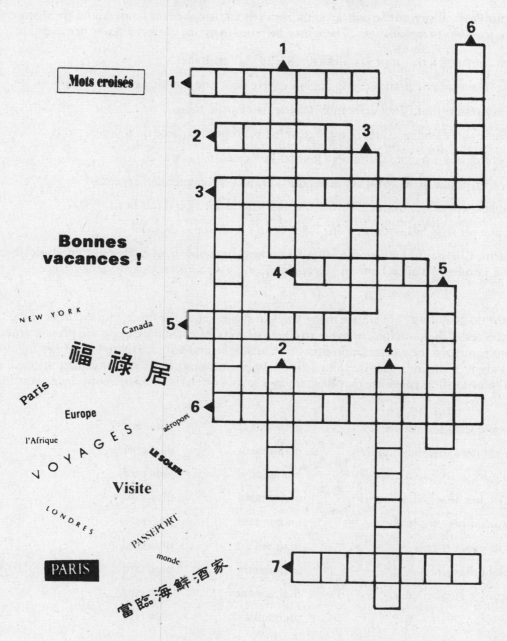

CD11-23

C. Encore un pays. There is one more country in the crossword puzzle that is not on the CD. Can you guess which one it is? Complete the grid.

Le français parlé

CD11-24

A. Projets pour l'été. Listen to the conversation between Christophe and Laure about their projects for next summer and circle the correct answers. There may be more than one correct answer per question.

1. Laure va: en Angleterre / aux États-Unis / au Canada / en Italie

2. Laure veut: travailler / pratiquer son anglais / vivre dans une famille / gagner de l'argent

3. Laure va y rester: tout l'été / deux mois / six semaines / un mois

4. Laure pense que Londres en été, c'est: agréable / pas agréable parce qu'il y pleut trop

5. Laure veut devenir: femme d'affaires / journaliste / cinéaste / écrivain

6. Cet été, Christophe veut: voyager / se reposer / travailler / gagner de l'argent

7. Christophe a envie d(e): rester à Paris / aller dans un endroit où il fait beau

8. Christophe pense qu'à Londres en été: il fait beau / il n'y a pas de soleil

9. Finalement, Christophe va peut-être aller à Londres parce que: c'est facile pour un Français de devenir serveur à Londres / il aime Londres / sa copine Laure y sera / il veut partir de la France

CD11-25

B. Maintenant ou plus tard? There are many ways to speak about the future, for example using the future tense, using the verbs **aller, vouloir,** or **avoir envie de,** or, very often, simply using the present tense when there is no ambiguity. In the conversation between Christophe and Laure, can you tell if the following sentences are about something that is taking place now (**maintenant**) or about something that will take place in the future (**plus tard**)? Remember that they are in a school cafeteria, talking about their plans for the summer.

1. Qu'est-ce que tu fais cet été?   maintenant   plus tard

2. Je vais habiter dans une famille.   maintenant   plus tard

3. Mais il y pleut tout le temps.   maintenant   plus tard

4. Et les Anglais sont très sympas!   maintenant   plus tard

5. ... j'en aurai besoin plus tard.   maintenant   plus tard

6. Et toi, tu pars cet été?   maintenant   plus tard

7. J'ai besoin d'argent...   maintenant   plus tard

8. Non, non, je suis sérieuse.   maintenant   plus tard

9. On se verra...   maintenant   plus tard

Leçon  19

Le Tour de France

Les sons du français

CD12-2

A. Les sons du français. Every language has sounds to express how people feel about things. Here are some in French.

1. Youpi! *(Yippee, yay!)*

2. Pouah! *(Yuck, uck!)*

3. Miam-miam! *(Yum, yum)*

4. Chut! *(Shh!)*

5. Aïe! *(Ouch!)*

CD12-3

B. Qu'est-ce qui est arrivé à Benoît? Listen to Benoît's reaction. Then decide what must have happened and circle your answer.

1. **a.** Il vient de rencontrer son meilleur ami.

   b. Il est tombé de son vélo.

   c. Son équipe de football préférée a gagné.

2. **a.** Il est en retard pour le dîner.

   b. Le dîner n'est pas bon.

   c. Il ne veut pas de bruit dans la pièce.

3. **a.** Sa maman veut lui donner quelque chose de bon à manger.

   b. Il se demande ce qu'il va faire.

   c. Il est malade parce qu'il a trop mangé de chocolat.

4. **a.** Son meilleur ami a eu un accident.

   b. Il a perdu au *Monopoly*.

   c. Il a gagné au *Monopoly*.

5. **a.** Il ne sait pas répondre à la question du professeur.

   b. Il fait très froid.

   c. Il y a un insecte dans son verre de lait.

CD12-4

C. Des mots onomatopéiques. Onomatopoeic words are those that imitate sounds. Here are some used in French. Listen and repeat.

CD12-5

D. Les cris des animaux. Guess which animal makes each sound. Then listen to the answers on the CD.

1. Qu'est-ce qui fait waouh, waouh? Un chat ou un chien?

2. Qu'est-ce qui fait miaou, miaou? Un chat ou un chien?

3. Qu'est-ce qui fait cocorico? Un coq *(rooster)* ou une vache?

4. Qu'est-ce qui fait hi-han? Une vache ou un âne *(donkey)*?

5. Qu'est-ce qui fait coin-coin? Un coq ou un canard *(duck)*?

6. Qu'est-ce qui fait meuh? Une vache ou un mouton *(sheep)*?

7. Qu'est-ce qui fait bê ê êê? Un mouton ou une vache?

8. Qu'est-ce qui fait croâ? Un oiseau ou une grenouille *(frog)*?

Les sons et les mots

CD12-6

A. La carte de France.
Listen and write the name
of each city where it belongs
on the map.

1. Rouen
2. Rennes
3. Mulhouse
4. Limoges
5. Rocamadour
6. Aix-en-Provence

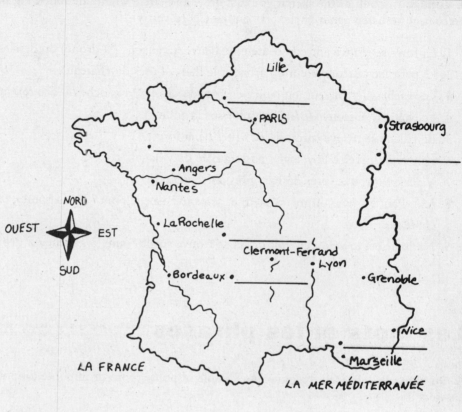

CD12-7

B. Où se trouve… ? Use the map to say where each city is located. Then compare your answers with those on the CD.

1. Strasbourg
2. Lyon

3. La Rochelle
4. Angers

5. Grenoble
6. Lille

CD12-8

C. Dessinez. Listen and complete the picture being described. You will probably have to listen more than once. Don't worry if you can't get every detail.

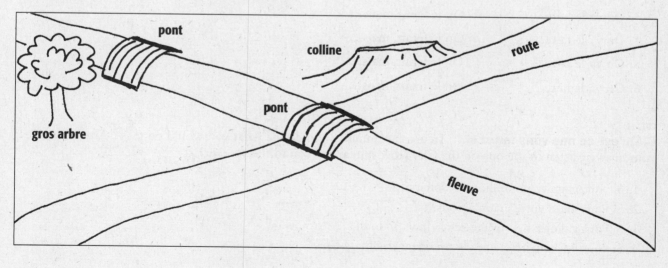

CD12-9

D. Vérifiez... Look at the sketch you just drew and circle where the following people and things are. You might need to listen again to the text on the CD to verify.

1. La forêt se trouve entre la route et le fleuve, (à gauche / à droite) du dessin.

2. Le petit lac se trouve (entre l'arbre et le fleuve / près du château).

3. Les vaches se trouvent (en haut / en bas) du dessin, (à gauche / à droite) du pont.

4. Le château se trouve (dans la forêt / sur la colline).

5. Le village se trouve (près du lac / près de la forêt).

6. La route (traverse le village / passe à côté du village).

7. Valérie se trouve (près du lac / près du château).

8. Jean-Paul est (en voiture / à pied) et se trouve (sur le pont / sur la route), (dans le village / pas loin du château).

9. Nathalie est (à vélo / en voiture) et se trouve sur la route (à gauche / à droite) du pont.

Les mots et les phrases

CD12-10

A. On est poli... Is each dialogue an example of polite (**poli**) or impolite (**impoli**) behavior? Circle your answers.

1. poli   impoli   3. poli   impoli

2. poli   impoli   4. poli   impoli

CD12-11

B. Décisions. Have these people made up their minds to do something (**le futur proche, le futur**) or is it just wishful thinking (**le conditionnel**)? Circle your answers.

1. On va le faire.   On le ferait, mais...

2. On va le faire.   On le ferait, mais...

3. On va le faire.   On le ferait, mais...

4. On va le faire.   On le ferait, mais...

5. On va le faire.   On le ferait, mais...

6. On va le faire.   On le ferait, mais...

CD12-12

C. Qu'est-ce que vous feriez si... Take a few minutes and decide what you would do if . . . After you give your answer, listen to the one on the CD. How similar are you to the speaker?

1. Si vous gagniez un million de dollars?

2. Si vous aviez votre avion à vous?

3. Si vous gagniez un voyage sur la lune *(moon)*?

4. Si vous étiez invité(e) chez le président des États-Unis?

CD12-13

D. Le rêve et la réalité. Listen to the statements and decide if the speaker talks about something that will probably happen or something that might happen.

1. will probably happen   might happen
2. will probably happen   might happen
3. will probably happen   might happen
4. will probably happen   might happen
5. will probably happen   might happen
6. will probably happen   might happen

CD12-14

E. Et ce week-end? Make four suggestions for possible activities this weekend. After each one, listen to the CD to compare your suggestions to those of the French speaker.

YOU HEAR: aller se promener
YOU SAY: Et si on allait se promener?
YOU CHECK: Il fait beau aujourd'hui... Si on allait se promener?

1. dormir tard
2. aller jouer au tennis
3. aller à la piscine
4. ne pas aller à la bibliothèque

CD12-15

F. Opinions... Listen to the speakers talking about their tastes and opinions and decide if they use **ce qui** or **ce que** in their sentences.

1. ce qui   ce que
2. ce qui   ce que
3. ce qui   ce que
4. ce qui   ce que
5. ce qui   ce que
6. ce qui   ce que

À l'écoute de...

Le Tour de France 2004

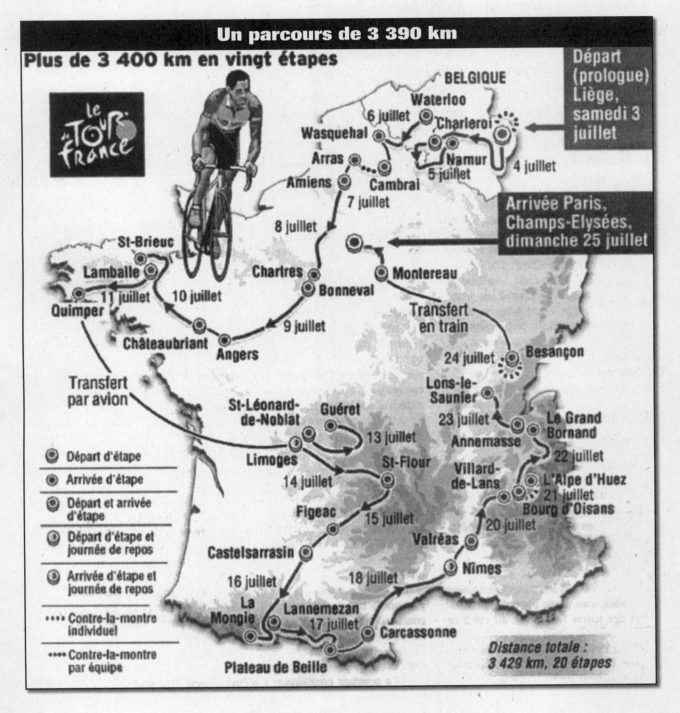

Un parcours de 3 390 km

Plus de 3 400 km en vingt étapes

le Tour de France

BELGIQUE

Départ (prologue) Liège, samedi 3 juillet

Waterloo
6 juillet
Charleroi
Wasquehal
Namur
Arras
5 juillet
4 juillet
Amiens
Cambrai
7 juillet

Arrivée Paris, Champs-Elysées, dimanche 25 juillet

8 juillet

St-Brieuc
Lamballe
11 juillet
Chartres
Montereau
10 juillet
Bonneval
Quimper
9 juillet
Transfert en train
Châteaubriant
Angers
24 juillet
Besançon

Transfert par avion

Lons-le-Saunier

St-Léonard-de-Noblat
Guéret
23 juillet
Le Grand Bornand
13 juillet
Annemasse
22 juillet

◉ Départ d'étape
Limoges
St-Flour
Villard-de-Lans
L'Alpe d'Huez
◉ Arrivée d'étape
14 juillet
21 juillet
Bourg d'Oisans
◉ Départ et arrivée d'étape
Figeac
15 juillet
20 juillet
◉ Départ d'étape et journée de repos
Valréas
Castelsarrasin
◉ Arrivée d'étape et journée de repos
Nîmes
16 juillet
18 juillet
•••• Contre-la-montre individuel
La Mongie
Lannemezan
17 juillet
Carcassonne
•••• Contre-la-montre par équipe
Plateau de Beille

Distance totale : 3 429 km, 20 étapes

CD12-16

A. Avant d'écouter. Before you listen to the CD, look at the map of the Tour de France 2004 and answer the questions.

1. Dans quel autre pays est passé le Tour de France en 2004?

_____

2. De quelle ville est parti le Tour? Quelle est la ville d'arrivée?

_____

_____

3. Donnez trois régions de France où est passé le Tour de France en 2004. (Pour vous aider, regardez la carte de France dans votre livre.)

_____

_____

_____

4. Donnez deux régions où il n'est pas passé cette année-là.

_____

_____

5. Qu'ont fait les coureurs le 12 juillet entre Quimper et Limoges?

_____

6. Qu'ont fait les coureurs le 19 juillet à Nîmes?

_____

7. Comment les coureurs sont-ils allés de Besançon à Montereau le 24 juillet?

_____

8. Sur quelle avenue célèbre s'est terminé le Tour de France, comme tous les ans?

_____

CD12-17

B. Des informations sur le Tour de France 2004. Listen and read along as information about the Tour de France 2004 is read.

> Le Tour de France 2004 a eu lieu du 3 au 25 juillet sur une distance de 3.429 kilomètres. Il comportait un prologue et 20 étapes: 11 étapes de plaine, 6 étapes de montagne, une étape de contre-la-montre par équipes et trois étapes de contre-la-montre individuels. Il y a eu aussi deux jours de repos, un transfert en avion et un transfert en TGV.

CD12-18

C. Des interviews à la radio. Cécile Guidon, a reporter for a radio station, has managed to get an interview with a young French racer of the Tour de France 2004. Listen to the interview several times and circle all items in parentheses that apply. This is not a transcription.

Names of racers mentioned in the interview:
Thomas Voeckler (France)
Lance Armstrong (États-Unis)

Places mentioned:

- **Chartres:** Located southwest of Paris, the town of Chartres is known for its stunning gothic cathedral.
- **Le Plateau de Beille** (1.780 mètres): ski resort in the Pyrénées. The road that leads to it is long, steep, and hard to climb.

Mots utiles:
le classement général *final standings*
un col *mountain pass*
le maillot jaune *the yellow jersey worn by the leader of the Tour de France*
une montée *ascent*

Aujourd'hui, c'est le (7 / 15 / 17) juillet et la (**dixième / treizième / seizième**) étape du Tour de France vient de se terminer au Plateau de Beille. Cette étape était la (**première / deuxième / troisième**) étape des Pyrénées et c'était une étape (**facile / assez difficile / très difficile**). C'est un (**Français / Américain / Allemand**) qui a gagné l'étape en (**6h 04' 48" / 6h 04' 38" / 6h 14' 38"**) mais c'est un (**Français / Américain / Allemand**) qui est premier au classement général avec (**20 secondes / 22 secondes / 25 secondes**) d'avance et qui porte donc le maillot jaune.

L'étape d'aujourd'hui faisait (**200 / 201 / 205**) kilomètres et le temps était (**agréable / parfait / mauvais**). Il y avait (**de la pluie / du soleil / du vent / de la neige / des orages**). Sur les routes des Pyrénées, il faut aussi faire attention (**aux gens / aux voitures / aux animaux**).

Thomas Voeckler pensait perdre son maillot jaune aujourd'hui parce que Lance Armstrong aime (**le froid / le soleil / le beau temps / le mauvais temps / la montagne**). Thomas Voeckler a gagné le maillot jaune à la (**5e / 6e / 7e**) étape et ce jour-là, il (**pleuvait beaucoup / faisait très chaud / y avait du vent**) sur la route de Chartres et ce n'était pas facile. Cela fait maintenant (**9 / 10 / 11**) jours que Thomas Voeckler porte le maillot jaune et il pense que c'est (**lui-même / Lance Amstrong / un autre coureur**) qui va gagner le Tour cette année. Et qu'est-ce qu'il fera après le Tour de France? Il (**partira en vacances / se reposera chez lui / participera aux jeux Olympiques**). Aujourd'hui, Thomas Voeckler est (**très heureux / un peu déçu / assez fatigué / optimiste**). À 25 ans, il pense (**qu'il a un beau futur devant lui / qu'il n'a plus beaucoup de temps / qu'il est temps de penser à faire autre chose**).

CD12-19

D. Le classement général. Listen to the end of the interview and fill in the chart to give the final standings for today and to give any other details you can about the racers.

classement général	le coureur	le pays	temps
premier			*en...*
			à 22 secondes
	Georg Totschnig	*Autriche*	*à...*
	Andreas Klöden		*à...*
	Francisco Mancebo		*à...*
	Jan Ullrich		*à...*

E. Les dernières infos du Tour de France 2004. Sur les 189 coureurs qui ont pris le départ, il en restait 147 à l'arrivée à Paris le 25 juillet. Pour la sixième fois, c'est l'Américain Lance Armstrong qui a gagné, en 83 heures 36 minutes 2 secondes. Quatre autres coureurs ont gagné le Tour de France 5 fois, mais personne n'avait jamais gagné le Tour de France six fois et Lance Armstrong a donc battu le record en 2004. Thomas Voeckler a fini dix-huitième, à 31 minutes 12 secondes d'Armstrong. Il a porté le maillot jaune pendant 10 jours et l'a perdu, comme il le pensait, à la première étape des Alpes.

Pour plus d'informations sur le Tour de France 2004 et sur les Tours de France qui ont suivi, vous pouvez consulter le site web du Tour: **http://www.letour.fr**

Le français parlé

CD12-20

A. Une expérience intéressante. Felipe Toussaint, a Belgian student, spent six months abroad after high school. Listen to the following interview, based on his actual experience, and circle the correct answers. There may be more than one correct answer per question.

1. Felipe est allé: en Amérique du Nord / en Asie / en Amérique centrale / en Afrique

2. Sa mère vient: du Guatemala / de Colombie / du Brésil / d'Argentine

3. Felipe est parti là-bas parce qu'il voulait: apprendre l'espagnol / voyager loin / connaître mieux la culture de sa maman / vivre une aventure

4. Là-bas, Felipe: est allé à l'école / a gagné sa vie / a fait du travail humanitaire / a travaillé avec des enfants malades / a travaillé avec des enfants très pauvres / a beaucoup voyagé avec des amis

5. Le projet Camino Seguro s'occupe: d'enfants à l'hôpital / d'enfants handicapés / d'enfants très pauvres

6. Les parents des enfants, qui travaillent dans une décharge publique *(garbage dump)*, acceptent d'envoyer leurs enfants à l'école parce qu': on leur donne de la nourriture / on leur donne de l'argent

7. Quand il travaillait à l'école, Felipe: donnait des cours de français / aidait les enfants à faire leurs devoirs / jouait avec les enfants / faisait de la musique avec les enfants

8. Ce n'était pas toujours facile à cause: de la violence / du climat / de la pauvreté

9. Felipe pense qu'il a eu beaucoup de chance de vivre cette expérience parce que: les enfants lui ont beaucoup apporté / il a appris l'espagnol / il a appris à vivre avec peu de choses / cela a changé sa façon de voir la vie / il a beaucoup appris sur la culture du pays

10. Maintenant, Felipe est à Bruxelles, où il étudie: la sociologie / la politique / les langues étrangères / la psychologie

11. Plus tard, Felipe voudrait: travailler dans l'humanitaire / voyager partout dans le monde / aller en Amérique du Sud / devenir professeur / quitter la Belgique

CD12-21

B. Du français parlé au français écrit. Imagine that you are writing a synopsis of this interview... Write about Felipe's experience last year, what he does now and what his plans and dreams are for the future.

L'année passée, Felipe _____

_____

_____

_____ .

Maintenant, Felipe _____ .

Plus tard, Felipe sait qu'il _____

_____ .

Son rêve? Il _____

_____ .

Leçon  **20**

Le bonheur, qu'est-ce que c'est?

Les sons du français

CD13-2

A. Des mots apparentés. Listen and circle the French words that are related to English words.

1. Moi, je suis réaliste, mais mon mari, lui, est optimiste.
2. C'est vraiment comique.
3. Liberté, égalité, fraternité!
4. Généralement, à l'université, on est logique.
5. Et hier, il est arrivé avec deux heures de retard! J'ai eu envie de l'étrangler!

CD13-3

B. Français ou anglais? Is each word an English word or a French one? Circle your answers.

français	anglais
1. réaliste	realistic
2. université	university
3. liberté	liberty
4. logique	logic
5. télévision	television
6. cuisine	cuisine
7. journal	journal
8. souvenir	souvenir

CD13-4

C. Prononcez les mots apparentés. Here are some French-English cognates. Be careful to pronounce each vowel clearly and to keep an even rhythm. Listen and repeat.

1. réaliste
2. université
3. liberté
4. logique
5. télévision
6. cuisine
7. journal
8. souvenir

CD13-5

D. Pour hésiter. The sound used in French to indicate hesitation is **euh.** Make sure to keep your lips rounded when you say **euh.** Listen and repeat.

1. Euh... chais pas moi.
2. Je pense... euh... finalement, oui, c'est ça.

3. Enfin, bref, euh... ce que je veux dire, c'est que...

4. C'est qui? Monsieur Gaumont? Euh... oui, je peux lui parler.

E. Pour s'exprimer. Here are some expressions used in French to express how you feel. Listen and repeat.

1. *Oh là là! (surprise)*

   Oh là là! Quelle idée!

2. *Zut! (disappointment, displeasure, "darn")*

   Zut! J'ai oublié de le lui dire!

3. *Tiens! (to get someone's attention, "hey")*

   Tiens! C'est Patrick! Comment ça va, toi?

4. *Ah bon? Ah bon! (to express understanding or agreement, "really")*

   Ah bon? C'est comme ça? Bon alors, on verra.

Les sons et les mots

A. Bon ou mauvais? Classify each word or expression you hear by writing it in the appropriate column.

bon	mauvais	ça dépend
1. _____	_____	_____
2. _____	_____	_____
3. _____	_____	_____
4. _____	_____	_____
5. _____	_____	_____
6. _____	_____	_____
7. _____	_____	_____
8. _____	_____	_____
9. _____	_____	_____
10. _____	_____	_____

B. Réagir! Give your reaction to each word or expression. Then, compare your answers to those on the CD.

SUGGESTIONS: **je suis pour / je suis contre / c'est mauvais / ça dépend / c'est injuste / ça m'intéresse / ça ne m'intéresse pas**

1. le racisme
2. la paix
3. être idéaliste

4. le confort matériel
5. faire de la politique
6. l'injustice

CD13-9

C. Des opinions. Some people recently expressed their opinions on certain topics. For each one, identify what they're talking about. Choose from the following:

la justice / l'injustice / la pauvreté / les loisirs / l'amour / le racisme / l'environnement / l'avenir / la politique / l'immigration / la violence / l'égalité

1. Isabelle _____   4. Marie-Pierre _____

2. Stéphane _____   5. Jean-François _____

3. Delphine _____   6. Laurent _____

CD13-10

D. Qu'est-ce qu'ils pensent? Replay the CD and listen to the opinions expressed in Exercise C one more time. Choose the best answers.

1. Pour Isabelle, la pauvreté est…	une injustice	une nécessité	une illusion
2. Pour Stéphane, les loisirs sont…	bons	peu importants	mauvais
3. Pour Delphine, l'avenir est…	heureux	mauvais	devant nous
4. Pour Marie-Pierre, la violence est…	bonne	fatale	juste
5. Pour Jean-François, l'amour est…	une nécessité	une chance	une illusion
6. Pour Laurent, la démocratie est…	bonne	parfaite	mauvaise

CD13-11

E. Qu'est-ce que vous en pensez? Do you agree with the opinions expressed by the following six people? Say what you think, using **il/elle a tort** or **il/elle a raison.** Compare your answers with those on the CD.

1. Isabelle, la pauvreté   4. Marie-Pierre, la violence
2. Stéphane, les loisirs   5. Jean-François, l'amour
3. Delphine, l'avenir   6. Laurent, la démocratie

Les mots et les phrases

CD13-12

A. Quel mode? As you listen to the sentences on the CD, circle the mood of the verb (**indicatif, impératif, subjonctif**). The first one has been done for you.

1. aller	(indicatif)	impératif	subjonctif
2. faire	indicatif	impératif	subjonctif
3. voir	indicatif	impératif	subjonctif
4. avoir	indicatif	impératif	subjonctif
5. vouloir	indicatif	impératif	subjonctif
6. savoir	indicatif	impératif	subjonctif
7. pouvoir	indicatif	impératif	subjonctif

CD13-13

B. Ça veut dire… Listen and decide if each sentence expresses a statement of fact, an emotion, a necessity, or a wish. Circle your answers.

1. fact   emotion   necessity   wish
2. fact   emotion   necessity   wish
3. fact   emotion   necessity   wish
4. fact   emotion   necessity   wish
5. fact   emotion   necessity   wish
6. fact   emotion   necessity   wish
7. fact   emotion   necessity   wish
8. fact   emotion   necessity   wish

CD13-14

C. La vie en rose. Life is great! Using the suggestions given, say how happy you are about things. Before you start, write down the verb form you'll use.

YOU HEAR: Je suis content(e) que / tu / être / mon ami
YOU WRITE: sois
YOU SAY: Je suis content(e) que tu sois mon ami.

1. Je suis content(e) que / la vie / être / belle _____

2. Je suis content(e) que / il / faire / beau aujourd'hui _____

3. Je suis content(e) que / nous / être / amis _____

4. Je suis content(e) que / vous / aller / en France cet été _____

5. Je suis content(e) que / quelqu'un d'autre / faire / tout à la maison _____

6. Je suis content(e) que / cet exercice / finir _____

CD13-15

D. La vie en noir? Use **je suis triste que** to say that you're sad about each of the following. Compare your answers with those on the CD.

1. Je suis triste que / il / pleuvoir
2. Je suis triste que / tu / être / malade
3. Je suis triste que / ils / devoir / partir
4. Je suis triste que / vous / être / triste
5. Je suis triste que / vous / ne pas avoir / de chance aujourd'hui
6. Je suis triste que / tes parents / vouloir / divorcer

CD13-16

E. Je veux que… on veut que je… Are these things that Jean-Pascal wants to do himself or things that other people want him to do? Circle your answers.

1. Jean-Pascal veut le faire.   Quelqu'un d'autre veut qu'il le fasse.
2. Jean-Pascal veut le faire.   Quelqu'un d'autre veut qu'il le fasse.
3. Jean-Pascal veut le faire.   Quelqu'un d'autre veut qu'il le fasse.
4. Jean-Pascal veut le faire.   Quelqu'un d'autre veut qu'il le fasse.
5. Jean-Pascal veut le faire.   Quelqu'un d'autre veut qu'il le fasse.
6. Jean-Pascal veut le faire.   Quelqu'un d'autre veut qu'il le fasse.

À l'écoute de...

CD13-17

A. Qu'est-ce qu'ils veulent? Listen to the messages on the machine of the Monfils family. Complete the memos and write down each caller's request.

1.

Jour	Heure

Pour   le Docteur Monfils

De Monsieur Legros

Tél.

☐ a téléphoné
☐ rappellera
☐ pouvez-vous rappeler
☐ est passé(e) vous voir
☐ désire un rendez-vous

message

Il voudrait un rendez-vous...

2.

Jour 13-8-00	Heure 14 heures

Pour

De

Tél. 04.77.26.48.79

☐ a téléphoné
☐ rappellera
☐ pouvez-vous rappeler
☐ est passé(e) vous voir
☐ désire un rendez-vous

message

Elle voudrait...

3.

Jour 16-11-01	Heure 11h55

Pour

De son...

Tél.

☐ a téléphoné
☐ rappellera
☐ pouvez-vous rappeler
☐ est passé(e) vous voir
☐ désire un rendez-vous

message

Il faut qu'il...

4.

Jour 8.2.01	Heure 10h30

Pour

De Monsieur Martin (Air France)

Tél.

☐ a téléphoné
☐ rappellera
☐ pouvez-vous rappeler
☐ est passé(e) vous voir
☐ désire un rendez-vous

message

Sa valise...

CD13-18

B. Au café. Three students have been passing the time of day in a café when the conversation turns to the subject of animals and how they are treated during summer vacations.

1. What kind of problems and solutions do you think are part of the conversation?

Problems: _____, _____

Solutions: _____, _____

2. Now listen to their conversation and complete the chart with the information from their conversation.

Qui	a des animaux (détails?)	les emmène en vacances (détails?)
Charles		

3. Listen again to the conversation and decide if the following statements are true or false.

1. Marc a vu quelque chose à la télé sur les animaux.   V   F

2. Des gens sont partis en vacances sans leur chien et le chien en est mort.   V   F

3. Julie est scandalisée.   V   F

4. Marc est scandalisé.   V   F

5. Julie pense que Marc a raison de s'occuper de ses animaux comme il le fait. V   F

6. Pour Charles, aimer ses animaux ne veut pas dire les emmener partout où on va. V   F

7. Julie voudrait bien avoir des animaux, mais son appartement est trop petit. V   F

8. Marc pense que Julie n'est pas très généreuse.   V   F

Le français parlé

CD13-19

A. On n'est pas d'accord! Suzanne and her uncle Vincent don't agree on anything. Listen to their discussion and decide if each of the following statements reflects Vincent's or Suzanne's opinion. Be careful! The statements are not a transcription.

	Vincent	Suzanne
1. Il faut s'intéresser aux grands problèmes du monde.	_____	_____
2. Moi, j'aime le confort, c'est normal à mon âge.	_____	_____
3. Les gens naïfs croient qu'on peut changer le monde.	_____	_____
4. Il faut essayer de changer le monde.	_____	_____
5. Il est important d'être responsable et de s'occuper de sa famille.	_____	_____
6. Moi, j'aime la vie!	_____	_____
7. On permet à trop d'étrangers de venir vivre en France.	_____	_____
8. Il y a encore trop d'intolérance en France.	_____	_____
9. La France n'est pas un pays généreux.	_____	_____
10. Il faut être réaliste.	_____	_____
11. L'argent, c'est important pour moi, mais je suis quelqu'un de généreux aussi.	_____	_____
12. Oui, je suis idéaliste, c'est important d'être idéaliste!	_____	_____

CD13-20

B. Du français parlé au français écrit. After her discussion with her uncle, Suzanne writes a short email to her boyfriend Hakim to tell him about their difference of opinion. What did she write? Don't forget to include both opinions.

J'ai encore eu une discussion avec Oncle Vincent aujourd'hui! _____

_____

_____

_____

_____

_____

_____ .